JN436656

수필로 읽는 사자성어

眞理, 無窮無量
진리 무궁 무량

류인석 지음

오늘의문학사

국립중앙도서관 출판시도서목록(CIP)

진리, 무궁무량 : 수필로 읽는 四字成語 : 류인석 에세이 | 조태수 서예 / 지은이: 류인석 ; [서예: 조태수]. -- 대전 : 오늘의문학사, 2014
p. ; cm

한자표제: 眞理, 無窮無量
ISBN 978-89-5669-613-3 03810 : ₩15000

한국 현대 수필[韓國現代隨筆]
사자 성어[四字成語]

814.7-KDC5
895.745-DDC21 CIP2014011827

眞理, 無窮無量

진리 무궁 무량

머리말

소주잔 오가는 대화 중에 우연히 사자성어(四字成語)들이 안주가 됐다. 重山 趙泰洙(중산 조태수) 선생은 한학자(漢學者)이시고 서도가(書道家)다. 술 마시고 안주 먹듯, 사자성어를 수필로 쓰면 그것도 글감이 되겠다는데 의견이 통했다. 重山 선생은 사자성어를 붓글씨로 쓰고, 그 의미는 수필로 써보자고 약속한 게 '수필로 읽는 사자성어', 〈眞理, 無窮無量〉이다.

서예와 수필문학의 향기를 융합시켜 보자는 데 상통했다. 그러나 著者의 부족한 글재주가 서예가(書藝家) 명필의 진가를 따르지 못해 면구스럽다. 하지만 부끄러움 무릅쓰고 졸문을 내는 것은, 진리가 무너져 가고 가치관이 짓밟혀 가는 안타까운 세태에 "진실은 절대로 무너질 수도 없고, 짓밟히지도 않는다."는 의미를 강조하고자 하는 충정이다.

세태변화에 누굴 탓하거나 원망할 수는 없다. 짧은 하루에도 밤과 낮이 교차하거늘, 한 시대(時代), 한 세대(世代)를 이어가는 인생의 삶이야 영고성쇠, 희로애락의 부침(浮沈)은 어쩔 수 없는 이치가 아니던가. 그러나 진실은 세기를 초월해도 변할 수 없는 것. 아무리 세상이 혼탁하고 어둠이 덮여도 진실은 반딧불 같다.

오늘의 세태는 대낮에도 어둠을 만나기 일쑤다. 먹구름의 장막으로 태양빛이 차단되는 자연의 어둠이 아닌 진실의 침몰현상이다. 사회의 어둠이 몰고 오는 진실의 침몰현상은 자연의 어둠보다도 더 어둡다. 그 어둠에 묻혀 그냥 잠들어버릴 수는 없다. 오히려 두 눈 똑바로 뜨고 더욱 깨어 있어야 하는 게 사자성어의 깊은 뜻이다.

진실은 해탈로서만 깨닫는 게 아니다. 사랑만으로도 깨닫는 게 아니다. 평범한 일상 속에서 깨어있음으로 시작하는 자연의 정의다. 새벽이 없는 밤은 없다. 자연의 질서도, 역사의 질서도, 우리에게 새벽이 없는 밤을 보여준 적은 없다. 그게 바로 변함없는 진리다. 진리란 이유나 변명이 필요 없는 너무 당연한 것을 의미한다.

표제처럼 〈眞理, 無窮無量〉도 어두워지는 세태의 절망에 작은 빛이라도 되고자하는 무구한 충정으로 조각조각의 졸문들을 모았다. 고전 어문에 부족한 저자의 무식 때문에 맥락이 엇갈리는 내용도 있을게다. 그러나 어설픈 대로 굳이 공약수(公約數)를 내세운다면 정신적 어둠으로 흐려지는 세태의 진실을 지키기 위한 나름의 뜻도 있음을 말하고 싶다.

어인일인지 요즘 곳곳마다에서 어둠의 풍경들이 요란스레 굿판이다. 독성물질로 오염된 흙탕물이 곳곳에서 질퍽댄다. 박박 깎은 머리에 붉은 띠 두르고, 불끈 쥔 두 주먹 하늘을 치며 '민주회복', '결사투쟁', '결사반대'를 외치는 광기(狂氣)들의 함성이 민생들의 진실을 짓밟고 있다. 정의도 평화도, 사랑도 행복도 탁류에 휩쓸려 불안으로 헤매는 진실들이 길을 잃고 우왕좌왕하는 밤의 풍경들이다.

진리나 진실은 잠시 묻혀질 수는 있어도 절대로 죽지 않는다. 어둠 속에서 삶을 헤쳐 낼 길도 바로 진리 속에 있다. 그 이름 무궁 무량한 '진리'다. 진리나 진실은 어느 경우에도 절대로 소멸되지 않는다. 다만 위계나 흉계에 의해 잠시 머뭇댈 뿐이다. 물의 흐름은 막을 수 없는 것이나 다르지 않다. 아무리 높은 둑을 막아도 물은 채울 때까지 머뭇거리다 가득 채워지면 둑을 넘어 다시 흐른다. 文香萬里(문향만리), 명필 서예작품으로 사자성어(四字成語) 속에 함축돼 있는 무궁 무량한 진리를 더욱 빛내주신 重山 趙泰洙 선생께 감사드린다. 비록 부족한 글이지만, 책 속에 엮은 사자성어 중에서 단 하나만이라도 독자들께서 생활의 지표로 삼는 계기가 되었으면 하는 마음 간절하다.

2014년 4월
雲菴 書齊에서 柳仁錫

목차

眞理, 無窮無量 진리, 무궁무량

목차

개권유익
開券有益

우리가 몰라서 못하는 일도 많지만, 뻔히 알면서 못하는 일들도 많다. 책 읽고, 글 쓰고, 공부하는 것, 인생 최고의 가치인 줄 어찌 모르랴.

순간마다 재깍대는 시계의 초침소리는 잠시도 멈춤이 없다. 세월이 빠르다는 것은 가끔씩 깨달으면서도 초침소리가 쌓여 시간이 되고, 세월이 되는 것은 별로 관심이 없다. 시계의 초침소리는 인생 삶의 소리다. 순간도 쉼 없이 들리는 시계의 초침소리는 곧 죽음을 향해서 달려가고 있는 우리들의 발자국 소리다.

겨울밤 하염없이 삼경을 지키고 앉아있으면 삶의 화두 한 가닥이 떠오른다. 살아온 세월, 그리고 살아갈 세월을 헤아려 본다. 서가(書架)에 올려놓은 탁상시계 초침소리가 오늘따라 예리하게 뇌리를 누벼댄다. 하기야 오면 가고, 가면 다시 오고, 인생은 윤회가 아니던가.

생명은 누구나 단 하나뿐이고, 삶은 누구나 단 한번뿐이다. 부귀영화 아무리 누렸어도 생명 두 개 가진 사람 없고, 삶이 두 번이었던 사람도 없다. 사람은 모두 일명(一命) 일생(一生)뿐이다. 석가도, 예수도 죽었다. 사는 동안 얼마나 깨닫고 가치 있게 사느냐가 중요하다.

文曰開卷有益

開卷有益

甲午春白川人重山

시작은 반드시 끝을 동반한다. 존재는 곧 부재가 된다. 사람은 태어날 때부터 죽음을 약속한다. 그것도 신과의 약속이다. 신은 하나 주면 반드시 하나는 빼앗아간다고 했다. 어떤 생명도, 어떤 무생물도 시종(始終)이 반복되기는 마찬가지다.

석가(釋迦)는 그 이치를 윤회(輪回)사상으로 설파했다. 누구도 부정할 수 없는 진실이기에 윤회사상은 세상의 등불로 꺼지지 않고 있다. 모두가 유한(有限)하기에 각자마다 존재하는 동안의 가치가 소중하다. 존재의 가치 중 사람에게 가장 소중한 것은 깨달음이다. 깨달음만이 지혜를 생산하고 보람을 생산한다.

우리는 세월 속에 살면서도 세월을 모르고 산다. 배부를 때는 밥의 가치를 모르는 것과 같다. 시계의 초침소리가 죽음으로 가는 발자국소리인 것조차도 모르고 산다. 그러면서도 시간과 세월에 대해서 모르는 것 없는 것처럼 떠들어댄다.

세월은 순간도 재활용을 허락지 않는다. 사람은 태어나서부터 죽을 때까지 항상 새로운 시간만 체험하고 산다. 미래의 시간은 아무도 모른다. 때문에 삶의 순간은 항상 처음이고, 새롭고 낯설다. 지난 시간을 거울삼아 항상 깨달음도 새로워야 한다. 누구나 미래에 대한 희망은 있어도, 미래를 살아본 사람은 아무도 없다. 미래는 언제나 기다림만으로 그리는 새 세상이다. 때문에 오늘의 깨달음은 내일을 사는 지혜가 된다. 삶이란 누구나 내일을 향한 연습 없는 도전이다. 희로애락과 영고성쇠를 반복하면서 세월가고, 늙어지고, 또 없어지고 태어나기를 거듭하는 윤회만이 정답이다. 삶의 길은 오직 깨달음이다. 죽는 날까지 깨달음 하나 찾는 것이 인생의 목표다. 깨달음은 곧 인간답게 살다가는 지름길이다. 너나없이 공부하고, 배우는 목적도 깨달음 하나 얻기 위한 경쟁이다. 의지할 곳은 진리(眞理)밖에 없다. 연습 없이 사는 막연한 인생의 등불은 진리뿐이다. 진리는 삶의 증언이고 역사다.

불가에선 법등명(法燈明)이다. 깨닫는 사람만이 진리를 알고 세상의 등불이 된다. 실체는 죽었어도 영혼으로 살아있는 석가도 예수도 자비와 사랑으로 깨달은 진리 때문이다. 책 읽는 것도 모두 깨달음 하나 찾기 위함이다. 중국 송(宋)나라 태종은 開卷有益(개권유익)의 철학으로 제도(濟度)의 진리를 세웠다. 보람되게 살고자 노력하는 인생은 과정만으로도 아름답다. 開卷有益(개권유익)은 책을 읽고 공부하라는 가르침이다. "책은 펼쳐드는 것만으로도 유익하다"는 진리다. 책 읽고 공부해서 손해 보는 사람은 없다. 시계의 초침은 순간도 멈춤 없이 재깍대며 어디를 향해 그리도 열심히 달리는가. 진리일까, 영원일까. 아니면…. 언제라도 開卷有益(개권유익)이다.

거덕유예
據德遊藝

인간의 모든 행위는 덕(德)에 근거한다. 공자(孔子)는 논어에서 據德遊藝(거덕유예)라 했다. 예술의 근거인들 어찌 예외가 될까. 덕에 근거하지 않는 예술은 없다. "학문이 덕이요, 처세가 덕이니, 예술 또한 덕에서 근거한다."는 공자의 가르침은 현대인들에게 교훈이 아닐 수 없다.

졸부인생 70여년, 허무인생 70여년, 據德遊藝(거덕유예)는 알지도 못한 채, '꺼떡 유예'의 철부지로 살아온 부끄러운 내 삶을 되돌아본다. 성장기 20여년을 빼고 직업으로 30여년, 취미로 20년, 거의 평생을 예술이란 간판 밑에서 글쓰기로 살았지만, 덕(德)이 무슨 소리인지, 예(藝)가 무슨 소리인지도 모르고 살았음을 고백한다. 내가 생각해도 낯이 부끄럽다. 형체도 없고, 질량도 없고, 색상도 없으니, 수양 천박한 미물의 눈 안에 덕(德)이 들어올 리도 만무했다. 언감생심 높은 과녁에는 개의치도 못했다. 부질없는 자의 어리석은 눈에 어리는 것은 언제나 한줄기 허상뿐이었다.

신문기자 시절에는 한 줄의 글로써 경박한 교만에 허둥댔고, 수필문학 속에서는 마음 흔드는 감성 하나 일으켜 세우지도 못하면서 허구에 들떠

志於道據於德
依於仁游於藝

據德游藝

道에 뜻을 두고 德에 근거하여
仁에 의지하고 六藝에 노닐어라

甲午新春 白川人 重山

헤매온 속절없는 갈등뿐이었으니….

꽃피고 화창하던 4월(2013)의 어느 날, 오후 술시(酒時)였다. 유행가 제목 같은 '대전부르스'란 대포집이었다. 반세기 전 향수가 절어있는 목로주점 둥그런 양철통탁자 위에 소주잔 놓고 마주앉아 목소리 낮은 重山 선생의 차근한 언술(言術)에서 예술도 덕임을 깨닫는다. 논어(論語), 술이편(述而篇) 육장(六章)이란다. 지어도(志於道)하고 거어덕(據於德)하며, 의어인(依於仁)하여 유어예(遊於藝)라…. 한글영역도 제대로 모르는 판에 한문 논어의 경지까지는 더더욱 모르는 말이다. 천자문도 무거운 내 처지에 더구나 논어까지…. 중산선생이 무뢰한 앞에 앉혀놓고 설명에 땀을 낸다.

도(道), 덕(德), 인(仁)은 내면의 수양으로 승화시켜야 할 형이상학이고, 유어예(遊於藝) 속의 예(藝)는 밖으로 드러내는 형이하학이라고 가르쳐준다. 예술은 곧 내면의 수양을 바탕으로 표출시키는 인격(人格)이고, 덕을 바탕으로 하는 형이상학적 기술(技術) 이라는 것이다.

글 쓰는 것도 예술…. 내공에 쌓인 덕을 근거로 하는 기술? 깨달음 하나가 정수리를 친다. 자칭 글써먹고 살아왔다는 세월이 논어 앞에서 부끄럽다. 삶의 가치를 담아내놓아야 할 광주리에 아무것도 없음이 민망하다. 내 인생의 연륜이 얼마인가? 살아오면서 남겨놓은 게 아무것도 없다. 아들에게, 손자에게 물려줄 게 아무것도 없다. 취기에 붉어진 얼굴, 더 이상 붉어질 수는 없지만, 또 한 번 민망하다.

德이 뛰어난 사람은 현자(賢者), 藝가 뛰어난 사람은 능자(能者)라고 했다. 예술이 賢者와 더불어 사는 技術이기는 하지만, 반드시 인간 심성의 중심에는 예(藝)가 섰던 게 아닌가. 동서고금 어느 곳, 어느 삶, 어느 문화도 중심은 예술이었다. 인간의 희로애락을 넘나드는 게 예술이 아니던가. 글로써 세상문화의 조화를 가르치고, 예로써 평화를 가르쳤다. 학문은 지식만으로 끝나는 게 아니듯, 예술 역시 기술만으로 끝나지 않는다. 심연의 감성을 퍼 올려 많은 사람들의 가슴을 흔들어대는 감동이 있어야 비로소 예술의 반열에 서는 것 아니던가.

어느 예술도 외면으로 드러내는 기술능력보다 내공에 쌓인 도와 덕, 영혼의 표출이 더 큰 감동이었다. 내가 그동안 써내온 글 속에 덕은 있었는가. 아니면 일말의 예 혼이라도 있었는가. 부끄러움으로 나를 되돌아본다. 據德遊藝(거덕유예)….

옛날부터 사대부(士大夫)는 육예(六藝)를 배웠다는 기록이 증거 한다. 예용(禮容), 음악(音樂), 궁술(弓術), 기마(騎馬), 서도(書道), 수학(數學). 예(藝)는 덕(德)이 바탕이고 근거임을 누가 부정하고 토를 달 건가.

견 리 사 의
見利思義

일본에게 국권을 빼앗긴 채 36년, 식민치하에서 짓밟히고 약탈당한 치욕의 역사, 나라 없는 설움, 민족의 한, 사무친 비분…. 멀리 헤이그에서, 상해에서, 만주에서, 하얼빈에서 또는 미국에서, 세계만방에서 나라 찾고자 독립을 외치다 산화하신 애국선열들….

그들의 거룩한 절의정신, 숭고한 애국정신…, 누가 그 얼을 따르고 지킬 것인가. "네 불행이 나의 행복"처럼 여기는 오늘의 세태가 그렇고, 권력쟁탈에 이전투구(泥田鬪狗)하는 오늘의 정치가 그렇다. 우측깜빡이 켜고 좌측으로 달린 음흉한 대통령의 좌경용공통치가 그랬고, 보고도 못 본 체, 알고도 모른 체, 민주국가의 정체성마저 부정하는 반국가집단을 방관한 대통령의 보안통치 무능이 그랬다.

또 부정비리가 드러나 도망갈 곳 없던 대통령이 자살을 하고, 권력 등에 업고 뇌물 거래하던 어느 여자 국무총리는 오랫동안 사법부 문턱을 드나들었으니, 이 꼴 또한 나라의 수치고 애국선열들에 대한 배반이다. "이익을 보면 의를 생각하고, 나라가 위기에 닥치면 목숨을 바칠 줄 알아라." 세기의 현인(賢人)공자는 일찍이 사나이 대장부 기개를 이렇게 설파했다.

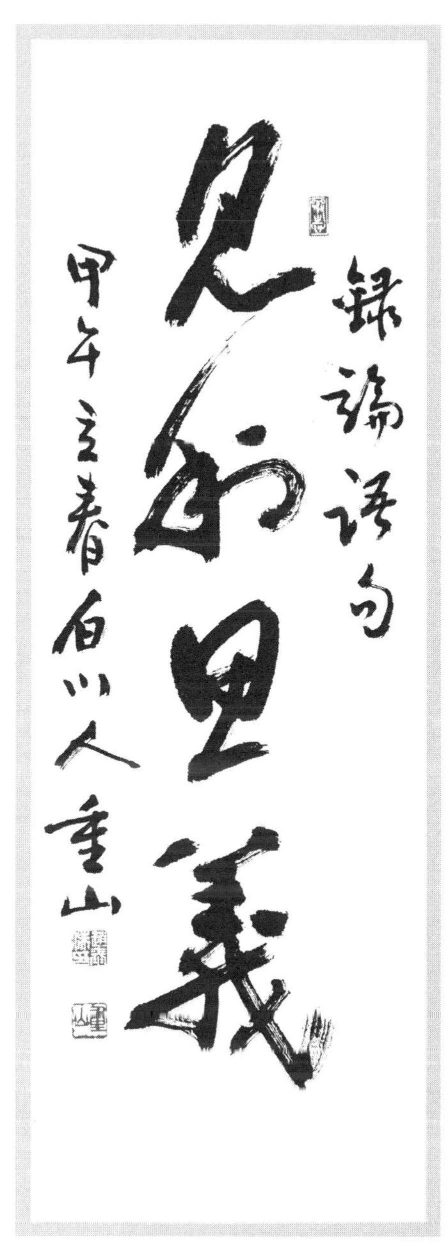

見利思義(견리사의), 見危授命(견위수명)…. 이 글은 안중근(安重根)의사가 경술(1910) 3월 26일 뤼순(여순) 감옥에서 사형 당하던 날, 원한에 사무친 마지막 심정을 남긴 글이다. 나라 위해 하나뿐인 목숨 초개처럼 버린 의사의 애국정신…. 8자로 함축된 글귀 속에는 지금도 구국의 충혼이 환영(幻影)되어 서릿발 놀는다. 결연한 구국 의지, 의연한 대장부 기개, 민족의 절규가 포효하면서 대륙을 삼키려던 일제야욕을 무너뜨렸다. 1909년 10월 26일 중국 하얼빈 역에서 왜적의 괴수 이토 히로부미(伊藤博文)가 순시 차 방문하던 날, 安重根의사는 권총으로 적장 伊藤博文을 사살하고 대한독립만세를 외치며 현장에서 체포됐다.

1910년 3월 26일 오전 10시, 사형집행시간 직전에 8자의 결연한 심정, 구국결심을 남기고 여순 감옥 왜적의 형장에서 32세 젊은 나이에 최후의 눈을 감는다. "대한 독립의 소리가 천국에 들려오면 나는 마땅히 춤추며 만세를 부를 것이다" 죽음의 순간까지 추호도

굽힘없이 대한독립의 한을 가슴에 안고 일제에 항거한 애국심….

오늘날에도 安重根의사처럼 나라 위해 목숨 바칠 사람 있을까. 자기 이익과 자기주장을 위해 주먹 휘둘러 하늘 치며 불법, 떼 법, 억지난동으로 민생 짓밟고, 사회질서 흔들어대기는 익숙해도 남부터, 의리부터 생각하는 '見利思義(견리사의)' 세태는 없다. 툭하면 붉은 띠 붉은 깃발 흔들며 국가전복을 선동하는 붉은색이념투쟁은 일삼아도, 국가 안위를 걱정하고 국민의 내일을 생각하는 '見危授命(견위수명)' 정신세대는 없다.

등 따습고 배부른지가 얼마 됐다고…, 목숨 바쳐 나라 찾고, 피땀 흘려 오늘을 이룩한 선대들의 영혼이 한숨 토한다. 적화통일을 주술처럼 뇌까리는 좌파집단들의 국가전복 도발위협에 분연히 맞서야 할 애국세대들의 호국정신까지도 모두 여순 감옥에서 처형됐단 말인가. 일본은 교활하다. 짓밟고, 착취하고, 수탈했던 36년간의 식민지 향수를 버리지 못한 채, 오늘도 한반도 침략역사를 왜곡하고 있다. 독도가 자기네 영토라고 억지하고 있다. 을사보호조약, 한일합방 사실을 정당화, 합리화 시키고 있다. 입에 올리기조차 민망스러운 위안부 역사, 뻔뻔스럽다. 安重根의사의 원혼이 구천에서 내려다보고 계신다.

시위현장에서는 툭하면 분신하고 자살한다. 패거리들은 열사(烈士), 투사(鬪士)를 외치며 시체를 들쳐 메고 군중심리를 자극하기 일쑤다. 표심을 노리는 비겁한 일부 야당 정치인들까지 선두에 나서 사회혼란을 충동질한다. 見利思義(견리사의), 見危授命(견위수명) 정신으로 살다 가신 義士, 烈士 호국영혼들께 송구스럽고 민망하다.

견현사제
見賢思齊

見賢思齊焉(견현사제언), 어진사람을 보면 나도 그와 같이 되기를 생각하고, 見不賢而內自省也(견불현이내자성야), 어질지 못한 사람을 보면 자신의 내면을 스스로 살펴 반성해야 하느니라. 이는 세기의 聖人, 孔子의 말씀이다. 누가 감히 사족을 붙이랴. 누가 아니라고 부정하고 반론을 제기하랴.

그러나 안타깝게도 소중한 말씀들이 묻히어 간다. 가르침이 없어지고 있다. 부끄러움을 모르는 세태가 되고 있다. 파렴치가 춤판을 벌이기 예사다. 윤리나 도덕, 양심과 정의가 묻히는 게 아니라 짓밟히고 있다. 어질고 착한 사람들이 오히려 바보가 되는 세태다.

등 따습고 배불러지기 시작하면서 세태가 변하고 있다. 풍요와 문명 속에서 인간성이 없어지고 있다. 윤리나 도덕의 가치관을 지키고 가르치는 곳도 없다. 국가마저 부정하는 '참교육'이 붉은색 좌파이념으로 변질되고 있다. 3대째 통치독재를 세습하고 있는 북한의 공산주의 이념을 따르자고 선동하고 있다.

見賢思齊(견현사제)를 가르쳐야 할 교육자들이 스승의 길을 포기하고

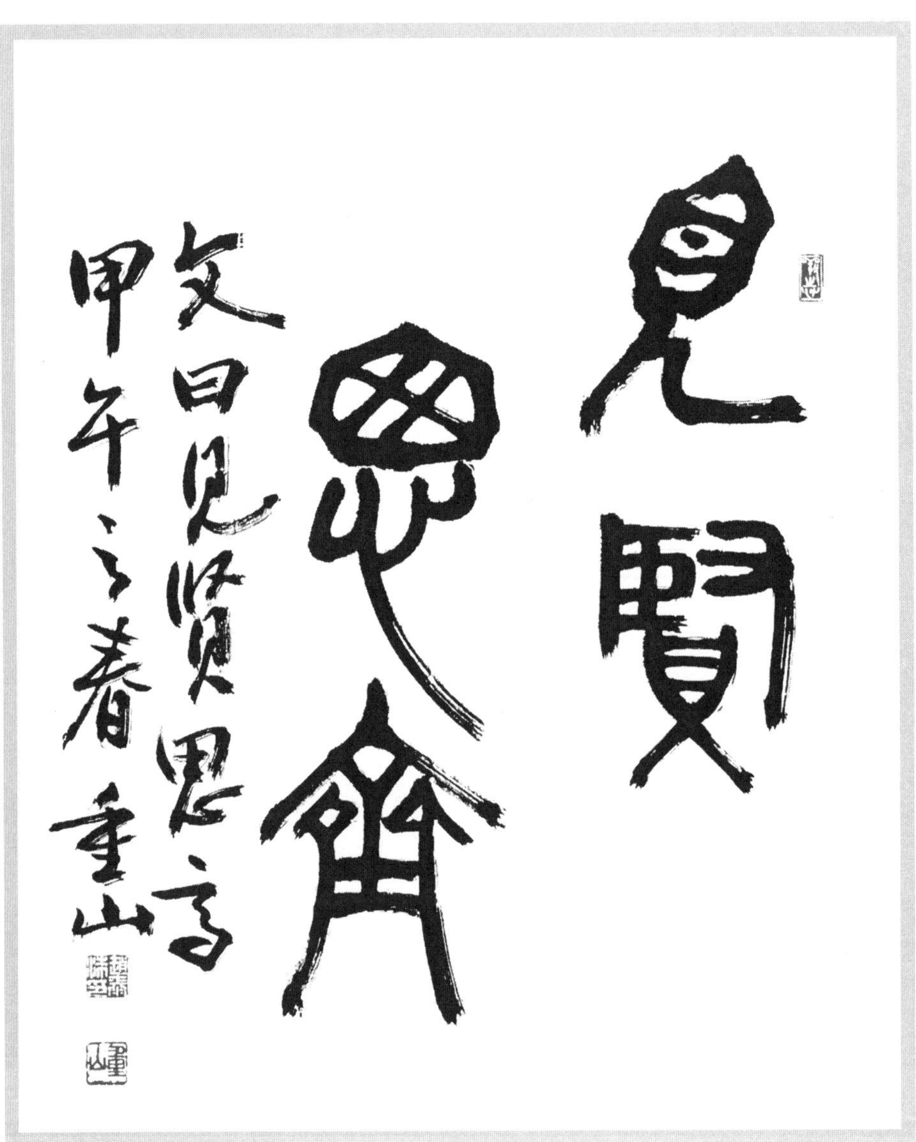

길거리 시위 꾼으로 나섰다. 어질(賢)고 착하(仁)고, 흔하던 수사(修辭) 마저도 말랐다. 모든 가치관들이 가을 지난 수수깡처럼 이름만 서걱대고 있다.

심지어는 국가관, 역사관마저 가물대고 있다. 나라의 정체성을 부정하고, 국가의 표상 국기를 짓밟으며, 애국가 제창마저 거부하고 있다. 수백만 목숨을 앗아간 북한의 6 · 25남침 전쟁도 통일전쟁으로 미화되고, 심지어는 남침전쟁의 비참한 역사까지도 희석시켜 가르치고 있다. 국가전복을 음모하던 간첩전과자들이 애국투사로 둔갑되고, 적군에게 국민혈세 퍼다 주고 핵폭탄 만늘도록 도와준 사람이 노벨평화상을 받았다. 혈세 받아먹는 현직 국회의원이 국가를 전복하려고 내란을 음모하고, 정치정당 일부가 국가의 특수 업무 수행기관인 국가정보원을 없애고, 국가보안법도 없애자고 나섰다.

어처구니가 없다. 교활한 위선이 판을 친다. 세태는 허상의 춤판이다. 과정에 불문하고 이기는 사람만이 능력평가기준 우선순위다. 도둑질하든, 모방을 하든 남들보다 좋은 것 갖고, 남들보다 많이 갖고, 남들보다 출세하는 사람이 성공하는 사람이다. 세상의 양심과 선량은 위선이 모두 먹어치웠고, 정의와 정직은 모두 부정이 먹어치웠다.

드러난 부정비리를 어쩌지 못해 스스로 죽음을 선택한 전직 대통령도 있고, 유죄무죄를 떠나 부정비리 때문에 사법부문턱을 넘나든 여자 국무총리도 있다. 국가기강에 이정표가 돼야 할 권력자들이 억지, 떼 법으로 뻔뻔스럽다. 이제 보고 배워야 될 현사(賢者)도 없고, 선사(善者)도 없다. 먼지 쌓인 孔子의 論語 속에만 '見賢思齊(견현사제)'가 초라하게 남아있을 뿐이다. "어질고 좋은 사람을 만나면 본받아 배우도록 하고, 불량한 사람을 만나면 상대방의 허물을 흉보기 전에 나부터 뉘우치고 깨달으라."는 교훈은 탁류에 밀려 세태 저쪽에서 익사했다. 배려하고 양보하는 어질고 착한사람의 미덕은 오히려 손가락질 받는 바보가 되고 있다. 어질 현(賢), 착할 인(仁)자는 한자사전 속에 상징적으로만 존재한다. 안타까운 현실이다. 수단방법 가리지 않고 욕심 채우기만 열심이다.

누구도 돌아보고 반성하는 자기성찰의 수양이 없다. 어울려서 더불어 살아야하는 사회정서가 각박해지는 이유다. 불신 갈등 경쟁 분열이 반복되고 있다. 타인이 바라보는 내 모습이 곧 내가 바라보는 타인의 모습임을 망각하고 있다.

타인을 통해서 나를 보는 성찰, 그게 바로 공자말씀 "見賢思齊(견현사제)"정신이다. 사람의 마음은 본래 착하다. 윗물이 맑으면 자연 아랫물도 맑아진다. 권력도, 돈도, 지식도 가진 자부터 바른길로 성찰할 때, 민초들도 따르게 된다. 지금도 늦지 않았다.

<ruby>
공수래공수거
空手來空手去

불가의 시조 석가(釋迦)는 신이 아닌, 사람이다. 또 신으로부터 권능을 부여받았거나 신의 역할을 대신하는 사람도 아니다. 때문에 석가의 진리는 절대로 신(神)의 얘기도 아니고, 또 신의 힘에 의지할 필요도 없는, 설법의 실제가 모두 인생 삶의 얘기다.

사람은 어디서 왔다가 어디로 가는가. 불가의 사상이자 설법의 명제다. 생로병사(生老病死), 희로애락(喜怒哀樂), 영고성쇠(榮枯盛衰)란 무엇이고, 무상무념(無想無念), 고뇌번민(苦惱煩悶)이란 또 무엇이던가. 모두가 내 속에 있으나, 나도 모르는 진리들이다.

영화로워야 할 가비라왕국의 세자 신분도 버리고 석가는 동가식(東家食), 서가숙(西家宿)하며 설산고행 6년간 천로역정(天路歷程)의 수도정진으로 번민과 고뇌를 떠이넘는 깨달음을 얻어 인간 삶의 진리를 찾아낸 각인(覺人)이다.

실제 깨달음으로 터득한 석가의 많은 설법 중 "空手來空手去(공수래공수거)"는 그래서 사람들에게 가장 체감되는 진리중의 진리다. 사람이라면 아무도 부정할 수 없는 사실이고, 누구도 거부할 수 없는 현실이다.

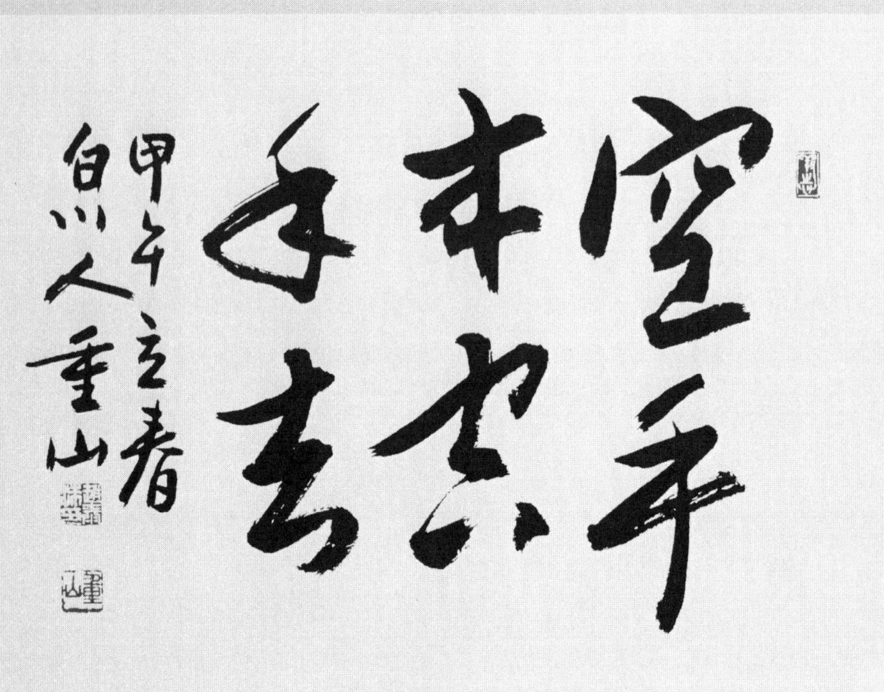

깨달음만으로 터득한 진리이기에 불교가 아니고는 공수래공수거를 가르치는 교리도 없다. 빈손으로 왔다가 빈손으로 가는 것을….

불교는 내가 내 속에서 나를 찾는 자력(自力)의 종교다. 곧 내가 나의 등불(自燈明)이요, 진리가 나의 등불(法燈明)이다. 空手來空手去(공수래공수거)도 그렇다. 내가 나를 깨우치는 진리다. 모든 고통과 번뇌의 원인은 욕심에서 비롯된다고 했다. 누구도 세상에 태어날 때 일생동안 사용해야 할 삶의 자본을 가지고 태어나는 사람은 아무도 없다. 또 일생을 살면서 아등바등 욕심으로 쌓아놓은 천금의 재산이 있어도, 죽을 때 단 한 푼이라도 내 몫을 찾아가지고 가는 사람도 없다. 세상에 태어날 때도 빈손(空手來)이고, 죽어서 세상을 떠날 때도 빈손(空手去)이다.

그렇다고 빈둥거리며 허송세월하라는 얘기는 절대로 아니다. 부당한 욕심을 경계하는 계율이다. 세상의 갈등과 분열, 흉계와 모함, 부정과 비리가 모두 지나친 욕심에서 시작됨을 갈파한 진리다. 비단 재물뿐이 아니다. 권력도 명예도 마찬가지다. 지나친 욕심은 곧 탐욕이 되고, 탐욕은 반드시 화(禍)를 부르게 된다. 탐욕 때문에 패가망신하기 예사인 오늘의 세태를 석가는 이미 4천여 년 전부터 예견했다.

누구나 삶을 고달프게 하는 가장 큰 원인도 욕심이다. 살면서 욕심이 없을 수는 없다. 또 없어서도 안 된다. 사는 것 자체가 욕심이기 때문이다. 노력한 만큼의 대가는 당연한 것이다. 노력의 대가는 절대로 욕심이 아니다. 때문에 불가에서 노력과 정진은 반드시 실천해야 할 계율(戒律)이다. 釋迦는 운명하면서까지 제자들에게 "부단한 노력정진"을 강조했다. 노력으로 양식도 구하고, 노력으로 진리도 탐구해야 한다. 삶은 모두 노력이어야 한다는 진리다. 노력 없이 쉽게 살려는 마음이 욕심이고 탐욕이다.

흉계와 모함, 권모술수로 남의 것 가로채려는 것이 바로 무명이고 욕심이다. 욕심이 지나치면 반드시 파멸을 초래한다. 인생은 무상이다. 재깍거리며 순간도 쉴 틈 없이 돌아가는 시계의 초침소리에 귀를 기울여본 적이 있는가. 내가 죽음으로 가고 있는 발자국소리임을 깨달아본 적 있는가. 욕심으로 죽음을 면했다는 사람은 없다.

권불십년(權不十年), 화무십일홍(花無十日紅)은 그냥 부르는 노래가 아니다. 욕심을 경계한 진리다. 죽으면 태어나고, 태어나면 다시 죽는다. 시작은 끝을 동반하고, 끝은 다시 시작을 데리고 온다. 존재와 부재가 꼬리 물고 도는 것을 석가는 윤회라고 일렀다. 윤회의 진리는 부질없는 욕심집착에 매달려 번뇌고통을 만들지 말라고 이른다. 올 때도 빈손, 갈 때도 빈손, 空手來空手去다.

낭 중 지 추
囊中之錐

안 보여도 드러나는 지혜, 숨길수록 높아지는 덕망, 조용하게 커지는 믿음, 자랑하지 않아도 소문나는 재능, 감추어졌지만 서릿발 돋는 비수…. 이런 말들을 일러 사자성어는 囊中之錐(낭중지추)라고 표현했다. 송곳은 호주머니 속에 넣고 다녀도 밖으로 솟아나게 마련이다. 생각지 않은 지혜로 남들을 깜짝 놀라게 할 때 인격은 솟아나게 마련이다.

이스라엘의 3번째 왕 솔로몬의 재판 지혜는 시공을 초월하고 있다. 한 명의 어린 아기를 놓고 두 여자가 서로 자기 자식이라고 싸움을 했다. 당사자들끼리 해결할 수 없는 모정의 싸움은 결국 솔로몬의 재판정까지 이어졌다.

두 여자의 첨예한 주장을 모두 청취한 솔로몬도 누구의 아기라고 단정할 수가 없었다. 난처한 순간이다. 심각한 솔로몬은 잠시 눈을 감았다. 판정만 기다리는 법정은 찬물을 끼얹은 듯, 무거운 긴장감이 감돌았다. 내 아들임을 주장하던 두 여인도 긴장하기는 마찬가지.

이때 솔로몬이 두 눈을 번쩍 뜨면서 법정을 지키고 섰던 병정에게 큰 소리로 "어린아이를 좌우측 둘로 자르라"고 추상같은 명령을 내렸다.

囊中出錐

재주 있는 사람은 숨어 있어도 드러난다

甲午之春後日 石華山房 重山

처음에는 무슨 소리인지 이해를 못했다. 하나의 몸을 두 조각내자면 어린생명은 죽어야 하는 운명이 아닌가.

그러자 한 여자가 눈물을 흘리며 자신의 주장을 철회했다. 빼앗길 수 없는 사랑의 욕심 때문에 차마 아들의 생명을 죽음으로 몰 수 없는 진실의 모정이 확인되는 순간이었다. 솔로몬은 지체 없이 자신의 주장을 철회한 그 여자가 바로 아기의 생모라고 판정을 내렸던 것이다. 囊中之錐(낭중지추)에 해당하는 유명한 솔로몬의 지혜다.

또 중국사기 한 구절도 낭중지추에 비슷하다. 춘추전국시대 말엽이다. 진(秦)나라의 공격을 받은 조(趙)나라의 혜문왕(惠文王)이 그의 동생이자 재상인 평원군(平原君) 조승(趙勝)을 초(楚)나라로 보내어 지원군을 청하기로 했다.

초(楚)나라 행차를 위해 20명의 수행원이 필요했던 평원군은 그가 거느린 3천여 명의 식객 중에서 19명은 쉽게 뽑을 수 있었으나, 나머지 한 사람을 뽑지 못해 고심하던 중이었다. 이때 '수모'라는 식객이 평원군에게 수행원이 되기를 자청하고 나섰다.

"나리, 저를 데려가 주십시오"

평원군은 어이없다는 표정으로 '수모'를 향해 물었다.

"그대는 내 집에 온 지 얼마나 되었소?"

"이제 3년이 됐습니다." '수모'의 대답이다.

이때 평원군은 말했다.

"재능이 있는 사람은 숨어있어도 마치 주머니 속의 송곳(낭중지추 : 囊中之錐)끝이 밖으로 나오듯이 남의 눈에 드러나는 법이오, 그런데 내 집에 온 지 3년이나 됐다는 그대는 지금까지 단 한 번도 내 눈에 드러난 적이 없지 않소?"

그러자 '수모'가 다시 대답했다.

"그건 나리께서 저를 한 번도 주머니 속에 넣어주시지 않았기 때문이죠, 하지만 이번에 주머니 속에 넣어주시기만 하면 끝뿐이 아니라 송곳의 자루까지도 드러내 보이겠습니다."

기막히도록 재치 있는 답변에 만족한 평원군은 '수모'를 즉시 수행원으로 발탁했다. '수모'를 비롯한 20명의 수행원과 함께 초(楚)나라에 도착한 평원군은 '수모'의 뛰어난 활략 덕분에 최고 국빈대접을 받으면서 진(秦)나라에 맞서 싸울 수 있는 원조도 충분하게 받아낼 수 있었다.

囊中之錐(낭중지추)를 일컫는 대표적 고사다. 낭중지추 같은 지혜는 오늘도 절실하다. 퍼다 주고 두들겨 맞기를 반복하고 있는 남북 간 문제만도 그렇고, 독도 영토문제 때문에 다투어야하는 일본과의 역사적 관계도 그렇다. 또 권력싸움에 이전투구하는 여야당 정치싸움도 그렇다. 낭중지추 같은 지혜가 아쉽다. 사람이 산다는 것은 지혜의 경쟁이다. 삶의 승패는 곧 지혜의 차이다. 시대를 위해, 나라를 위해 감추어진 지혜를 찾습니다.

대 공 무 사

大公無私

박근혜 정부가 출범하면서 총리 및 장관급 각료인선에 난항을 겪었다. 청와대가 괜찮은 사람이라고 물색해서 추천하면, 인사청문회 검증과정에서 야당국회의원들에게 거듭 낙마했다. 도덕적 하자사실이 드러나고, 실정법 위반사실이 지적되는 등 각료로 임명될 수 없는 부적절한 사례들이 속속 드러났다.

한 나라의 총리나 장관은 아무나 되나. 국민의 생사여탈권을 쥐고 흔드는 막강한 권좌가 아니던가. 요즘 세태에 황희 정승이나, 고불 맹사성 같은 역사적 청백리 명재상들에 비교될 수 있는 인물을 찾을 수는 없지만, 그래도 분야별 국정운영에 최고 책임자의 인격이라면 최소한의 도덕성과 공정성을 갖추는 게 필수덕목이 아니던가.

권력의 문턱에서 진땀 닦아내는 고초로 망신만 당하고 낙마한 각료후보들에겐 당사자들의 개인사정도 민망하지만, 그 보다도 국가와 국민 앞에 공정한 국정운영을 다짐선서하고 취임한 대통령 입장은 출범초기부터 더욱 난처한 꼴이 됐다.

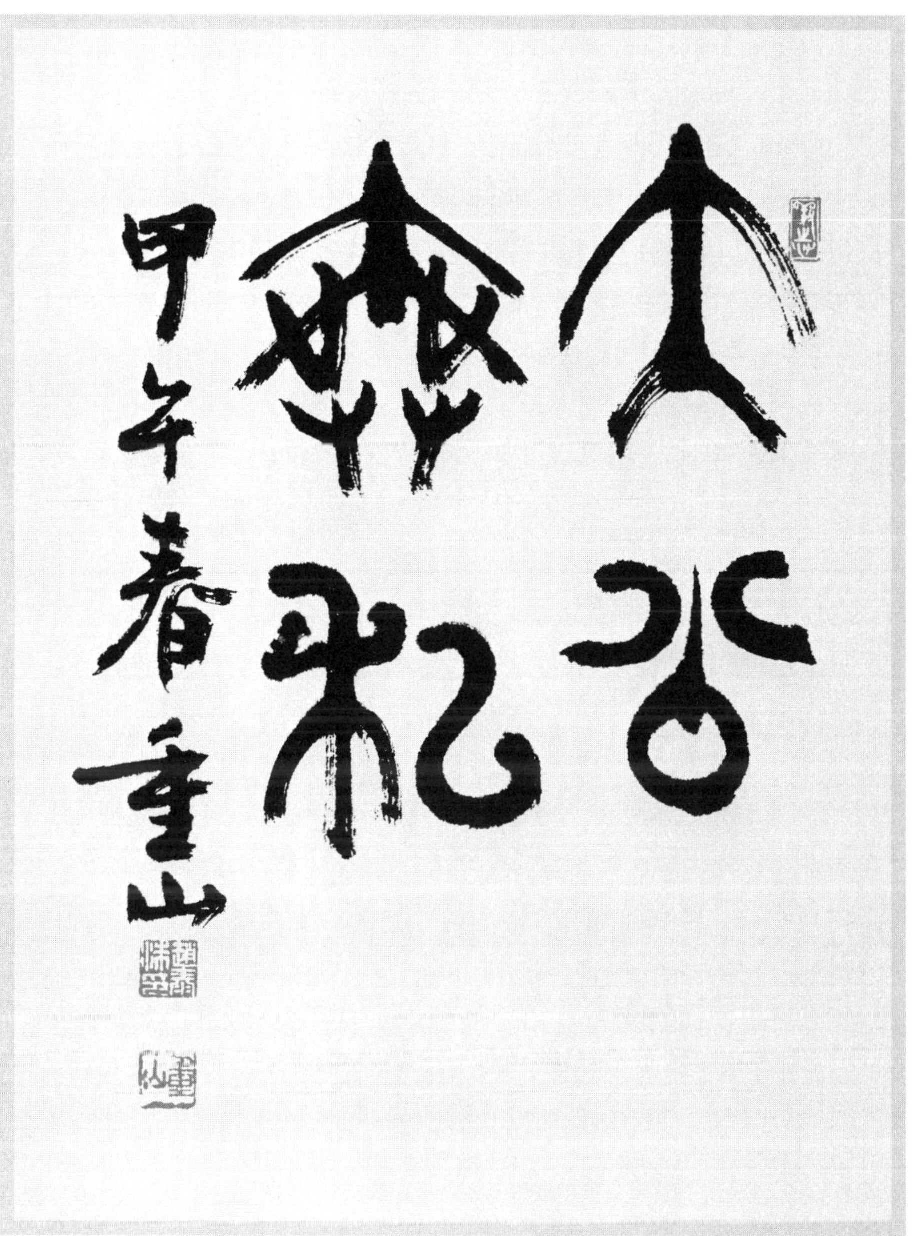

大公無私(대공무사)란 사자성어가 정수리를 친다. '대공무사'는 춘추전국시대 중국 진(秦)나라의 통치강령이다. 시(始)황제가 전통의 예치(禮治)에서 법치(法治)로 개혁하고, 법과 규정을 만들면서 大公無私(대공무사)란 강령을 내걸었다. 정사(政事)나 공사(公事)에는 절대로 사(私)가 개입될 수 없다는 원칙이다. 진시황제가 훗날 중국대륙을 하나의 통일대국으로 이룩하는데 기반이 됐음은 각종 기록들이 증거하고 있다.

벼슬이 높을수록, 또 권력이 많을수록 大公無私(대공무사)의 덕목은 더욱 절실하다. 우리나라 역대 최고 권력자들의 부정비리는 모두가 '대공무사'의 덕목을 생각지 못한데서 비롯된다. 임기 끝내고 오랏줄에 묶여 감옥살이 한 전직 대통령들의 수모는 국민들까지도 망신스럽게 만들었다.

어느 전직 대통령은 대도무문(大道無門)이란 정치철학까지 내걸었으나, 아들 하나 잘못 다스린 사사(私事)로움 때문에 결국은 대도무문(大道無門)의 통치자로 지탄받고 말았다. 또 어느 전직 대통령은 최고권력 등에 업은 아집과 독선으로 우측깜빡이 켜고 좌측으로 달리는 국정운영으로 자신에겐 노벨상이란 영광을 취했지만, 결국은 등터지게 혈세 물어온 국민들에게는 핵폭탄위협을 덮어 씌웠다.

'대공무사' 덕목을 외면한 통치자의 권력비리는 계속된다. 부정비리 혐의로 사법부 문턱을 넘나드는 수모를 어쩌지 못해 스스로 목숨을 끊은 전직 대통령의 불행도 있다. 30대 아녀자인 가짜박사 치맛바람에 놀아나 최고권력 집단의 상징인 청와대 위상까지 짓밟은 사례는 무엇을 의미하나. 같은 시대 국무총리를 지낸 어느 여자재상은 권력을 빌미로 뇌물받아먹은 사실이 알려져 임기 끝낸 후일까지도 사법부문턱을 넘나들고 있다.

그뿐 아니다. 또 어느 대통령은 임기 말에 자기 형님까지도 감옥에 잡아넣어야하는 치욕을 당하고 있다. 직접 대통령의 잘못은 아니지만 '대공무사' 덕목을 지키지 못한 불행한 사례들이다. '大公無私' 덕목을 소홀히 한 사람들이 어찌 대통령들뿐일까. 또 민생을 주무르는 공직자들 중 누가 "나는 당당하다"고 소리칠 사람 몇이나 될까. 국회 청문위원으로 인사청문회에 참석하는 국회의원들 중 일부도 실정법을 위반한 각종범죄 전과자들이다. 누가 누구에게 돌을 던질 수 없는 사람들끼리 모여앉아 누구는 원고, 누구는 피고처럼 떠들고 있는 모양은 과연 '大公無私'일까.

성치도, 통치도, 법치도 '대공무사'만이 정도다. '대공무사'만이 공정이다. '공짜선심'은 절대로 선정(善政)도 아니고, 공정도 아니다. 정치도 공정, 통치도 공정, 법치도 공정해야 그게 바로 '大公無私'고 모두가 행복한 '선정(善政)'이다.

대 기 만 성
大器晩成

인간의 재능은 무량무한하고 무궁무진하다. 형체도 없고, 질량도 없으며, 무게나 색상도 없다. 산술로 계산할 수도 없고, 기하학으로 도식(圖式)화할 수도 없으며, 또 용량도 알 수 없고 무게도 알 수 없다. 때문에 사람마다 인격도 다르고, 성격도 다르고, 삶의 철학도 다르다. 인격과 재능은 하나지만 둘이고, 둘이지만 또 하나다. 재능이 없으면 인격도 없다. 또 아무리 훌륭한 재능도 덕망이 없으면 훌륭한 인격이 될 수 없다. 인격은 재능과 덕망을 겸비해야 한다. 그러나 재능과 덕망을 한 그릇에 담는 것은 오랜 세월의 수양이 필요하다.

누구에게도 인격의 완성이란 없다. 인격은 천로역정의 수양을 거쳐 해탈의 과녁을 통과해야만 완성된다. 가비라왕국의 세자였던 석가는 온갖 부귀영화 뿌리치고 설산고행으로 인격을 수양 했고, 예수는 광야에서 40일간의 기도와 시련을 거쳐 회개로 만백성의 등불이 되는 인격을 쌓았다. 큰 그릇을 만들기에는 오랜 세월 각고의 정진이 필요한 것과 같다. 그야말로 쉽게 얻어질 수 없는 大器晩成(대기만성)이다.

大器晚成
錄老子句
甲午春 重山

인격은 무시로 변화한다. 오늘의 인격보다 내일의 인격이 더 훌륭해질 수도 있고, 때로는 더 불량해질 수도 있다. 선생님 인격보다, 제자들의 인격이 훌륭할 수도 있고, 퇴락할 수도 있다.

아무리 뛰어난 재능도 잘못 쓰면 덕망이 깨지고, 덕망이 깨지면 인격도 무너진다. 인격은 경험 따라, 노력 따라, 또는 가치관 따라, 환경 따라 무상하게 변화한다. 선과 악으로 바뀔 수도 있고, 진실과 위선으로 바뀔 수도 있다. 인격이 형성되는 과정을 그릇 만드는 것에 비유되는 이유다. 큰 그릇은 만들기도 어렵지만, 완성하기까지는 시간이 걸린다.

"그 사람은 그 자리에 앉을 그릇이 못돼…", "그 사람 보기보다 그릇이 커…", 수없이 오가는 일상의 언어들이다. '그릇'과 '인격'을 동의어로 사용하는 경우는 옛날보다 지금이 더 많다. 특히 국정을 다스리는 고위직 인사 때마다 '그릇 론'은 하마평을 따라다닌다. 크고 작은 각종 선거 때도 후보자들의 '그릇 론'이 무성하다.

그러나 '그릇 론'에 대한 정답은 없다. 재능도 인격도 평가하는 사람마다 모두 다르다. "뚝배기보다 장맛"을 우선하는 사람도 있고, "장맛보다 뚝배기"를 우선하는 사람도 있다. 가치관의 차이다. 특히 공직에 등용되는 사람들의 인품을 논할 때 그릇 론은 무성하다. 대부분 사람들이 내 그릇을 깨닫기 이전에, 남의 그릇부터 평가하기 예사다. 자신의 그릇이, 세상 모든 그릇의 기준이 돼야 한다고 고집하는 사람들이 점점 늘어나고 있는 게 요즘의 이기주의 세태다.

특히 정치권력 속에 그런 사람들이 편중돼 있다. 교활한 아집과 독선이 넘쳐나는 편견적인 이기주의다. 내 인격만 소중하고 남의 인격은 무조건 비하하고 폄훼한다. 그만그만한 작은 그릇들의 갈등을 통솔하고 이끌어 갈만한 큰 그릇이 없기 때문이다. 특히 남북이 분단된 우리나라 현실로는 통일대업을 이루어낼 수 있는 큰 그릇이 필요한 때다.

맛없고 비싼 음식을 팔면서 불경기 탓만 하고 있는 음식점주인을 보았는가. 똑같은 값, 똑같은 그릇, 똑같은 메뉴의 음식을 팔면서도 손님이 넘쳐 바쁜 음식점주인을 보았는가. 쉽게 비교되는 간단한 사례지만 두 곳 음식점 주인의 '그릇차이'다. 같은 값이면 맛있는 집, 친절한 집을 찾아가는 손님의 선호도에는 아랑곳없이 불경기 탓, 정부 탓만 하고 있다.

요즘 세태는 행복불감증 현상이 넘치고 있다. 어떤 통계치를 봐도 행복해질 수 있는 조건은 매년 높아지고 있는데도, 막상 행복하다는 사람은 줄고 있다. 부족한 내 그릇 반성 없이, 나보다 큰 그릇만 보면 괜히 심통이 난다. 남의 행복을 보면 이유 없이 상실감, 불행감을 토로한다. 각자 모두가 내 그릇만 최고라고 착각하기 때문이다. 大器晩成을 다시 생각해 본다. 모두의 마음을 한곳에 담아 통일을 이루어 낼 큰 그릇은 언제쯤 완성될까.

대 상 무 형

大象無形

생각도 지워지고, 마음도 지워진 미친 사람은 삶의 가치를 잊은 채 생명만 유지하고 산다. 체면도 모르고 염치도 모른다. 마치 동물과 같다. 또 술 취한 사람도 비슷하다. 생각도 잊고, 마음도 잊은 채 부질없는 호연지기로 대범해지기 예사다. 정신이상자와 비슷해진다. "술 먹은 개"로 취급되기 일쑤다.

정신이상자가 "나는 미쳤다"고 자각하는 사람 없다. 모두가 자기를 생각하는 마음(思念)이 흐려지기 때문이다. 도량형기로 측정 가능한 형체도 질량도 없고, 또 육안으로 식별할 수 있는 색상도 없지만, '생각하는 마음'은 인생 삶의 우주이고 무형의 가치다. "사람팔자 마음먹기 달렸다"는 속담은 그냥 흘려들을 속담이 아니다.

생명이란 육체도 중요하지만, 육체 속 어딘가에 도사리고 있는 '생각하는 마음' 한 가닥이 인간의 존엄성을 지켜주는 최고의 주체다. 생명은 세상을 소유하지만, 생명 속에는 우주를 지배하는 생각과 마음이 자리 잡고 있다.

마음과 생명이 결합돼야 비로소 인격체가 형성된다. 생명과, 생각하는

마음이 공존하는 '인격' 때문에 사람은 만물의 영장이다. 몸속에 생각이 없거나 마음이 없으면, 인간이라도 인격이 없는 동물일 뿐이다. 형이상학적 인격은 형이하학적 규격과 틀리다.

때문에 인격을 구성하는 생각과 마음은 사람만이 갖는 형체 없는 우주 속의 대상(大象)이다. 생각하는 마음이 흐려지면 삶의 의미나 존재가치까지 흐트러지게 된다. 생각하는 마음은 무량무한이다. 끝없는 하늘이고, 가없는 우주공간이다 어떤 산술로도 계량할 수 없고, 어떤 과학문명으로도 도식화될 수 없다. 때문에 '생각하는 마음'은 무형의 대상이다.

나는 내가 생각하는 마음을 아는가. 알고 있다면 얼마만큼, 또 어디까지 아는가. 난해한 질문이다. 아니! 영원한 화두다. 내 몸통 어느 구석에 얼마만큼 저장되고 있는가. 생각의 깊이를 아는가, 마음의 크기를 아는가, 무게를 아는가. 모양을 아는가.

아니면 몸이 생각과 마음을 지배하는가, 생각하는 마음이 몸을 지배하는가. 화내고, 분노하고, 갈등하고…, 또 슬픔도, 기쁨도, 행복도, 불행도…, 그 많은 희로애락들이 모두 어디에 들어있고, 또 어디로 소멸되는가.

나는 오늘도 자판기(字版機) 앞에 앉아 삼경을 헤맨다. 생각하는 마음 한줄기 찾아내기 위해 심연을 헤매고 있다. 독자들의 마음 한 가닥에, 한 줄기 울림을 줄 수 있는 글 한줄 찾기 위해 생각하는 마음으로 골몰하지만, 아리송한 생각과 마음은 바스러져도 반짝대는 문장 하나 허락지 않으니, 도대체 '생각하는 마음' 너는 누구더냐. 어디에 있느냐.

아무리 형체가 없다지만, '생각과 마음'은 정말로 정체가 모호하다. 내가 네 것이더냐, 네가 내 것이더냐. 같은 몸속에 동거하면서도 생각도, 마음도 서로가 알길 없으니 내 육체는 '작심삼일(作心三日)'의 변덕쟁이, 거짓말쟁이로 전락되기 다반사다. 그렇다고 막상 육체 속에서 '생각과 마음'을 떼어내 버릴 수도 없다. 몸과 마음은 생명을 함께하는 숙명이다. 생각하는 마음을 버리면 목숨도 버려야 하고, 목숨을 버리면 생각도 마음도 버려야 한다.

형체도 없고 존재도 없으면서 우주를 지배하는 것도 사람의 '생각과 마음'이고, 문명을 지배하는 것도 '생각과 마음'이 아니던가. 오죽하면 중국의 고대 사상가이자 도가(道家)의 시조인 노자(老子)까지 '생각하는 마음'을 일러 고차원의 大象無形(대상무형)의 류(類)로 설(說)했을까. 생각하는 마음은 모든 선악(善惡)의 근원이고, 상하(上下)의 학문이며, 삶 자체다. 세상은 온통 문이어서 대도무문(大道無門)이듯, 넓고 깊고 높아서 질량도, 형체도, 색상도, 한계도 알 수 없으니 '생각하는 마음' 너는 분명 형이상학(形而上學)이고 大象無形(대상무형)의 도학(道學)이 아닐 수 없다.

덕 업 상 권

德業相勸

'새마을운동'을 회상하는 사람들이 많아졌다. 세월이 지날수록 박정희 대통령 업적을 생각하는 사람들이 늘어나고 있다. 헐벗고 배고프던 시설의 꿈같은 추억들이기에 버릴 수가 없다. 근면(勤勉), 자조(自助), 협동(協同)을 실천덕목으로 삼아, 국민 모두가 자발적이고 협조적인 분위기로 펼치던 '잘살기 운동'이 바로 '새마을 운동'이었다. 숙명처럼 대물림하던 가난의 침체를 벗고 단기간 내에 문명과 풍요를 이룩한 원동력이었다. 지금 우리나라가 세계경제 강국반열에 올라선 것도 결국은 60~70년대 "우리도 한 번 잘 살아보자"고 궐기했던 기성세대들의 피땀 어린 새마을운동 정신에서 비롯된 것이다.

"하면 된다."는 자신감 배양으로 국민들의 자립발전 의지를 촉발시켰다. 간악했던 일제 식민지시대를 거치고, 처절했던 6·25전란을 거치면서 극도로 황폐화 되고 침체됐던 국민정서를 서로 돕고 협동하는 자조자립정신으로 활성화 시켜낸 정신운동의 기적이다. 조선조부터 향약(鄉約)으로 전해져오던 德業相勸(덕업상권)정신을 실천철학으로 승화시켜낸 朴正熙 대통령의 통치 지혜였다.

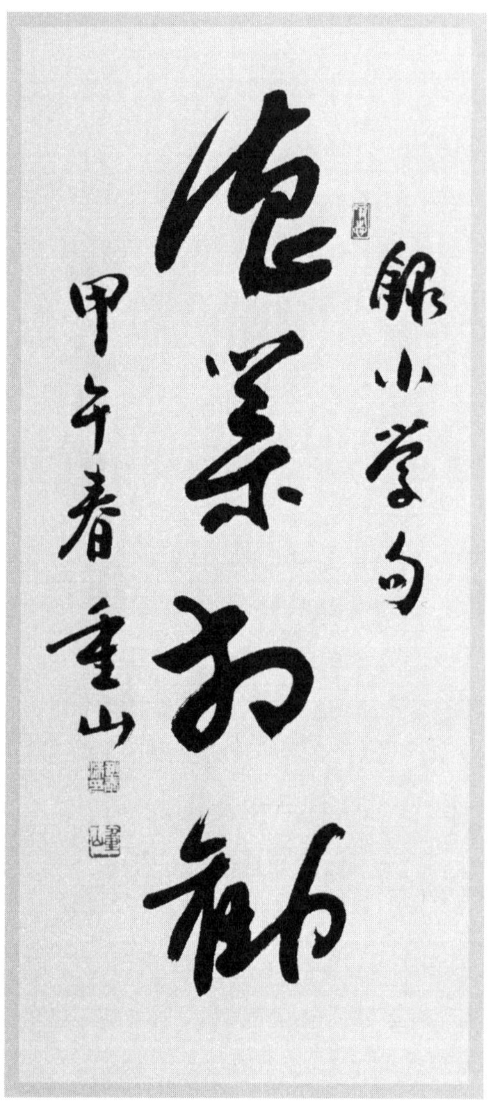

오늘을 이루기까지 국가발전의 초석이 됐고, 세계가 주목할 만큼 국민 모두가 잘 살고, 잘 먹는 나라가 됐다.

새마을 운동은 "우리도 할 수 있다"는 국민들의 결집된 의지가 총화로 뭉쳐 상부상조를 근본으로 하는 향약(鄕約)적 정신운동으로 승화된 역사적 의미도 대단했지만, 미개했던 농경사회를 산업사회로 탈바꿈시키고, 또 산업사회를 다시 첨단 문명사회로 급속하게 성장시킨 재도약 실적은 가히 혁명적이었다. 특히 낙후됐던 농어촌의 생활개선사업으로 도시와 농어촌의 문화적 혜택이 평준화 될 만큼 삶의 질(質)을 향상시켰을 뿐 아니라, 국민의 향학열과 민주화정신도 크게 높였다.

우리역사는 일찍부터 향약(鄕約)정신을 전하고 있다. '향약'이란 좋은 일은 서로 권장하는 德業相勸(덕업상권), 잘못은 서로 고쳐주는 과실상규(過失相規), 서로가 사귈수록 예의를 지키는 예속상교(禮俗相交), 환난을 당하면 서로 구제하는 환난상휼(患難相恤) 등 4대 정신을 바탕으로 하는 조선시대 향촌사회의 자치규약(自治規約)이다. 공동체 생활의 기본원리로서 상생(相生)정신을 실천하기 위해 노력해온 조상들의 의지와 지혜를 깨닫게 해준다.

향약은 11세기말엽 중국 송나라 대학자인 여대림(呂大臨)의 유명한 한시(漢詩)가 시초다. "凡厥有生(범궐유생 : 무릇 생명이 있는 것은) 均氣同體(균기동체 : 기운도 같고 본체도 같은 것인데) 胡爲不仁(호위불인 : 어째서 착하지 못한 짓을 하게 되는가) 我則有己(아즉유기 : 내가 곧 나만을 의식하기 때문이다…)"로 시작하는 장시(長詩)는 누구에게나 자신을 깨닫게 함으로서 향약정신을 촉발시켰다.

이조 중종 때 퇴계와 율곡이 이를 본받아 널리 시행케 했다. 관청의 과도한 권력남용과 지배횡포를 막아 민생을 보호하자는 개혁의 의미도 포함됐다. 각 지역별 부락단위별로 여러 가지 조건들을 가감하여 특색 있게 만들어진 자치규약으로, 그 기본 바탕은 권선징악(勸善懲惡)과 상호부조(相互扶助)를 목적으로 하는 '덕업상권'이나 '과실상규' 등 유교주의(儒敎主義)적 도덕정신이 중심이었다.

그러나 이젠 도덕정신도 퇴색하고, 새마을운동정신도 희석돼 버렸다. 등 따습고 배불러진 세태들의 교만이다. 요즘 세대들은 헐벗고 굶주리던 선대들의 고통시대를 망각하고 산다. '덕업상권'은 '악업상권'으로 바뀌고, '과실상규'는 '과실상쟁'으로 전도되고 있다. 좋은 일은 서로가 시기질투하고 방해모략하기 예사다. 이젠 '새마음운동'이 절실하고 시급하다. 조선조 현종 때 조정의 망국적 정쟁을 정화하고 향약실천을 촉구했던, 충청출신 예학의 대가 초려(草廬 : 李惟泰)선생의 상소문 같은 '치국안민(治國安民)방책'은 다시 없을까.

독 좌 관 심

獨坐觀心

그대는 자신의 마음을 아는가. 선량하든가, 불량하든가. 흰색이든가, 검은색이든가. 무겁든가, 가볍든가. 허구한 날 먹기도 하고 뱉기도 하고, 썩기도 하고 상하기도 하고, 또 때로는 태우기도 하고, 비우기도 하면서 철석같이 마음 하나 의지하고 사는 게 우리들 인생이 아니던가. 인생살이 흥망성쇠도 모두가 마음으로 결정되고 마음으로 표출되는 것. 애증도 선악도, 정의도 부정도, 진실도 위선도, 또 근면도 나태도, 성공도 실패도, 행복도 불행도 모두가 마음속에 들어있는 희로애락의 영역이 아니던가.

중생의 등불 석가도, 만인의 사랑 예수도 마음 하나 채우고, 또 마음 하나 비우기 위해 설산고행을 자청했고, 만백성의 죄를 스스로 짊어지고 십자가에 못 박혀 죽음을 택하지 않았던가. 세상에는 많은 불가(佛家)도 생기고, 많은 교회당도 생기고 있다. 또 많은 사람들이 불교신도고, 기독교 신도들이다. 종파는 달라도 이들도 모두가 마음 하나 다스리고자 그토록 애면글면 노심초사다. 소원 하나 이루고자, 사랑 하나 이루고자 머리통을 동여매고 가슴팍을 두드리는 것도 역시 안타까운 마음이다.

채근담(菜根譚) 전집(前集)에 나오는 "獨坐觀心(독좌관심)"이란 사자

성어의 의미가 정수리를 친다. “홀로 앉아 자기 마음을 본다.”는 뜻이다. 천태만상 복잡한 세상을 살면서 자기도 모르는 순간에 오염된 위선의 때를 씻고 마음을 바로잡아 수양 정진하라는 교훈이다. 내 몸속에 담겨진 내 마음이지만, 내 생각대로 못하는 것 또한 내 마음이 아니던가. 흡사 구두선(口頭禪)같은 ‘獨坐觀心’…. 표출할 수 없는 내면의 갈등은 얼마이고, 냉수로 머리 감아도 식어지지 않는 번민과 고뇌 또한 얼마이던가.

내가 내 마음을 본다. 쓸쓸하고 고독함도 묻어나고, 절절한 서정도 묻어난다. 삼라만상 모두 잠들어 두터운 어둠으로 가득한 시간, 환청(幻聽)마저도 멎은 침묵의 공간에 홀로앉아 천길 심연(深淵)속 내 마음을 내 스스로가 찾아본다. 만약 쳐다볼 수 있다면 어느 형상이 나타날까. 색상도 모양도 궁금하지만, 평생 동안 쉴 사이 없이 먹어치운 양과, 또 앞으로 먹을 수 있는 마음의 양이 얼마인지가 더욱 궁금하다. 구비마다 태우고 썩힌 일그러진 모습일까. 아니면 작지만 그래도 소박한 기쁨과 보람으로 채워진 훈풍의 연두색일까….

"삶이란 전쟁"이라고 어느 철학자가 말했다. 전쟁 없이는 아무것도 얻을 수 없고, 또 아무것도 지켜낼 수 없다. 심지어는 기후와 전쟁, 질병과의 전쟁에 이르기까지 사는 방법은 모두 전쟁이다. 누구도 부정하고 거부할 수 없는 이치다. 그 중에서도 가장 어려운 전쟁이 바로 나(自我)와의 전쟁이다. 선과 악의 전쟁, 정의와 부정의 전쟁, 사랑과 증오의 전쟁, 갈등과 번뇌의 전쟁 등 모든 전쟁은 내 마음과의 전쟁이다. 내가 나도 이겨내지 못하면 내 인생은 결국 패배로 전락하는 것이다.

우리는 어떻게 살 것인가. 모든 인생의 화두다. 사람은 누구나 일명일생(一命一生)이다. 이 세상 누구도 두 목숨 갖고 두 번 산 사람은 없다. 석가도, 예수도 죽음으로서 육체의 생명은 일회로 끝났다. 영생도, 재림도, 부활도 모두 혹세무민(惑世誣民)하는 기만이다. 인간에게 생명을 부여한 조물주는 절대로 공평했다. 獨坐觀心(독자관심)의 명제도 바로 오직 한번뿐인 삶을 어떻게 살아야 할 것인가를 고민하는 마음 찾기다. 어떤 인생관, 어떤 가치관, 어떤 마음가짐으로 살아야 성공하는 인생, 승리하는 인생, 행복한 인생을 살 수 있을까.

인생관을 결정하는 것도 마음이다. 때문에 내 마음은 내 인생을 지배한다. 삶의 의미가 무엇이고, 삶의 목적이 무엇이냐. 마음먹기 달렸다. 건전한 인생관, 또는 병들고 타락한 인생관 차이도 마음의 차이다. 나무는 뿌리가 튼튼해야 가지가 무성하고 꽃과 열매가 풍성하게 맺는다. 사람도 마음이 튼튼해야 삶도 건전하다. 다시 한 번 독좌관심….

마 부 작 침

磨斧作針

글 좀 써보겠다고 자판기 앞에 앉으면 막막해질 때가 많다. 자글대는 머리통 두들기며 삼경을 헤매기 일쑤다. 앙금 뿌연 심연에서 방황하다가 스스로 실망하여 화살촉 같은 마우스로 한 번 찔러대면 컴퓨터 화상까지 새까맣게 죽여 버린 적은 또 몇 번이던가.

여명이 뿌연해지는 새벽쯤이면 침침해진 눈두덩 비벼대며 "내가 어쩌다 이 길을 택했지?" 중얼거린 적도 있고, 등살 절이고, 목 줄기 뻣뻣해질 때면 거실로 뛰쳐나와 애매한 텔레비전 흔들어 깨워 젊은 애들 호들갑에 피식댄 적도 한두 번이 아니다.

땅파기보다도 더 어렵고 지루한 게 글쓰기라는 사실은 어렴풋이 알았지만, 갈등과 번민까지 짊어져야 하는 무게가 갈수록 무겁다. 가장 쉬운 길, 그만하는 것뿐이라고 생각도 해보지만, 관습처럼 따라붙는 끈질긴 미련이 막상 그만두는 것조차도 허락지 않는다.

중국의 사자성어 磨斧作針(마부작침)이 번개처럼 떠오른다. 한문을 지역하면 "도끼를 갈아서 바늘을 만든다."는 의미지만, 연원은 "아무리 어려운 일이라도 끈기 있게 꾸준히 노력하면 성공할 수 있다"는 교훈적 고사(故事)가

磨斧作針

唐李白少時學業未成棄歸道逢一姬磨鐵斧 白問之 姬曰欲作針 白感其言 遂還卒業

甲午立春後之日 石華山房一重山

배어있다.

당대(唐代) 시선(詩仙)으로 불리던 이백(李白)이 학문에 뜻을 품고, 상의산 속에 들어가 공부를 하던 중이었다. 쉽게 이치가 터득되지 않자, 공부에 싫증을 느낀 이백은 어느 날, 공부를 중도에 포기하고 집으로 돌아오는 길이었다.

산촌마을 앞을 지날 무렵 어느 노인이 하염없이 숫돌에 도끼를 갈고 있는 모습을 본다. 무심코 한참 지나치다 이백은 다시 돌아가서 노인에게 궁금한 연유를 물었다. 노인은 아무 표정 없이 "바늘을 만들려고 한다."고 대답했다.

"도끼를 갈아서 바늘을 만든다?" 이상한 노인이라고 생각하면서 이백은 다시 노인에게 물었다. "그 큰 도끼를 갈아서 어느 세월에 바늘을 만들겠습니까." 그러자 노인은 "도중에 포기하지 않고 열심히 갈고, 닦으면 언젠가는 바늘이 될 것"이라는 대답이다.

이백은 여기에서 크게 깨닫는다. "도중에 포기하지 않고 열심히 갈고 닦으면 뜻을 이루어낼 수 있다."는 노인의 얘기가 정수리를 친다. 지루함을 참지 못하고 도중에 포기하려 했던 이백의 결심을 다시 상의산 공부길로 되돌린 것이다.

상의 산으로 되돌아간 이백은 "바늘 만들기 위해 도끼를 갈던 노인"처럼 열심히 학문에 정진해서 끝내는 당대(唐代) 최고의 시인이 됐다. 어찌 학문뿐일까. 어떤 분야에서 어떤 일을 하던 磨斧作針(마부작침)의 정신으로 노력정진하면 반드시 성공할 수 있다는 교훈이다.

나부터 반성한다. 매사를 쉽게 결심하고 쉽게 포기하는 경거망동이 한두 번 이었던가. 내가 갈등하고 번민하는 글쓰기도, 끈질긴 노력이 부족한 것뿐이지, 결코 선택이 잘못된 것은 아니다. "바늘이 될 때까지 도끼를 갈아야 한다." '마부작침'을 되뇌어 본다.

요즘사람들 툭하면 떼지어 길거리로 나선다. 삭발하고, 붉은 띠 두르고, 주먹으로 하늘을 치며 결사(決死)투쟁을 외친다. 세태가 살벌해지고 있다. 민심은 각박해지고, 사회정서는 험악해지고 있다. 끈기 있게 노력 정진하는 모습이 없다.

거리는 온통 민주와 개혁, 정의와 진실, 사랑과 행복을 떠드는 사람들로 넘쳐나도 각자 삶의 내부는 모두 상실감으로 가득차고 있다. 등 따습고 배부르고, 잘 먹고 잘 살고, 행복의 조건들은 엄청나게 늘어났어도 막상 행복하다는 사람들은 줄고 있다.

'행복의 역설론'이 증가하고 있다. 확산되는 극단적 이기주의가 상대적 상실감을 키우기 때문이다. 남이 성공하고 출세하는 것을 중상모략하고 시기질투 하는 데만 열심이다. 꾸준하게 정진해서 "나도 이루겠다."는 생각보다는 상대를 불행케 하는 흉계모략부터 우선한다. 시선(詩仙) 이백을 성공시킨 磨斧作針(마부작침)은 이제 녹슨 고사인가.

만 초 손 겸 수 익

滿招損 謙受益

소리 없이 흐르는 세월도 서로가 서로를 부둥켜안고 상생(相生)의 이치를 지킨다. 동지(冬至)와 하지(夏至)의 주기가 서로 엄격하다. 태양이 동짓날 극점(極點)을 관통하는 순간부터 낮의 시간은 점점 길어지고, 밤의 시간은 점점 짧아진다. 또 하짓날 태양이 극점을 지나는 순간부터 낮의 시간은 점점 짧아지고 밤의 시간은 점점 길어진다. 밤 시간과 낮 시간이 서로 부족하거나 넘침이 없도록 1년에 두 차례씩 편차현상을 공정하게 조절하고 있다.

변화를 반복하는 계절의 천도(天道) 운행방식까지도 이처럼 넘치고 부족함 없이 때가 되면 정확하게 서로의 균형을 맞추고 있으니 우주의 조화는 참으로 오묘하다. 춥고 더움과 길고 짧음은 세월의 상극(相極)이다. 허지만 상극끼리도 서로가 서로의 치우침을 자제하고 역지사지(易地思之)하면서 균형과 안정으로 영원을 지키고 있는 게 우주천도의 순리다.

서로가 자제하고 균형과 안정을 지키는 게 어찌 천도의 이치뿐일까. 하늘과 땅, 남자와 여자, 전쟁과 평화, 심지어 행복과 불행 등 세상의 모든 상대성 존재들은 서로가 넘침도, 부족함도 없이 서로를 지키고 있다.

滿招損
謙受益

가득차면 손해를 부르고 겸손하면 이익을 부른다 錄古經句

甲午春日 石華山房 重山

우리들 삶의 이치도 예외가 아니다. 서로가 서로를 의지하고 상부상조할 때 상생의 이치는 성립된다. 편견, 아집, 독선으로 혼자만의 욕심만 채우려 할 때 공동체는 균열이 생기게 되고, 또 개인은 인격까지 무너지게 마련이다. 물은 그릇에 차면 넘치고, 욕심은 지나치면 반드시 손해를 부르게 마련이다.

滿招損 謙受益(만초손 겸수익)이란 故事成語는 교시하는 바가 크다. 교만하면 손실을 부르고, 겸손하면 이로움을 얻는다는 의미다. 즉 교만하면 손해를 부르고, 겸손하면 이익이 된다는 뜻으로 해석해도 무리가 아니다. 명예나 권력, 지식이나 재력들이 모두 그렇다. 살고자하는 본능 따라 극성으로 욕심만 부리면 반드시 시기질투 하는 경쟁자가 생기게 되어 위험까지 따르게 된다.

만초손(滿招損)은 지나친 욕심을 경계하라는 교훈이다. 그릇의 용량 한계가 넘치면 아무리 퍼 담아도 내 것이 안 된다. 지나친 욕심 때문에 패가망신하고 목숨까지 버리는 사람이 어디 한둘이던가. 삼라만상 어느 존재도, 또 어느 이치도 극점에 도달하면 반드시 원점으로 되돌아오게 마련이다. 고려 때 문신 이조년은 "정(情)도 많으면 병이 된다"고 노래했다. 그래서 상생의 이치는 한 가지도 편중됨이 없고 넘침이 없이 공정하다.

謙受益(겸수익)은 교활함과 교만함을 경계하는 교훈이다. 지식도, 재물도, 권력도 겸손 하라는 뜻이다. 겸손은 누구도 흠잡을 수 없는 미덕이다. 겸손해서 덕(德)을 잃거나 손해 보는 사람은 없다. 겸손할수록 주변에서 믿음과 덕망이 쌓인다. 누구나 믿음을 쌓는 것은 돈의 가치로 계산할 수 없는 무형의 재산이다.

중국의 춘추전국시대 주(周)나라 성왕(成王)의 통치철학은 지금도 유효하게 전하는 겸손이다. 백금(伯禽)을 노(魯)나라 제후에 봉하면서, 6가지의 필수덕목을 가르쳤다. ① 너그러운 덕행을 갖고서도 공손함을 지키는 자는 번영하고, ② 광대한 토지를 갖고서도 겸손함을 지키는 자는 편안하며, ③ 높은 지위를 가졌음에도 낮음을 지키는 자는 귀하게 되고, ④ 많은 백성과 강한 병사가 있어도 항시 두려워하는 자는 승리하며, ⑤ 총명과 지혜로우면서도 어리석음을 지키는 자는 처사가 분명하며, ⑥ 널리 듣고 힘써 배워 아는 것이 많으면서도 겸손한 자는 지혜로운 것이라고 했다.

달도 차면 기울듯, 무엇이고 성(盛)하면 쇠(衰)하게 마련이다. 동지와 하지를 극점으로 공평을 이루는 천도의 운행방식은 거스를 수 없는 섭리다. 하물며 희로애락으로 무상하게 넘나드는 인간의 삶이야 말하여 무엇할까. 무엇이고 가득차면 넘치는 법. 교만은 불행을 불러오고, 겸손은 행복을 가져오는 滿招損 謙受益은 삶의 거울이다.

박 시 제 중

博施濟衆

그립다. 보이지도 않고, 만질 수도 없다. 더더구나 계량도 계측도 할 수 없으니….

자비는 이름만으로도 따뜻하다. 사랑은 듣는 것만으로도 안온하다. 마음으로 나누는 것, 실천으로 나누는 것, 진정으로 나누는 것. 그러나 그 이름 아무리 불러도 대답조차 없으니, 첨단의 문명에 부끄럽고, 넘치는 풍요 속에 드러내기가 쑥스러워졌는가.

따뜻한 자비, 안온한 사랑은 모두 어디로 갔나. 거친 세파에 휘둘려 거룩한 그 이름까지 아예 묻어버렸나. 오늘의 세태에서 자비와 사랑은 없어졌다. 쓰면 쓸수록 솟아나는 게 자비와 사랑이건만 배부른 오만과 교활한 문명이 거부역행하고 있다. 세월만 흐르는 게 아니다. 사람이 사는 시류 속엔 반드시 인정도 흐른다. 자비도 사랑도 인정이다. 인간이 존재하는 한 인정도 살아있다. 부재인 듯하지만, 누구든 마음속에 잠재우고 있는 뜨거운 실존이다.

세월이 그냥 흐르기만 하던가. 봄에는 새싹을 틔우고, 여름에는 씨앗을 잉태하며, 가을에는 오곡백과를 성숙게 하여, 겨울은 미래의 새로운 세월을

준비케 한다. 주는가 하더니 빼앗아가고, 보낸 적 없는데 가버리는 세월의 이치도 이유가 있다. 사계절 변화하는 세월 속에는 보이지 않는 자비와 사랑이 있다. 은혜가 있다. 설한풍 몰아치는 겨울 뒤에는 반드시 따사로운 훈풍이 찾아온다.

탄생을 빛어내는 자비와 사랑이 뒤따른다. 더 큰 자비, 더 큰 축복, 더욱 새로운 사랑으로 돌아온다. 가진 자들이여 많이 베풀어 많이 구제하라. 나눠주는 것은 듣기만 해도 고맙다. 베푸는 일은 마음만으로도 감동이다. 배고픈 사람에게 밥을 나눠주고, 목마른 사람에게 물을 나눠주고, 슬픈 사람에게 위로의 마음을 나눠주고, 기쁜 사람에게는 축하의 마음을 나눠주고…, 구제중생의 부처님 마음이고, 사랑의 등불인 예수의 마음이다. 만백성의 죄를 대신해 죽음을 바친 예수 정신이고, 극락정토를 염원한 부처님의 정신이다. 누구나 사람은 올 때도 빈손이고, 갈 때도 빈손이다. 천금을 모았어도 죽을 땐 하나도 가져가지 못한다. 많이 베풀어 중생을 구제할 때 그 업적은 영원한 이름으로 남는다. 물질적으로 베푸는 것만 의미하지 않는다. 정신적 베품의 가치가 더 크다.

博施濟衆(박시제중)은 공자의 말씀이다. 동서고금 시공을 초월하는 인간 삶의 진리다. 아버지 어머니 마음이다. 자식을 낳고 키우고 가르치는데 생애를 바치는 마음이 바로 자비고 사랑이다. 어느 순간 잊었다가도 그리움으로 울컥하는 마음이다. 자비와 사랑, 그 근본은 사람마다 다르지 않다. 석가는 무신론, 예수는 유신론, 이념만 다를 뿐, 자비와 사랑의 근본은 하나다. 창세기 때부터 예정되었던 섭리다. 서로가 서로를 사랑하면 세상 모두가 자비이고, 행복이며, 가장 큰 베품이다.

내가 남을 탓하면 반드시 남도 나를 탓한다. 갈등하고, 불신하고, 모함하고, 끝내는 분쟁하고 파멸한다. 내가 남을 칭찬하면 반드시 남도 나를 칭찬한다. 서로가 서로를 배려하고 상부상조하면 믿음의 사회가 되고 모두가 행복한 사회가 된다. 그게 바로 베품이다. 좋은 일은 서로가 권장하고, 나쁜 일은 서로 타이르며 사는 사회….

그런 사회는 우리에게 영원히 다가올 수 없는 어불성설의 이상뿐일까. 파렴치한 인간들이여! 특권층 사람들이여! 나라와 백성 구제(救濟)를 누구에게 맡길 것인가. 당신들의 아들딸들에게 무엇을 물려줄 것인가. 권력인가, 재산인가, 아니면 명예인가, 역사인가. "널리 은혜를 베풀어 중생을 구제"하는 "博施濟衆(박시제중)"의 교훈에는 이르지 못할망정, 민생불안을 주장하고, 민심분열을 선동하는 붉은색 이념정쟁은 이제 그만해야 한다. 등짝 휘게 물은 세금 퍼다 주고 당하는 핵폭탄 위협 때문에 국민들 가슴엔 피멍이 들고 있다. 부아통이 끓어오르고 있다.

박 학 독 지

博學篤志

사람은 두 가지 유형의 재산이 필요하다. 유형(有形)의 재산과 무형(無形)의 재산이다. 유형의 재산은 집과 땅, 돈 등을 통칭하고, 무형의 재산은 학문과 지식, 인격을 통칭한다. 또 철학용어로 구분하면 유형의 재산을 물질적 재산, 또는 형이하학(形而下學)적 재산이라 하고, 무형의 재산을 정신적 재산 또는 형이상학(形而上學)적 재산이라 한다. 물론 물질적 재산과 정신적 재산은 가치도 다르다. 유한성의 가치와 무한성의 가치로 구분된다.

물질적 재산은 유한성의 가치이고, 정신적인 재산은 무한성의 재산이다. "많이 배우고, 많이 아는 것만큼 더 큰 재산이 없다."는 의미는 무한성의 가치 때문이다. "아는 게 힘"이라는 속담도 그냥 단순한 속담이 아니다. 명현석학들의 지식이 동서고금 시공을 초월하는 것도 그 지식 속에 함축되고 있는 '힘' 때문이다. 형이상학적 재산 속에는 영구불변의 진리가 포함되고 있다. 진리는 누구도 움직일 수 없는 힘을 발산한다. 아는 게 두터운 사람은 뜻도, 지혜도 두텁기 때문에 만인으로부터 추앙을 받게 된다. 때문에 사람이 산다는 것은 배움이 우선이다. 듣고 보고 깨닫는 것들 모두가 배움이다. 태어나면서부터 죽을 때까지 배움은 끝이 없다. 사람도 태어날 때는 동물들과 다름없다. 배고픈 것 하나만 알고 태어난다. 배고플 때 울기만하면 어머니가 젖을 준다. 엎치기, 기어 다니기, 앉기, 서기, 말하기 등 모든 것을 부모에게 배우고, 또 영아원, 어린이집, 유치원, 초중고대학에까지 필요한 학문을 제도권 교육기관에서 배우며 성장한다.

누구도 삶을 연습하고 태어난 사람은 없다. 연습 없이 태어난 생명이기에 하루하루 산다는 것은 모두 첫 경험이고, 모두가 배움이다. 살아가기 위해서 배우고, 배우기 위해서 산다. 얼마나 열심히 배우고, 많이 배우느냐에 따라서 누구는 성공하고 누구는 실패한다. 배움은 곧 일생의 성패를 좌우한다. 너나없이 경쟁적으로 배우려는 열기가 대단한 이유다. 우리나라가 후진국에서 급속하게 선진국으로 탈바꿈한 것도 국민 모두가 배움의 열기 때문이다. 제도권 공교육으로 부족해 사설 교육기관까지 배우려는 사람들이 넘친다.

배움의 목적은 오늘보다 내일의 삶을 향상시키려는 발전적정신이다. 향상의지가

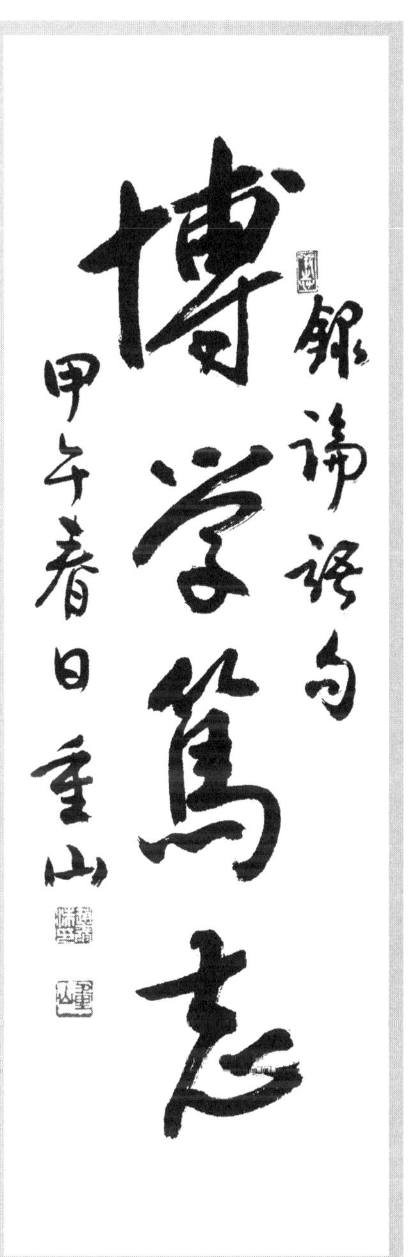

강할수록 열심히 배우고 많이 배운다. 또 배우고자하는 뜻이 크고, 이상이 높고, 포부가 진실한 사람일수록 열심히 배운다. 불가에서 가장 엄한 계율이 무명(無明)사상이다. 모르고도 아는 체하는 사람, 또 알고도 모른 체하는 사람들…. 자신의 뜻을 속이는 사람은 배움이 부족한 사람이다. 배워야 능력이 생긴다. 능력은 곧 힘이다.

아는 사람은 모르는 사람을 가르쳐야 할 사회적 사명과, 도덕적 책임이 있다. 선생님은 제자들을 가르쳐야 선생님의 책임을 다하는 것이다. 부모는 자식을 가르쳐야 부모의 도리를 다하는 것이다. 가르치는 것은, 곧 내가 아는 것을 모르는 사람에게 나누어주는 것이다. 남에게 나누어 주는 것은 베푸는 것이고, 베푸는 것은 곧 덕이다. 물질적 재산은 나누어 주는 것만큼 작아지지만, 정신적 재산은 나누어 줄수록 커진다.

옛부터 가르치는 기쁨은 군자의 삼락 중 하나로 전한다. 베푸는 일 중에서 가르치는 것처럼 중요한 일도 없다. "교육은 백년대계"라고 했다. 가르치는 것만이 삶의 미래가치를 두텁게 한다. 인간이 태어날 때는 무능력한 동물 그 자체다. 부모의 정성과 가르침으로, 생각하고 행동하는 인간이 된다. "인간은 교육으로 인간다워진다" 독일의 철학자 '칸트'의 말이다. 선(善)과 악(惡)도, 진실과 위선도 교육으로 구분하게 된다.

남을 가르치는 교육자의 경우도 마찬가지다. 남을 가르치려면 내가 먼저 배워야 한다. 이미 알고 있는 지식에만 의존하면 새롭게 변화하는 새 시대의 교육수요를 따를 수가 없다. 가르치는 사람일수록 새로운 지식을 더욱 깊고 넓게 깨우쳐야 우수한 교육자가 된다.

반포지효
反哺之孝

"연노하신 어버이/ 진수성찬도 못해 드리네/ 미불도 사람을 감동시키건만/ 숲속의 까마귀 보며 눈물 흘리네." 조선조 광해군 때 문신(文臣), 박장원(朴長遠)의 '반포조(反哺鳥)' 라는 시다. 비록 미물일망정 열심히 밥을 물어다 부모를 봉양하는 까마귀를 보고 읊은 이 시 속에는 자신의 불효를 반성하는 인간의 도리(道理)가 울림으로 전한다. 언제부터인지 그 유래는 분명치 않으나 예로부터 까마귀는 반포조(反哺鳥)라 하여 새들 중에서 효(孝)를 상징하는 새로 전해지고 있다.

그러나 또 한편으로는 흉조(凶鳥)로 불길한 상징이 되기도 한다. 까마귀가 아침에 울면 아이가 죽고, 점심때 울면 젊은이가 죽고, 저녁 때 울면 늙은이가 죽는다는 속설을 전한다. 또 밤중에 울면 근처에서 살인사건이 난다고 하여 사람들은 까마귀 울음소리를 험오했다. 죽음을 예고하는 불길한 새….

그렇다면 까마귀는 신(神)의 화신(化身)인가. 사람이 살고 죽음은 신만이 아는 절대 권력자의 비밀이 아니던가. 새들 중 유일하게 까마귀는 사람의 시체를 파먹는다는 속설이 있다. 때문에 어느 새보다도 시체 냄새에

反哺之孝

열곤자 산 어버이 진수성찬도 못해
드리네 미물도 사람을 감동시키련만
숲속의 까마귀 보며 부끄러워하네
박장원의 시 반포조에 보이듯 까마귀는
날기를 시작하면 반드시 어미를 봉양
할 줄 안다 이천십사년 봄 중산

민감하다는 것이다. 죽음을 앞둔 사람의 집근처에 이르면 영감(靈感)으로 자연스럽게 울음소리를 낸다는 것이다.

내가 영국에 여행한 것은 89년도다. 왕실인 에딘버러궁 넓은 정원에는 날지 못하는 까마귀 떼들이 여유롭게 관광객을 맞고 있었다. 길조(吉鳥)이기 때문에 한쪽 날개를 잘라 날아가지 못하도록 왕실에서 보호하고 있다는 것이다. 영국에서 까마귀는 길조다. 까마귀에 대한 전래 속설은 나라마다 다르다.

또 중국의 명(明)나라 때 이시진(李時珍)이 쓴 '본초강목(本草綱目)'에는 "새끼가 어미를 먹여 살리는 새는 까마귀뿐"이라는 의미로 자오(慈烏)라는 기록도 전하고 있다. 그렇다면 까마귀의 정체는 무엇인가. 길조(吉鳥)인가, 흉조(凶鳥)인가.

중국 진나라 이밀(李密)이 지은 진정표(陳情表), 아니면 조선조 문신 박장원(朴長遠)이 지은 반포조(反哺鳥)는 무엇을 뜻함인가. 비록 길조, 흉조 시비에 몰린 미물이지만, 어미를 위해 열성으로 먹이를 물어다 주며 효도하는 까마귀를 보고 감동한 선비들의 시심(詩心)까지 외면할 수는 없지 않은가.

구차한 자신의 처지임에도 나라에서 내리는 벼슬의 영광까지 사양하며 늙은 할머니를 모셔야 하는 이밀(李密)의 눈물겨운 '진정표(陳情表)'도, 박정원(朴長遠)의 시(詩) '반포조(反哺鳥)'도 '검은 새' 까마귀의 효심에서 깨달음이 아니던가.

그렇다면 까마귀는 속까지 검은 게 아니다. 비록 겉모양은 검은빛이어도 속마음은 효성으로 가득한 미물이 아닌가. 오늘의 우리 세태에 시사(示唆)하는 바 크다. 요즘 겉모습만 뽀얀 체하면서 속은 불순한 이념으로 가득 차, 시커먼 미물 까마귀만도 못한 인간들이 얼마나 많은가. 제나라의 정체성까지 부정하는 집단들이 설쳐대고 있으니….

서글픈 세태다. 헐벗고 배고픔 견디며 낳고 키워온 자식들에게 버림받는 부모들이 얼마나 많은가. 공양, 효도는 못할망정 함께 있는 것조차 싫어 양노원, 요양원, 심지어는 외국까지 갖다 버리는 불량한 놈들이 부지기수다. 反哺之孝(반포지효)…! 사자성어(四字成語) 속에서만 존재하는 서글픈 노래가 됐다. 읊는 이도 없고, 듣는 이도 없다. 요즘은 그 흔하던 까마귀도 없어졌다. 못된 인간들이 역겨워 까마귀들조차 떠나버렸나. 까마귀만도 못한 인간들….

부모는 부모의 도리가 있고, 자식은 자식의 도리가 있다. 그러나 이젠 그 도리가 정도를 일탈했다. 낳고 가르쳐 오늘이 있도록 키워준 부모가, 강아지만도 못한 대우를 받는다. 누구나 나이 들어 더욱 슬퍼지는 건 자식들에게 잊혀져가는 고독이다.

_{법 고 창 신}

法古創新

우연한 소풍 길에 어느 산골동네 초입에서 행색 남루한 미륵불을 만난다. 미물 같은 중생, 감히 미륵불 앞에 독대하듯 선다. 면구스럽게도 무언의 대화를 바라는 합장을 하자, 동그랗게 불거진 눈망울 미동도 없이 조용히 자비만 흐른다.

사바세계의 흥망성쇠가 무상하게 넘나들건만, 묵언참선으로 천년을 기도해온 미륵부처님의 불국정토 극락세계는 언제쯤 열리는 걸까요. 가소로운 질문이었나, 여전한 묵언 속에서 法古創新(법고창신)만 한 가닥 떠올려 준다. 서산시 운산면 백제의미소 마애삼존불이 숨어사는 용현계곡 입구였다.

역사는 어제의 기록으로만 끝나지 않는다. 지난날을 반성하고 깨닫게 하는 오늘의 과제로써 의미가 더 크다. "옛 것을 본받아 새것을 이룬다."는 法古創新(법고창신). 과거 없는 현재가 있을 수 없듯, 오늘 없는 내일이란 있을 수 없다. 만사는 과거부터 시작되었고, 새로움을 창조하는 것은 현재부터 시작이다. 학문도 과거로부터 물려받은 것을 기본삼아 새것을 배우고 있다. 더욱 발전시켜 나가는 것은 오늘 세대의 사명이다.

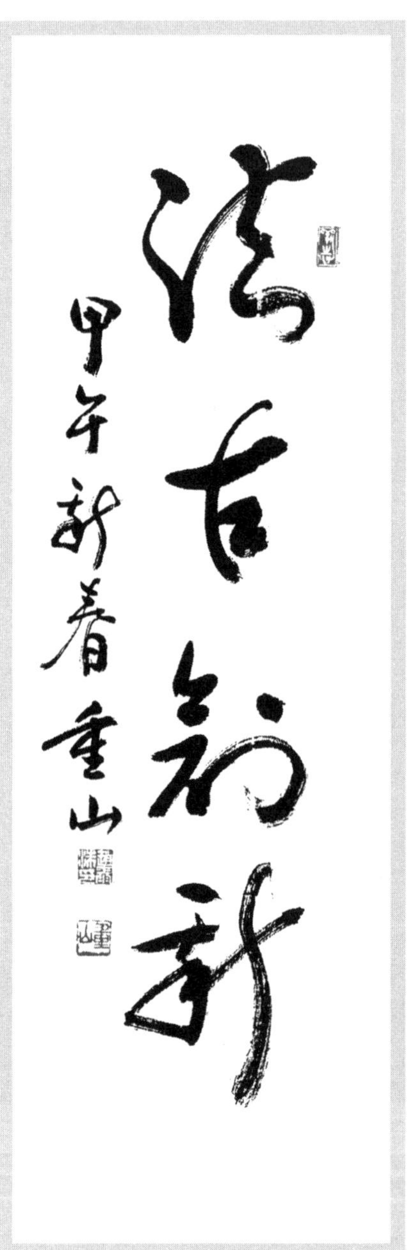

과학도 과거로부터 물려받은 것을 기본으로, 오늘을 배우고 있다. 더욱 새롭게 발전시켜 나가는 게 현대인들의 사명이다. 모든 법규제도나 사회문명이 옛 것에 기본하지 않은 게 없다. 우선 생활문화가 그렇다. 선대들의 옛 문화로부터 단절된 것은 하나도 없다. 옛 것을 새롭게 발전시킨 게 바로 오늘의 문명이고, 오늘의 풍요다.

조상들이 있었기에 오늘의 내가 존재하고, 오늘의 내가 있기에 미래의 새로운 후세들이 이어지는 것이다. 못 배웠던 아버지의 한을 풀기 위해 아들에게 더 많은 것을 가르친다. 미개했던 과거의 고통을 덜기 위해 더 많은 문명을 추구한다. 法古創新(법고창신), 19세기 초 당시 허위의식에 휩쓸려 옛것을 경시하려는 세태의식을 비판하면서, 선진문물을 추구했던 조선조 석학 연암(燕巖) 박지원(朴趾源)선생의 외침은 오늘도 유효하다.

배불러졌다고, 등 따스해졌다고, 헐벗고 배고팠던 과거를 외면하고 망각하는 사람들이 너무 많다. 과거에 대한 역사관, 가치관이 희박해지고 있다. 오늘을 구가하는 문명과 풍요가 하늘에서 떨어진 게 아니다.

'법고창신'을 거듭 헤아렸던 선대들의 처절했던 역사가 이룩한 문명이고 풍요다. 문명과 풍요의 뒤안길엔 별로 멀지도 않은 선대들의 피눈물이 아직도 질척이고 있다. 역사는 갑자기 이루어지는 게 아니다.

헐벗고 배고팠던 과거가 있었기에, 오늘의 풍요가 있고, 암울했던 과거의 불편이 있었기에 편리한 오늘의 문명이 있다. 더욱 새로운 것을 찾으려면, 더욱 오래된 역사의식을 지켜야 한다. 옛것은 언제나 새것의 기틀이다. 역사는 계속 새롭게 변화하고 있다. 오늘 우리가 누리는 풍요도, 또 문명도 완전한 것이 아니다. 내일이면 다시 바뀌고 변화된다. 완전이란 신의 세계에서만 존재한다. 세태의 변화는 무상하다. 삶은 희로애락이듯, 역사도 반드시 흥망성쇠가 반복된다.

백제패망을 불러들인 의자왕의 역사가 증거한다. 향락에 빠져, 아니면 당파정쟁에 빠져 나라를 망친 망국의 역사는 한두 번이 아니다. 특히 국정을 농단하는 권력집단의 행태에 경종이 돼야 한다. 法古創新(법고창신)의 의미는 물질문명보다, 정신문명을 선도하는 좌우명이다. 아무리 화려해도 기초가 부실한 집은 쉽게 무너진다. 역사(기본)의 가치를 무시하는 세태는 문명도 풍요도 자칫 허상일 수가 있다. 허상은 무너지게 마련이다.

선대들의 과거역사는, 오늘 우리가 새롭게 써야하는 미래역사의 기본이고, 자산이다. 때문에 역사관 국가관은 국민 모두가 지켜야 할 절대적 가치관이다. 가치관을 지키면서 새롭게 바꿔나가야 할 '법고창신'은 소중한 진리다.

붕정만리
鵬程萬里

가끔씩 부질없는 생각이 스칠 때가 있다. 나도 남들이 들으면 깜짝 놀라는 소리 하나 내보고 싶다. 부스러져도 반짝대는 유리조각 같은 감동의 글 한편 독자들 앞에 내놓고 싶다. 붕(鵬)새가 나르듯 만리 여정은 못되더라도, 가까운 이웃들에게 들려줄 수 있는 맑은 떨림의 소리 하나 내보고 싶다.

어찌 나뿐이랴. 머릿속에 생각을 담고 사는 모든 사람들 어느 누구도 鵬程萬里(붕정만리)를 되뇌어보지 않은 사람 누가 있을까. 붕(鵬)은 도대체 어떤 새이고, 어디서 사는 새이기에 동서고금 모든 인간들에게 최고이상(理想)의 표상으로 만리장천 무궁무진한 공간을 누비는가. 서도가(書道家) 중산(重山) 조태수 선생은 나 같은 문외한에게 장자(莊子) 소요유편(逍遙遊篇)을 침이 마르도록 설명한다.

"붕(鵬)은 북해 끝에 사는 곤(鯤)이라는 이름의 고기가 변신한 것으로, 모양도 알 수 없고, 크기도 알 수 없으나 한 번 날면 하늘을 덮을 만큼 날개가 크고, 큰 날개 끝에서 일으키는 바람은 바다에 태풍을 일으킬 만큼 위력이 대단한 상징의 새"란다. 우리나라에서 전해지는 용(龍)이나 봉황

(鳳凰)처럼, 고대 중국인들에게도 무사태평과 제도중생의 사상적 축이 될, 큰 인물 출현을 염원하는 공상(空想)의 새(鳥)로 추정된다.

어디가 시작이고 또 어디가 끝인지도 알 수 없는, 막연한 이상 하나 하늘에 걸고 사는 게 우리네 인생살이가 아니던가. 굴곡 많은 세상 속에 뒤섞여 살면서 소박한 즐거움에 만족하고, 무상하게 넘나드는 크고 작은 노여움을 다독이며, 또 때로는 천박한 욕망을 멀리하면서 살아왔다면, 그것은 상상 속에 살아 움직이는 붕(鵬)이나, 용(龍), 봉황(鳳凰)을 생각하는 염원이었을지도 모른다.

"멀리 보고 큰 꿈을 가져라." 젊은이들에게 당부하는 흔한 말이다. 한정된 육체 속에 저장된 생각이라지만, 생각의 한계는 언제나 육체를 뛰어 넘는다. 세상 모두가 내 것이어도 되는 게 생각의 자유다. 천리도 날고 만리도 나는 게 '붕'이라면 생각도 '붕'처럼 날아도 된다.

'붕'이나, '용', '봉황'은 꿈만으로도 행복하다. 나는 평생을 살면서 '용꿈' 한 번 꾸어보지 못했다. 그래서인가. 그 흔한 복권 한 번 당첨돼본 적도 없다.

누구나 삶의 길은 녹녹치 않다. 사노라면 영고성쇠(榮枯盛衰), 희로애락(喜怒哀樂)을 수없이 넘나들어야 한다. 삶의 이정표는 구만리도 넘는 천로역정이다. 강(江)도 만나고 산(山)도 만나고, 기쁨도 만나고 슬픔도 만나고…. 악전고투, 승승장구 모두가 인생길이다. 생즉도(生卽道), 생즉행(生卽行), 산다는 것은 곧 길을 간다는 것이다.

서울로 가고, 부산으로 가고, 눈으로 보이는 형이하학(形而下學)적인 길도 있고, 행복의 길, 영광의 길 등 눈으로 볼 수 없는 형이상학(形而上學)적인 길도 있다. 가비라성의 왕세자인 석가(釋迦)가 왕궁을 탈출하여 동가식서가숙하며 설산고행을 자청한 것은 구제중생의 길(道)을 깨닫기 위함이었다. 젊은 예수가 만백성의 죄를 대신해 십자가에 못 박혀 죽음을 자청한 것도 후세 영원히 사랑의 길을 밝히기 위함이었다.

일찍이 진(晉)나라 귀거래사(歸去來辭) 시인 도연명(陶淵明)은 "인생실란(人生實亂 : 인생은 참으로 살기 어렵다)"을 읊었다. 당나라 시인 백낙천(白樂天)도 '태행로(太行路)'라는 시 중에 '행로란(行路亂 : 사는 길은 곧 고난)'을 거듭 강조했다.

"앞날이 구만리 같다"는 표현도 '붕정만리'와 유사하다. '붕정만리'도 사실은 '붕'이라는 상상의 새를 내세워 쉽지 않은 인생길을 열심히 살도록 권장한 것이다. 원대한 희망과 포부를 갖고 '붕정만리'같은 인생을 살아야 한다는 교훈이다. 매사가 열심히 하면 반드시 이루어질 수 있다는 뜻으로 젊은이들에게 큰 꿈을 심어주는 상상의 새가 붕(鵬)이다.

비룡승운
飛龍乘雲

누구나 꿈 하나 가슴에 새기고 산다. 현실을 뛰어넘고자 하는 아련한 소원의 꿈이다. 막연하지만 꿈은 이루고자하는 삶의 의욕을 만들어내는 이상이고 희망이다. 가슴 속에 꿈이 없다면 삶의 가치도 없는 것이다. 꿈을 안고 사는 것은 노력하고, 정진하고, 수고나 고통을 짊어지고 살아가는 인생의 목표가 된다.

구름타고 하늘로 오르는 용(龍)의 꿈이라면 더 말하여 무엇하랴. 속담처럼 "미꾸라지 '용'이 되고, 개천에서 '용'이 나듯" 누구에게나 상상만으로도 가슴 벅찬 꿈이다. 어느 날 연못에서 솟아오른 물줄기 하늘에 잇는 돌풍을 일으키고, 천지를 흔드는 뇌성벽력 찢어대며 하늘로 오르는 용의 모습은 꿈만으로도 장엄하다.

군림하고 추종해야하는 사회구조 속에 천대받고 핍박당해온 졸부천민들에게 희망이고, 용기이며, 위안이던 '용의 꿈'은 승승장구(乘勝長驅)하고, 일취월장(日就月將)하려는 모든 인간들에게 노력정진을 추구해온 교훈이고, 신앙이었다. 희로애락과 영고성쇠의 반복 속에서도 그토록 갈구하는 飛龍乘雲(비룡승운)….

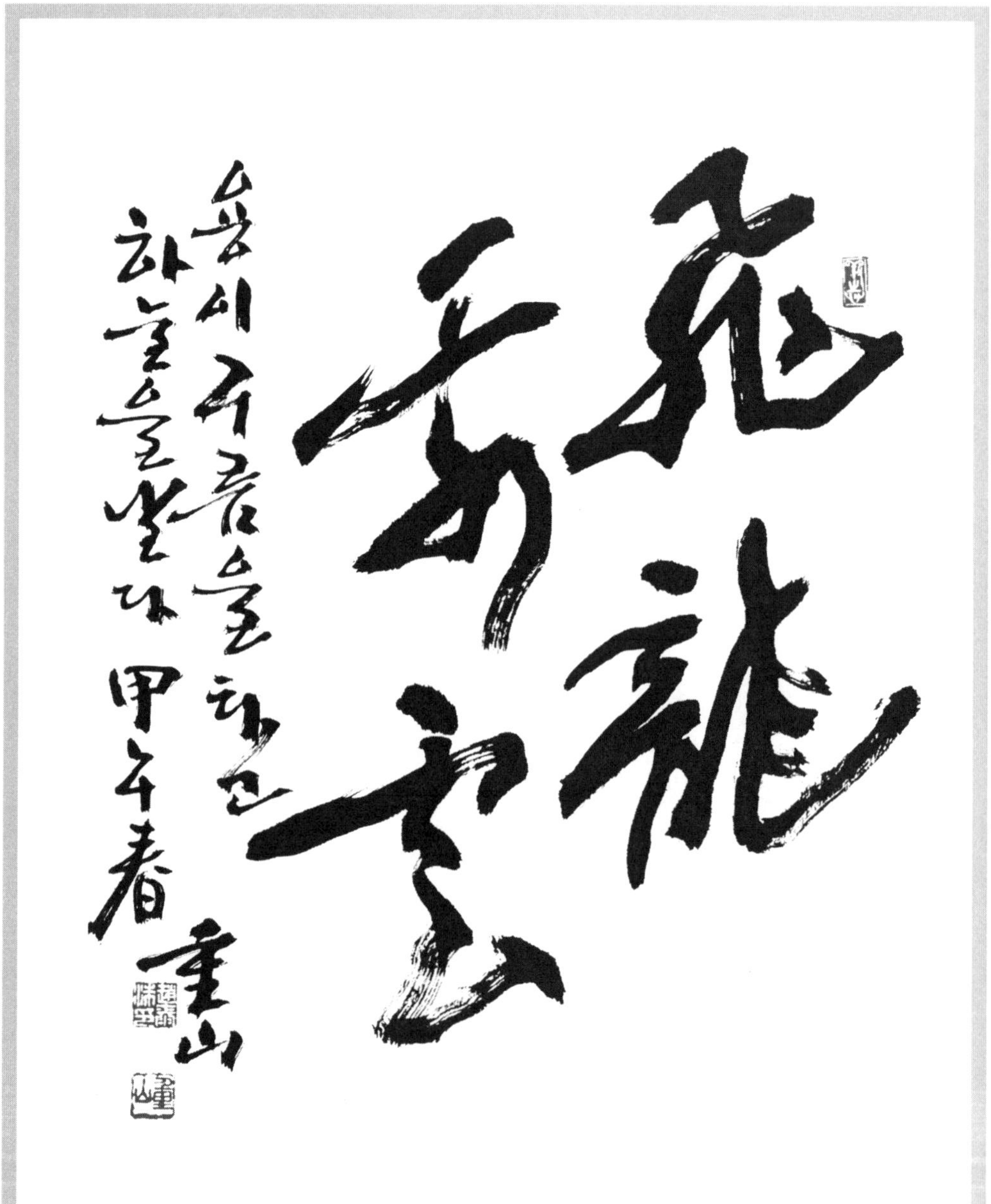

세상에 무의미하게 존재하는 것은 아무것도 없다. 말없이 자라는 산천초목들도 성장점은 모두 하늘을 향하고 있다. 하늘에 닿고자하는 꿈과 희망은 인간뿐이 아니다. 세상에 존재하는 모든 생명들이 하늘을 지향하며 경쟁한다. 오늘보다 나은 내일, 내일보다 더 나은 미래를 지향하며 고통을 삭여낸 꿈으로 치열하게 정진하는 존재들이 바로 우리들 삶이다.

생각은 생각대로, 마음은 마음대로, 그 속에 가득찬 허상과 위선의 갈등을 자제하며, 오로지 가슴 속에 품고 있는 꿈 하나 키우기 위해 오늘을 산다. 그 중에는 물론 飛龍乘雲(비룡승운)의 꿈인들 어찌 없었을까. 드높은 명예, 더 많은 권력, 더 많은 재산들이 날마다 꿈속에서 쌓고 무너지길 반복하고 있으니, 삶은 누구에게나 각자의 운명이다.

도망치려해도 도망칠 수 없고, 벗으려 해도 벗어내지 못하고, 또 내려놓으려 해도 내려놓을 수 없는 게 운명이다. 내 마음을 따라주지 않고, 내 생각을 따라주지 않으니, 나 또한 버릴 수 없는 꿈 하나에 매달려 동행하는 삶이 바로 운명이다. 가져보지 못한 것을 가져보려는 마음, 가보지 못한 길을 가보려는 생각들이 운명 속에서 갈등한다.

하늘은 영원을 품고, 무량을 품고, 또 무형과 무색의 진리를 품는다. 무궁무진과 무량무한을 상징하는 공간에 아무것도 걸릴 것 없이 구름을 타고 오르는 하늘은 누구도 닿아보지 못한 용꿈의 세계가 아니던가. '비룡승운'의 꿈은 아무나 이루어지는 게 아니다. 또 성공도 아무나 이루어지는 게 아니다. 반드시 대천명(待天命)의 영혼을 바쳐 운명을 가꾼 자에게만 다가온다. '진인사대천명(盡人事待天命)'이란 고사는 오늘을 사는 모두에게 유효한 교훈이다. 세상은 꿈만으로 이루어지는 게 아니다. 꿈만큼의 노력이 동반해야 한다. 꿈이 크면 실천의 노력도 커야 한다. 아무리 뛰어난 재주를 갖고, 큰 꿈을 펴보려 하지만 '진인사대천명'이 노력이 따르지 않으면 허상만 보일 뿐이다.

지성(至誠)이면 감천(感天)이란 옛말은 시사(示唆)하는 바 크다. 고난의 노력정진으로 하늘을 감동시키는 자에겐 반드시 성공의 운명이 다가선다. 세상의 어떤 일도 하늘이 감동할 만큼 미치지 않고는 이룰 수 없다. 영향력이나 작용력을 송두리째 바치는 것이 꿈을 이루는 지름길이다. 치열한 노력에 미치는 것은 누구에게나 운명과 영광 그 자체다.

미꾸라지가 용이 되기까지의 과정을 누가 알고, 누가 증거할까. 飛龍乘雲(비룡승운)의 기회는 반드시 감천(感天)의 노력을 다한 진실된 사람에게만 다가온다. 진실과 위선의 차이는 분명하다. 우연의 기회를 노리는 것은 사술(詐術)과 위선(僞善)의 꿈에서나 나타나는 무명(無明)허상일 뿐이다. 노력 없는 위선의 꿈은 필경 무너지게 마련이다.

산고수장
山高水長

고전을 읽다보면 의미심장한 구절들을 수없이 만난다. 언뜻 들어 평범하지만 새길수록 높아지고, 깊어지는 지혜가 무릎을 탁 치게 한다. 고문진보(古文眞寶) 후집(後集) 문편(文篇)에 나오는 〈山高水長(산고수장)〉도 그 중에 하나다. 단순하게 "우뚝 솟은 산과 긴 강물의 흐름"을 표현한 한자(漢字)적인 의미를 떠나, 아무나 갖출 수 없는 명현석학(名賢碩學)의 덕풍(德風)과 인품(人品)을 비유하는 시구(詩句)로 활용함으로서 글 속에서 풍겨내는 작가의 고매한 예향(藝香)까지 느끼게 한다.

고문진보는 중국의 주(周)나라 때부터 송(宋)나라 때에 이르는 명문대가(名文大家)들의 고시(古詩)와 고문(古文)을 모아 엮은 책으로, 당송팔가문(唐宋八家文)에 버금가는 책이다. 후한(後漢 : 서기25~220)을 건국한 광무제(光武帝 · 劉秀)가 동문수학(同門受學)의 친구였던 엄광(嚴光)의 높은 덕망과 고매한 인품을 기려 칭송한 글이, 무려 2천여 년의 시공을 넘어 오늘에 까지도 명문교훈으로 전해지고 있으니, 과연 문장의 위력을 누가 감히 이찌하랴.

山高水長

文曰 山高水長

구름 걸린 산은 우뚝이 푸르고

강물 이루어 흐르는 물은 길고도

넓어라 선생의 덕풍은 산이 높고

물이 긴것이라 말한다 甲午春日 重山

동문수학하던 친구 유수(劉秀)가 한(漢)나라가 망한 후 後漢(후한)을 세우고 광무제(光武帝)에 오르자, 통치자가 된 친구에게 부담될 것을 의식한 엄광(嚴光)은 이름조차 바꾸고 고향땅인 절강성(浙江省) 심산유곡을 찾아 몸을 숨겼다. 친구의 비범한 학문과 지혜를 잘 알고 있던 광무제(光武帝)는 전국을 뒤져 강가에서 낚시질하고 있던 엄광(嚴光)을 찾아 벼슬자리를 주고 궁중에 머물며 정사를 함께 살펴줄 것을 권했다. 물론 막강한 권력까지….

그러나 嚴光은 끝내 光武帝의 간곡한 권유를 사양하고 고향으로 돌아가 밭 갈고 낚시질하며 살았다. 친구의 통치철학에 자칫 누가 될 것을 염려한 끝에 벼슬도 권력도 사양한 것이다. 뒷날 後漢의 光武帝는 친구인 嚴光의 고결한 인품과 높은 덕망을 기려 큰 사당을 짓게 하고 사당문(祠堂文)으로 "선생지풍 산고수장(先生之風 山高水長)"이라고 읊어 嚴光의 고고한 기풍을 후대에 기리도록 한 것이다.

고결한 군자의 덕목을 높은 산과, 긴 강물의 흐름으로 비유했다. 山高水長(산고수장)…, 수천 년 세월이 흘러도 변함없이 서있는 산과 변함없이 흐르는 강물의 진리에 엄광(嚴光)의 기풍을 비유한 것이다.

오늘 우리의 현실을 생각해본다. 권력 앞에 모가지 빼고 줄서는 치졸한 무리들의 행태가 가련하다. 높은 산을 바라보며 덕을 키우고, 장강에 흐르는 물을 보면서 자신을 낮추는 겸손을 배우자. 산은 만년을 두고 거센 비바람에도 움직임 없는 침묵으로 세자리를 지키고, 긴 강물은 한 번도 역류 없이 언제나 낮은 곳을 향해 순리 따라 흐를 뿐이다.

누가 감히 군자의 덕향(德香)을 말할 수 있는가. 하늘을 찢는 뇌성벽력 몰아쳐도 높은 산은 변함이 없다. 흘러도, 흘러도 계속해서 흐르기만 하는 강물이다. 거친 세파 모진고통 모두 내 것이듯 끌어안고 다독이는 산이듯, 또 물이듯, 그렇게 덕향(德香)은 향기 없는 향기로 세상을 포용한다.

날마다 이전투구(泥田鬪狗)하듯, 권력싸움으로 혈안이 된 오늘의 정치판이 한심스럽고, 틈만 나면 부정비리에 골몰하는 권력집단이 저주스럽다. 사회불안을 충동질하면서 북한의 적화통일이념에 동조하는 좌파세력들이 밉다. 왜적들에게 나라 뺏기고 수탈당한 슬픔에서 해방 된 지 얼마인가. 동족상잔의 처절했던 6·25남침전쟁의 고통을 체험한지가 얼마나 됐나. 또 등 따습고 배부른 지가 얼마나 됐는가. 오늘 우리는 어느 좌표에서 허상의 춤판을 벌이고 있는가. 반성하고 깨달을 때다.

山高水長(산고수장)의 덕목은 오늘도 유효하다. 권력은 교활과 오만을 벗어던져야 한다. 아집과 독선, 극단의 이기주의에서 해방돼야 한다. 높은 산이어야 한다. 긴 강물이어야 한다.

선 난 후 획

先難後獲

우리 속담 중엔 "매도 먼저 맞아야 가볍다"는 말이 있다. 고난을 겪어봐야 행복이 무엇인지 알 수 있고, 피땀을 흘려봐야 보람의 가치도 알 수 있다. 양심 속이며 마음 불안하게 살지 말라는 큰 의미도 포함된다. 매 맞을 게 뻔한 잘못을 저지르고도 변명하고 은폐하다, 결국엔 드러나 가중처벌까지 받아야하는 불안의 시간보다는, 차라리 잘못을 고백하고 응당한 처벌을 받고나면 불안으로 눌렸던 마음이 해방된다는 의미다.

아련해진 초등학교 시절의 추억이 환상(幻想)되어 스친다. 숙제 못해간 날은 먼 빛의 선생님 모습만 봐도 걱정이 앞선다. 조금만 일찍 일어났으면 숙제를 해올 수 있었을 텐데…, 어린마음에 후회도 해보았다. 교단 앞으로 불려나가 선생님한테 차례대로 종아리 맞던 추억이라니…. 꾀부리고 뒷줄에 서서 앞 차례 애들이 오만상 찌푸리며 종아리 맞는 모습을 지켜보기란, 막상 종아리 맞는 당사자들보다도, 더 아프게 느껴지는 게 차례를 기다리는 뒷사람들의 불안과 고통이었다. 차라리 먼저 맞고 제자리로 돌아가 시시덕대는 애들의 밝은 모습을 볼 때, "내가 먼저 맞을 걸" 하는 깨달음도 그때였다.

사람은 누구라도 칭찬받는 일만 할 수는 없다. 때로는 잘못하여 이웃들로부터 혼나고 벌 받는 일도 한두 번이 아니다. 그 때마다 숨기고 감출 수 없는 고난과 보람들이 부침(浮沈)한다. 잘한 일은 보람으로 드러나지만, 잘못한 일은 감출 수 없는 고난으로 따른다. 얼른 잘못을 고백하면 마음이 가볍다. 병가(兵家)에도 상사(常事)가 있듯. 사는 일도 호사(好事)엔 다마(多魔)가 겹치기 마련이다. 이렇듯 인간이 사는 과정은 희로애락과 영고성쇠가 반복되는 것이다.

때문에 양심을 지키는 일이 삶의 기본이고 가치다. 잘못된 일을 숨기고 감추려는 데서 양심은 병들고 죄악은 움트게 마련이다. 교활함과 오만함이 무명심(無明心)을 부추기고 양심을 매도한다. "매도 먼저 맞는 게 가볍다"는 의미 속엔 양심을 깨닫게 하는 진리가 포함됐다. 양심은 걱정거리를 털어내고 사는 떳떳함이다. 걱정을 가슴에 안고 사는 것만큼 불안한 '스트레스'는 없다. '스트레스'가 만병의 근원임을 경고하는 현대의학은 이미 체험으로 겪어낸 선대들의 고난으로 확인됐다. 스트레스는 바로 양심의 적이 되고 육체의 병이 된다.

"젊어서 고생은 사서도 하라"는 고사도 있다. 젊었을 때 고난을 겪어야 노년에 편안과 행복이 온다는 교훈이다. 고난 뒤에야 기쁨을 얻게 된다는 의미다. 옛말은 하나도 버릴 게 없다. 논어(論語) 옹야(雍也)편에는 〈先難後獲(선란후획)〉이란 고사가 나온다. 땀 흘려 고통스러운 여름의 농사가 있을 때 수확(收穫)이라는 가을의 보람도 따른다. 어찌 농사뿐이랴. 보람과 행복은 언제고 고난 뒤에 따라온다. 누구나 삶의 제일가치로 추구하는 성공도 반드시 고난과 노력을 거친 뒤에야 찾아온다. 선(先)고난 후(後)성공이다. 때문에 고난이 작으면 보람도 작고, 고난이 크면 보람도 크다.

핏속을 흐르는 양심은 속일 수 없다. 숨어서 했어도 착한일은 자연히 세상 밖으로 드러나게 마련이다. 먼저 나를 낮추고 상대를 높여줌으로서 자연스럽게 사회적 인격도 명예도 얻는다. 좋은 일에 솔선수범하고 겸손하면 덕망도 쌓인다. 모두가 '先難後獲(선난후획)'의 의미와 다르지 않다. 좀 고통스러워도 내가 나를 낮추면, 자연스럽게 남이 나를 높여준다. 오늘 겪는 고통은 내일의 보람으로 보상된다. 시대적으로 존경받게 되는 인격들은 모두가 남들이 쉽게 할 수 없는 어려운 일들을 스스로 앞장서 먼저 실천해온 사람들이다. 내 생각 누르고 남의 생각부터 챙기는 역지사지(易地思之)의 이타(利他)정신이나, 솔선(率先)정신은 모두가 '선난후획'의 진리고 양심이다. 보람이나 행복은 반드시 노력이란 고난을 겪은 뒤에야 찾아온다. 고난의 무게만큼, 보람의 가치도 비례한다.

성 심 화 기
誠心和氣

얼마 전 신문에 부모시체 영안실에 놔두고 부의금만 챙겨 달아난 자식들의 기사가 실렸다. 또 치매 앓는 어머니 간호가 어렵다고 먼 곳까지 차에 태워다 버린 자식들도 있다. 그런가하면 아들의 불치병을 어쩌지 못한 아버지가 아들을 가슴에 안고 방안에 불을 질러 함께 숨진 기막힌 부정도 있다. 천륜(天倫)도 치매들었나, 성심(誠心)도 소진됐나.

이 세상에서 가장 질긴 끈은 부모와 자식의 인연이 아니던가. 세상이 아무리 각박해도 부모자식 간에는 이해타산이나 득실의 경쟁이 없다. 채워도, 또 채워도 채워야 할 공간이 남고, 비우고 또 비워도 여전히 채워지는 정이 있으니, 부모자식 간에 성심(誠心)과 화기(和氣)가 아니던가. 자식에 대한 부모님들의 사랑이 한량없고, 부모님들에 대한 자식들의 극진한 효성이 바로 誠心和氣(성심화기)다. 부모는 자식에 대한 끝없는 사랑이고, 자식은 부모에 대한 극진한 효성이다.

책보자기 들쳐 메고 배고픔도 잊은 채 골목길 길게 내려다보이는 계단 끝에 쪼그리고 앉아 어둠이 내릴 때까지 행상나간 엄마를 기다리고 앉아 있는 소년의 순진한 마음…. 비오는 날 오후 낡은 우산 챙겨들고 마을 앞

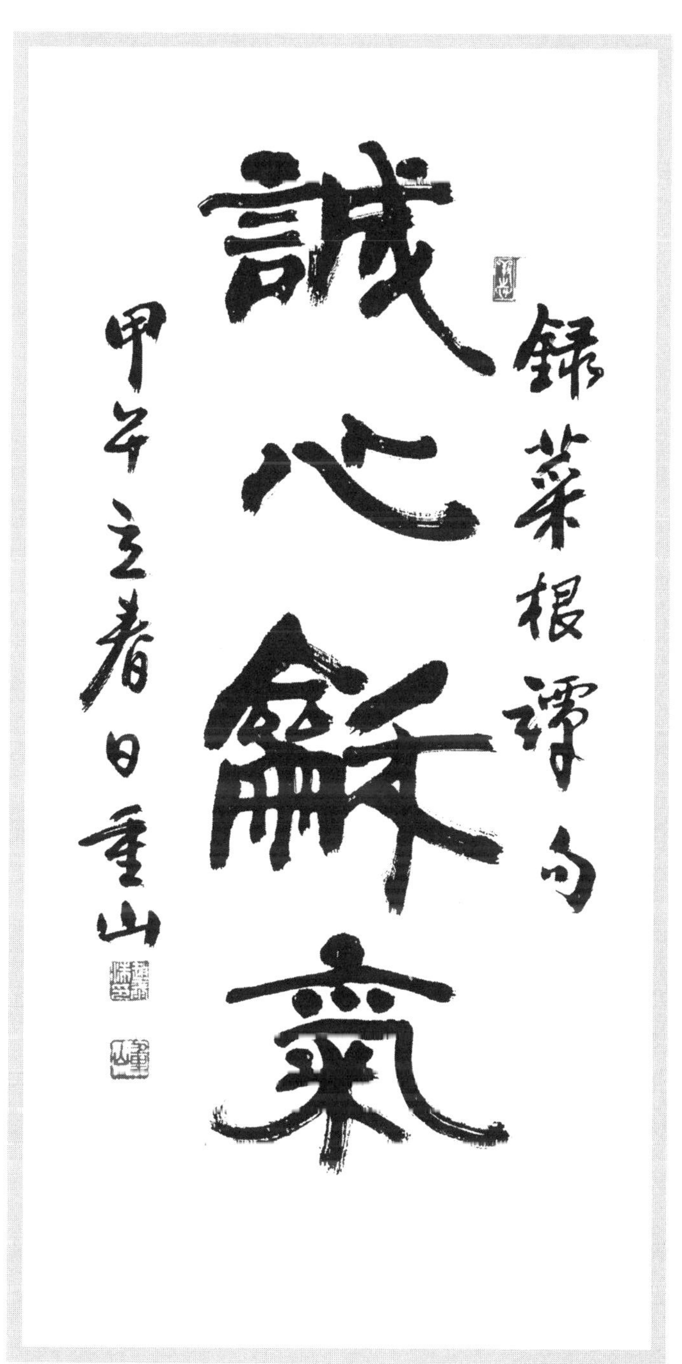
識心解氣
錄菜根譚句
甲午立春日 重山

정거장까지 나가 퇴근길 남편을 기다리는 착하디착한 아내의 눈빛처럼 사랑스런 마음…. 자식과 부모가 서로를 생각하는 誠心, 아내와 남편이 서로가 서로를 사랑하는 和氣…. 어느 것도 떼어놓을 수 없는 성심이고, 어느 것도 부정할 수 없는 믿음…. 주어도, 또 주어도 아까움이 없고, 부족함이 없으니, 주는 마음 받는 마음 모두 네 것이 내 것이고, 또 내 것이 네 것이다. 그게 바로 사랑이고, 믿음이 아니던가.

도덕이 그렇게 하도록 가르쳤고, 또 윤리가 그렇게 하라 다짐했다. 도덕은 조문(條文)화 된 법도 아니고, 윤리는 단위(單位)가 매겨진 기준도 아니다. 하지만 사람이 살면서 반드시 짊어져야 할 마음의 양식이고, 죽을 때까지 지켜내야 할 기본의 가치가 아니던가. 믿음이 있어야 성심도 있고, 사랑이 있어야 화기도 있다.

사바세계 구제중생의 자비로운 부처님마음은 불가에만 앉아있는 게 아니고, 만백성의 죄를 대신해 십자가에 매달려 죽음을 자청하신 예수님의 사랑등불도 교회당에만 밝혀지는 게 아니다. 자비의 부처님도, 사랑의 예수님도 모두에게 차별 없이 마음속에 앉아계시건만, 허상과 위선에 들뜬 우리들 자신이, 마음속의 석가나 예수를 잊은 채 큰 절간 짓고, 큰 예배당 지어 목소리만 높여 자비와 사랑을 찾고 있는 게 오늘의 위선적인 세태가 아닌가.

자비나 사랑은 산사나 교회당에 있는 게 아니고 오로지 내 마음 속에 들어있다. 진리도 양심도 상아탑에만 있지 않고, 각자의 마음속에 있다. 정의도 평화도 사람의 마음속에서 만들어내는 무형의 자산이고 최고의 가치다. 우리가 추구하는 삶의 가치는 모두 우리들 스스로가 일상 속에 가지고 있으면서도, 날마다 남의 것 빼앗는 데만 혈안이 되고 있다. 사회가 살벌해지고 있는 원인이다.

성심(誠心)화기(和氣)는 불가(佛家)의 용어만이 아니다. 교훈으로 전해지는 사자성어(四字成語)만도 아니다. 우리 모두가 마음으로 실천해야 할 업보이고, 진실이다. 誠心和氣로 이어진 옛 이야기 한토막이 스친다. 갓 시집 온 새댁이 밥을 짓다 그만 태웠다. 시부모님들께 꾸중 들을까 걱정이 돼 부엌에서 울고 있는 아내를 본 남편이 말했다. "여보 물을 충분하게 길어오지 못한 내 탓이오"하면서 아내를 위로했다. 남편 위로에 감사한 새댁은 눈물을 그치지 못했다. 이때 부엌 앞을 지나던 시아버지가 이 모습을 보고 "아가, 내가 힘이 약해져서 장작을 잘못 쪼개 그렇구나." 라며 며느리를 안심 시켰다. 이 소리를 들은 시어머니는 또 "내가 늙어서 밥 타는 냄새를 못 맡아 불 끄는 것을 알려주지 못한 탓"이라며 새 며느리를 위로했다. 서로 상대의 잘못을 내 탓이라며 살아갈 때, 그게 바로 誠心和氣다.

歲不我延
세불아연

청춘을 돌려다오, 젊음을 돌려다오…. 지난날 어느 가수가 불러 뭇사람들의 심금을 울려댄 유행가 한 구절이다. 그야말로 허무한 허공의 메아리다. 어느 누가 청춘을 돌려받고, 또 어느 누가 지난 세월을 되돌린 사람 있나.

세월만큼 냉엄한 이치는 없다. 순간도 반복이란 없고, 재사용이란 없다. 영생(永生), 재림(再臨), 부활(復活)도 없다. 영원(永遠)과, 무한(無限), 무량(無量)은 오로지 신(神)의 영역이다. 생각해보면 이 세상에 내가 태어난 게 요행스럽기도 하고, 신비스럽기도 하다. 또 한편으로는 사는 일이 두렵기도 하고, 영광스럽기도 하다.

태어난 것도 처음이지만, 생명도 단 하나뿐이다. 인생이 무엇인지, 세상이 어디인지 알지도 못한 채 태어났고, 또 어떻게 살아야하는 것인지 연습도 없이 무작정 태어났다. 성격마저 서로 각각이니 누구 따라 모방할 수도 없이 나는 나대로 날마다 생소한 시간을 살아야한다. 게다가 세월은 잠시도 나를 기다려주지 않으니 실수하거나 잘못됐을 때 교정하거나 수정, 보완할 틈도 주지 않는다.

歲不我延

勿謂今日不學而有來日
勿謂今年不學而有來年
日月逝矣
歲不我延
嗚呼老矣
是誰之愆
錄朱子勸學文
甲午春日白川人重山

인심 각박해졌다고 탓할 일만 아니다. 사람 사는 세상보다, 신이 지배하는 세월은 더욱 각박하다. 세월을 돌려다오, 청춘을 돌려다오, 부질없는 넋두리다. 어찌 나뿐이랴…. 시계를 귀에 대고 재깍거리는 초침소리를 들어본 적 있는가. 들어봤다면, 초침소리 속에서 무슨 이치를 배웠고, 또 깨달음은 무엇이었나. 죽음으로 가는 발자국소리…. 세상의 모든 존재는 태어나면서부터 신에게서 소멸을 약속받았다. 인간인들 말하여 무엇하랴….

우리는 이 순간에도 재깍대는 시계 초침소리에 잠시도 쉼 없이 죽음을 향해 달리고 있다. 나는 오늘도 24시간 동안 순간도 쉼 없이 죽음을 향해 달렸다. 시간은 되돌려주지도 않지만, 절대로 기다려주지도 않는다. 재깍대는 시계의 초침소리는 바로 죽음으로 달려가는 내 발자국 소리다. 맺힌 마음 풀 새도 없이, 열린 마음 닫을 새도 없이, 썩히고 아픈마음 추수를 새도 없이 오직 죽음의 길만 향해 하루 종일 달렸다.

내가 나를 생각해본다. 삶은 미래가 아니라 과거로 회귀하고 있다. 무(無)에서 태어나 우주라는 공간에서 유(有)의 존재로 살다가 다시 무(無)를 향해 죽음으로 되돌아가고 있다. 오늘 하지 못한 일은 영원히 하지 못한다. 歲不我延(세불아연)이다. 세월은 나 때문에 늦춰주지 않는다. 어느 권력도, 어느 재력도, 어느 영웅호걸도, 또 세인을 유혹하는 절세미인도 세월을 붙잡은 사람은 없다. 석가도 세월 속에 죽었고, 예수도 세월 속에 죽었다.

배움도 때를 놓치면 안 된다. 다음으로 미루면, 다음이란 시간만큼 배움을 포기하는 것이다. 세기의 성리학자이자, 주자학을 집대성한 중국의 주희(朱熹)도 세월의 덧없음을 일러 "오호로의(嗚呼老矣)"라 탄식했다. "어느덧 나이가 들어 늙어버렸음"을 토로한 것이다. 남에게 배울 것을 권하기에 앞서 자신의 경험과 깨달음으로 우러나오는 명현석학(名賢碩學)들의 가르침이다.

세월은 기다려주지 않는 소중함을 후학들에게 강조한 금언(金言)이다. 천 번을 들어도, 만 번 들어도 넘침이 없는 교훈이다. "소년이로학난성(少年易老學難成), 일촌광음불가경(一寸光陰不可輕)"을 읊었다. "소년은 늙기 쉽고, 학문은 이루기 어려우니, 짧은 시간이라도 가벼이 할 수 없다"는 의미다. 역시 시간의 중요성을 강조한 朱子의 권학문(勸學文)중 우성(偶成)이라는 시(詩) 한 구절이다. (서도가 重山 선생의 해설)

너나없이 죽음을 향해 달리고 있는 인생의 동반자들…, 사는 동안 가치 있는 삶이 무엇일까. 세월 속에 살고 있지만, 세월은 내 삶을 지연시켜주지 않는다. 병든 부모를 내다버린 너도 결국 늙고 죽는다. 무량 무한한 진리, 또 한 번 생각한다. 歲不我延(세불아연).

송창백취
松蒼栢翠

桃李雖艶(도리수염 : 복사꽃 오얏 꽃이 아무리 고운들), 何如松蒼栢翠之堅貞(하여송창백취지견정 : 어찌 저 푸른 소나무와 잣나무의 굳고 곧음만 할 것이며), 梨杏雖甘(이향수감 : 배와 살구 맛이 아무리 달다 하여도), 何如橙黃橘綠之馨列(하여등황귤록지형열 : 노란 유자나 푸른 귤의 맑은 향기를 못 당하나니), 信乎(신호 : 진실로), 濃天不及淡久(농천불급담구 : 고와도 빨리 지는 것보다는 담백하여 오래가는 것이 좋으며), 早秀不如晩成也(조수불여만성야 : 일찍 빼어나는 것은 늦으나마 크게 이루는 것보다 못하다). 한학에 문외한을 앞에 앉혀놓고 채근담 전집에 나오는 고사성어(故事成語)를 해설하는 서도가(書道家) 重山선생(한국서도협회 대전충남지회장)은 이마에서 땀이 난다.

소나무, 잣나무, 대나무 등 사계절 변함없이 푸른 사철나무를 생각해 본다.

태양열 이글대는 7~8월의 염천에도 무섭지 않던 숱한 종류의 나무들이 서로가 우거져 저마다 짙푸르게 당당하던 녹음들도 세월 따라 모두 변절(變節)했는가. 단 하루 밤의 서릿발도 참아내지 못한 채 서둘러 옷 갈아입고

桃李雖艶何如

松蒼柏翠之堅貞

松蒼柏翠

복사꽃 오얏꽃이 비록 좋은들

어찌 푸른 송백의 굳고 곧음만

하리오 甲午春日 重山

가을맞이에 여념 없는 대세 속에서도 변함없는 푸르름 그대로 지키며, 나 보란 듯 청청한 자태 설한풍에 맞서고 있으니 말이다.

도도하던 젊음들 모두다 도망쳐버린 황량한 산하 지키며, 동장군의 혹한(酷寒)횡포도 아랑곳없이 겨우내 혼자만 푸르러야 하는 독야청청의 굳센 지조와 처절한 외로움…. 누가 알까. 누가 대신할까. 변함없이 사철 푸르른 기상, 고고한 松蒼栢翠(송창백취)여….

창천에 떠 삼경(三更)의 어둠만을 비추어야하는 달빛에 견주어 무엇이 다를까….

하얀 눈 끝없이 덮인 설원의 차디찬 고독을 지켜내며, 살갗 에이는 모진 설한풍 속에서도 이파리 하나 버림 없이 청청함 그대로니, 松蒼栢翠(송창백취) 곧고 바른 그 지조가 바로 선비의 기상이 아니던가.

유배지 귀양살이 고독 속에서 오우가(五友歌)를 읊으며 신하의 도리를 지켰던 고산(孤山) 윤선도 선생의 고결했던 지조를 연상하지 않을 수 없다. 불의에 굽힐 줄 모르던 절의 정신으로 국사가 어긋날 때면 지체 없이 임금께 상소하고, 항의하는 직신(直臣)이었으니, 바로 松蒼栢翠(송창백취)의 지조였다.

고산(孤山)은 26세 나이로 진사벼슬에 들어 성균관 유생신분으로 1616년(광해군8년)때 조정 간신들의 국정농단이 극에 이르자 비분강개함을 이기지 못해 30세 젊은 혈기로 조정을 비판하는 병진소(丙辰疏)를 올려 나라를 발칵 뒤집어 놓았다.

85세 전남 보길도 유배지에서 끝낸 생애 마지막까지 조정 간신들의 불의와 싸운 절의의 선비였다. 멀고 먼 벽지의 유배지에서 거듭된 귀양살이를 하면서 변절(變節)없는 수석(水石)과 송죽(松竹)을 벗 삼아 오우가를 읊었으니 절해고도의 비분(悲憤)인들 오죽했을까. 고산(孤山)의 충절은 바로 松蒼栢翠(송창백취) 그 자체였다.

조선조 후기 조정의 정계를 이끌었던 남인(南人)의 거목 허목(許穆 : 호 ; 미수(眉叟))의 영혼은 신도비(神道碑) 명문(銘文)을 통해 지금도 잠들지 않고 고산(孤山)의 충절을 웅변하고 있다.

比干剖心(비간부심) : 비간은 심장을 갈라죽었고,
伯夷餓死(백이아사) : 백이는 굶어 죽었네.
屈原沈江(굴원침강) : 굴원은 강물에 빠져 죽었고,
翁窮且益堅(옹궁차익견) : 고산은 궁색할수록 더욱 뜻이 굳어
至死不改(지사불개) : 죽어도 변치 않았으니
其見義守死也(기견수의사야) : 의를 보고 목숨 걸기는 마찬가지 이었네.

〈박석무 한국고전번역원장 번역본 인용〉

숭덕광업
崇德廣業

언뜻 들어 선생님과 스승은 동의어(同意語) 같다. 그러나 선생님과 스승은 다르다. 선생님이라고 모두 스승이 되는 것은 아니다. 스승은 스승다워야 스승이다. 스승은 오로지 후학들이 인정하는 인격이며, 제자들의 마음속에 깊은 감명으로 머무르는 거룩한 존칭의 이름이다. 崇德廣業(숭덕광업)을 실천한 인격의 존칭이 스승님이다. 선생님이란 단순히 가르치는 직업의 상징적 호칭일 뿐 스승의 실체는 아니다.

요즘은 상대가 애매한 사람에게는 거의가 선생님으로 호칭한다. 때문에 스승이란 선생님이 오를 수 있는 최고의 승진이며 영예다. 교육자로써 쌓아온 경력 따라 교직에서 승진하더라도 그것은 선생님으로써 사무적 승진일 뿐, 영예와 함께하는 스승으로서의 승진은 아니다. '스승님'이란 호칭은 덕향(德香) 풍기는 교육자로서의 고매한 인격에서 얻어지는 것이다.

고서 주역(周易)에 나오는 '崇德廣業(숭덕광업)'이란 구절은 만사의 교훈이다. 덕을 숭상하여 사업을 넓혀나간다는 직역(直譯)의 의미도 있지만, 많은 수양으로 진실과 덕을 쌓아 널리 존경숭배 받는 인격이 되라는 교훈적 의미가 더 크다. 남들로부터 숭배대상이 될 만큼 덕과 믿음을 쌓는 길은, 수양부족한 범부나 졸부들에겐 어려운 과녁이다.

덕(德)은 능력으로 가져오는 것도 아니고, 지식만으로 쌓이는 것도 아니다. 양심과 부정, 선과 악, 진실과 위선을 판단하고, 선택, 실천할 줄 아는 지혜만이 덕망으로 쌓인다. 지식과 지혜는 선생님과 스승님의 차이다. 덕은 실천하면 누구라도 누릴 수 있는 무형의 자산이고 최고의 가치다. 보이지도 않고 만질 수도 없지만, 덕의 힘은 넓고, 높고, 또 강하다.

중국의 석학 맹자는 성선설(性善說)을 주창했다. 사람은 태어날 때 착한 본성만 가지고 태어난다는 것이다. 그러나 성장하고 사회생활 하면서 성선설은 점차 위선으로 오염된다. 얼굴에는 화장을 하고, 옷차림은 사치를 하고, 때로는 가면까지 쓰면서 사람마다 마음에 위선의 덧칠을 하기 예사다. 또 무량한 욕망으로 이웃들과 쉼 없이 경쟁하고 갈등 분열한다.

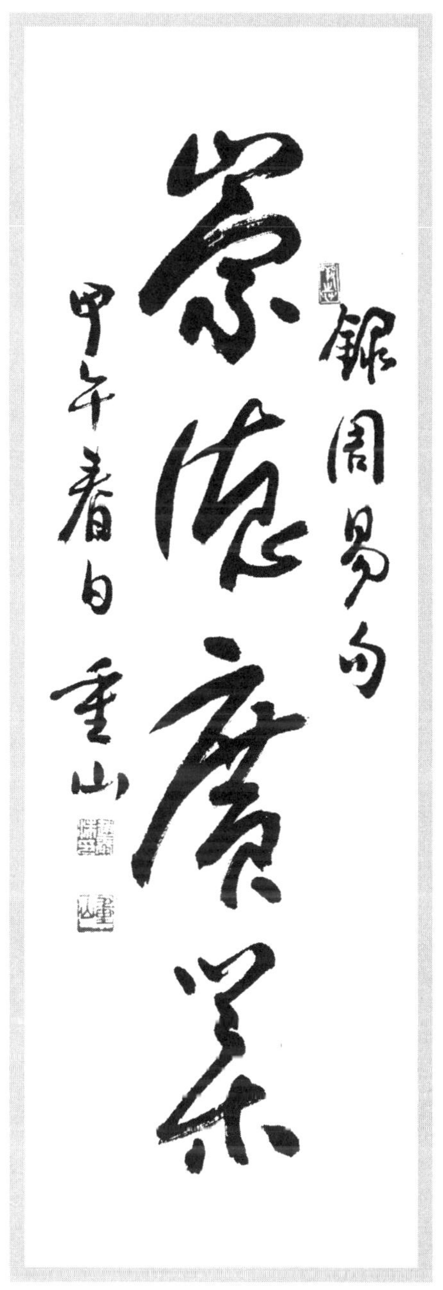

요즘세상은 '숭덕광업'이 변질돼 '악덕광업', '위선광업', '부정 광업'들이 판을 친다. 곧이곧대로의 진실은 바보가 되고, 양심과 정직은 무능이 된다. 학문도 그렇고, 기술도 그렇다. 최고 지성의 전당임을 떠드는 곳마다 가짜박사, 가짜논문이 범람한다.

허상이 생활의 주체가 되고, 위선이 생활의 수단이 됐다. 선생님들이 노동자로 돌변해 주먹 쥐고 하늘을 치며 거리의 시위 꾼으로 전락하고, 참교육으로 위장한 교단에서는 나라의 정체성이나 역사관마저 부정하는 좌파이념교육으로 돌변하고 있으니 선생님도, 스승님도 없는 기막힌 세태의 현실 앞에서 '숭덕광업'은 사업하는 사람들의 돈벌이구호로 전락됐다.

성선설을 안고 태어난 진정한 내가 없어지고 있다. 어찌 나뿐일까. "손톱 밑에 가시 드는 작은 아픔에는 예민하면서도, 염통 안에 고름 드는 중병"에는 무관심한 위선의 세태가 모두 그렇다. 숭상해야 될 덕이 무너지고 짓밟히는 가련한 세태 속에서 무슨 재주로 숭덕광업의 가치인들 지켜질 수 있을까.

며칠 전 몇몇 친구들과 어울려 소주 한 잔 하자고 어느 식당엘 갔다. 말끔한 내부 치장에 〈崇德廣業〉이란 휘호(揮毫)까지 내걸었다. "덕(德)을 숭상함으로써 큰 업(業)을 이룬다."니 사업하는 사람으로선 더없이 훌륭한 휘호다. 그러나 휘호만 덩그러니 내걸렸을 뿐 손님이 없다. 돈을 벌어야겠다는 욕심만 앞세웠을 뿐, 주인이 덕을 베풀지 못하고 있다는 증거가 아닌가. 덕은 내면의 가치다. 생색내기 위선이나 계략으로는 덕이 따라오질 않는다. 또 기다리기만 한다고 오는 것도 아니다. 우선 내가 먼저 겸양의 자세로 덕을 베풀어 실천할 때, 남의 덕도 따라온다. 나를 낮추고 남을 높이면 결국은 내가 더 높아지는 게 숭덕의 진리다. 어떤 직업, 어떤 삶이든 올바르게 영위(營爲)하는 지혜가 바로 崇德廣業이다.

숭 조 돈 목
崇祖敦睦

식물, 동물, 심지어는 이름 없는 미물에 이르기까지 모든 존재는 근본이 있다. 하물며 사람이야 말하여 무엇하랴. 오늘의 내가 이 세상에 존재하기까지는 당연히 선대 조상들이 있다. 때문에 조상을 숭배하고 공경하는 예의는 만물의 영장임을 자처하는 인간들의 당연한 가치다. 바로 효도사상(孝道思想)이다.

선대들을 공경하는 효도사상은 엄격했던 상하서열의 기준이 되었고, 사회기강의 중심이 됐으며, 유교사상을 발전시키는 기본이 됐다. 특히 고대 씨족국가, 부족국가에서는 조상을 숭배하는 효도사상이 통치수단의 중심으로 작용하기도 했다. 그러기에 조상의 영혼을 모시는 제례의식은 단순한 정성을 넘어 사회적 질서유지 차원의 제도였다.

유교사상의 부흥기였던 이씨조선 500년 역사는 통치수단 거의가 효도사상이 중심이었다. 모든 법과 규정의 중심은 윤리도덕이었다. 사회질서를 바로잡는 제일의 가치관이기도 했다. 곳곳마다 조상을 제사하는 사당이 들어섰고, 효자효부는 물론 남편 위해 죽음을 받친 열녀까지도 나라에서 현창하는 효(孝)정책이 근간이었다.

崇祖
敦睦

祖上을崇拜하고後孫
끼리友愛로敦篤하라

甲午年春 童山

현재까지 전국에 산재되고 있는 비각, 비석 사당 정녀문 등 유적유물들 모두가 유교사상을 근거로 한 조상숭배 효도문화의 유적들이다. 선대 임금들의 제례는 종묘(宗廟)에서 지냈고, 성인군자나 충신열사, 명현석학 등 국가적으로 현창해야 될 유교사상의 중심인물들의 제례는 문묘, 향교, 서원에서 차서(次序)별로 각각 모셨으며, 사가(私家) 민초들은 각자의 가묘(家墓)에서 매년 상달에 같은 씨족들이 총동원해서 시제(時祭)를 올리며 선대들의 유혼(幽魂)을 기리도록 체계화 했다.

또 부모가 돌아가시면 장례를 모신 뒤, 3년 동안 생존 시 거처하던 방에 혼백을 모시고 하루 세끼씩 상식도 올리며 삼우제, 삭망제, 49제, 소상(小祥)제, 대상(大祥)제, 탈상(脫喪)세까지 후손들이 모두 모여 고인에 대한 추모의 제례(祭禮)를 올리며 일가끼리 돈독한 화목을 다짐하기도 했다. 그게 바로 崇祖敦睦(숭조돈목)의 실천이었다.

어느 가문이고 후손들이 모두 모여 고조(高祖)까지 4대 봉사(四代奉祀)를 철칙으로 여기며 조상을 공경하는 숭조정신을 다지고, 그 후손들은 은덕에 보답하려는 보본사상(報本思想)에 철저했다. 또 숭조정신이 두텁고 효행실천이 지극한 사람은 사회적 귀감(龜鑑)으로 현창 됐고, 가문의 영광으로 기렸다. 이해(利害)를 초월하는 효도정신을 통해 일가후손들이 화목을 다지는 기본이 됐고, 때문에 효는 백행지본(百行之本)의 지침이 되기도 했다.

그러니 이젠 유교사상의 중심이던 효도정신이 퇴색되고 있다. 등 따습고 배불러지면서 인심들이 변하고 있다. 문명과 풍요가 전통의 유교적 가치관을 희석시키고 있다. 효도사상의 중심이던 윤리나 도덕의 가치관이 비틀대고, 崇祖敦睦(숭조돈목) 정신이 거의 혼수상태에 이르렀다. 삼강오륜(三綱五倫)은 이미 먼 나라 전설처럼 아련해져, 일부 기성세대들만의 향수가 됐다. 문명과 풍요의 기초가 어디인가. 안타깝다.

나부터도 그렇다. 유교 형식에 생소한 후세들의 현실논리에 밀려 시제 일자, 절차, 형식, 심지어는 축문까지도 변경했다. 시제(時祭)나 기제(忌祭) 제례가 모두 후손들의 편의에 따라 실용주의, 편의주의로 바뀌다보니 선대 영혼들께선 영문도 모르고 서운하실 일이다. 후세들의 생활권이 전국화 되고 출생지, 성장배경, 생업환경까지 모두 다르고, 생존자체가 치열한 경쟁이 되다보니 요즘엔 한 가족끼리도 한데 모이기가 쉽지 않다. 崇祖敦睦(숭조돈목)은 고사하고 가족돈목(家族敦睦)도 어려운 세태가 됐다. 개인주의나 이기주의에 혈연관계마저 식어지고 있다. 오늘의 세대들은 과연 누구의 핏줄을 타고 태어난 존재인가. 崇祖敦睦(숭조돈목) 가치는 이해타산의 대상이 아니다.

심 화 기 평

心和氣平

18세기 독일의 철학자 '쇼펜하우어'가 남긴 일화다. 길을 가다 반대쪽에서 오는 행인과 서로가 부닥쳤다. 이때 상대 쪽 행인이 불쾌한 얼굴빛으로 "당신 누구야?"하고 버럭 화를 냈다. 그러자 '쇼펜하우어'는 태연자약하게 "글쎄요, 내가 누구인지, 나도 그게 의문입니다"라고 대답했다는 얘기는 여러 문헌에서 나온다.

또 우스갯소리 같은 근래의 얘기도 있다. 자칫 행인과 부닥칠 뻔 했던 택시운전사가 행인에게 "똑바로 보고 다니시오, 나 이래보아도 30년 무사고 운전자요, 당신 누구 망칠일 있어?"하며 노발대발 소리치자, 행인이 대꾸하기를 "무슨 소리요! 나는 70년 무사고 보행자인데…" 하더란다.

이번엔 약20여 년 전에 내가 직접 체험한 사례다. 대전에서 서산행 직행버스를 타고 천안지역 어느 산모퉁이를 지날 무렵이었다. 시속100㎞로 달리던 직행버스 앞으로, 농로에서 나온 경운기가 갑자기 달려들었다. 화들짝 놀랜 버스운전기사의 재치로 대형 사고는 모면했지만, 하마터면 수십 명이 죽고 다칠 뻔한 아찔한 순간이었다. 얼굴빛 하얘진 운전기사가 울화통을 참지 못한 채 버스에서 뛰어내려 경운기 주인의 멱살을

文曰 心和氣平

성질이 조급한 마음이 거친 사람은 한가지 일도 이루어지는 일이 없고 마음이 화평한 기상이 평화한 사람은 온갖 복이 스스로 모인다 甲午春日 重山

움켜쥐고 흔들어대자, 경운기 주인은 대수롭지 않다는 듯 "당신이나 내나 같은 기사끼리 뭘 그려―, 살다보면 어쩌다 실수도 할 수 있는 거지 뭘…" 이말 한마디에 버스운전사 기가 막힌다는 듯, 차라리 껄껄대는 헛웃음으로 화를 토해내고 마는 모습도 보았다.

채근담 전집에 나오는 心和氣平(심화기평)과 무관치 않다. 급할수록, 위기일수록 사람은 마음부터 진정시켜야 한다. 마음이 화평해야 육신도 편해질 수 있고, 육신이 편할 때 하는 일도 덩달아 즐거워진다. 직장인들은 출근하는 아침마음이 가벼워야 하루 일과도 즐겁고, 업무능률도 올릴 수 있다. 마음이 조급하고 불안할 때는 육체적 기운도 흔들리게 마련이다.

철학자 '쇼펜하우어'의 여유 있는 대답은 참을성 없는 상대의 조급함을 진정시켰고, 또 자기 생각만 내세운 택시운전자의 조급한 성격도 행인의 재치 있는 대답 한마디에 화가 풀어져 기복 심한 삶의 이치까지도 터득한 계기가 된 것 아닌가. 또 경운기 운전자의 평범하면서도 의미심장한 한마디에 대형사고 위기를 모면한 버스운전기사의 터질 듯한 울분도 웃음으로 다스리고 말았다.

조급하고 거칠게만 사는 세태에 心和氣平(심화기평)은 절실한 교훈이다. "마음은 화평하고 기상은 평온해야 한다."는 뜻이다. 교통문화가 발달하고 정보통신권역이 세계화 되다보니 사람들의 생활문화가 다양화되고, 바빠진 원인도 되지만, 요즘 세상인심이 너무 각박하고 조급해졌다. 또 남보다 많이 가져야 되고, 먼저 가져야 되는 극단의 이기주의가 사람들의 심성을 더욱 조급하고 거칠게 만들었다.

어찌 보면 생존경쟁일 수도 있으나, 생존의 진짜 의미인 평안(平安)의 가치를 망각하는 것이다. 동서고금 삶의 최고 가치는 평안이다. 누구나 평안을 찾기 위해, 또 평안을 지키기 위해 발버둥치고 있다. 평안할 때만이 진정한 사랑도 있고 행복도 있다. 마음이 불편하고 몸이 괴로울 때는 돈도 권력도 명예도 모두 허사다.

마음을 화평하게 다스리고, 기운을 평온하게 지키면 실패도 적고 건강에도 좋다. 내 고집대로만 하려는 욕심을 버리고 남의 의견도 배려하며 살아갈 때 마음이 안정되고, 기운이 평온하여, 하는 일마다 순조로워진다. 모나지 않는 처세, 남을 배려하는 처세로 주변에서 손가락질 받는 사람이 되지 말고, 갈등불화로 마음상하는 일을 만들지 말아야 한다.

인간의 화(禍)복(福)은 마음먹기 달렸다고 했다. 또 모든 병도 마음에서 온다고 했다. 때문에 心和氣平(심화기평)은 오늘을 사는 우리에게 절실한 교훈이다.

연 비 어 약

鳶飛魚躍

비행기는 하늘에서 날고, 자동차는 육지에서 달리고, 배는 바다에서 운행하는 것은 당연하다. 해는 낮에 뜨고, 달은 밤에 뜨는 것과 다르지 않다. 솔개는 당연히 하늘을 날아야하고, 물고기는 당연히 물속에서 헤엄쳐야한다. 모든 존재는 각기 영역과 구실을 갖고 있다. 하물며 만물의 영장인 사람이야 말하여 무엇하랴. 정치인은 선정으로 국리민복을, 예술가는 창작연마를 열심히 해서 명작을 내는 것이다. 또 학생의 본분은 공부를 열심히 해야 하고, 스승의 본분은 열심히 가르쳐야 한다.

물건은 품격을 갖춰야하고, 사람은 인격을 갖춰야 하는 것도 당연한 이치다. 요즘 자신에게 주어진 본분영역도 제대로 감당치 못하면서 남의 일에 참견하고 시비하는 사람들이 많다. 권력 등에 업고 도둑질하는 정치인들도 많고, 가르치기보다는 권력주변이나 두리번거리는 지식인들도 많다. 자비와 사랑을 가르치고 실천하는데 열심 하기보다는 엉뚱한 이념 선동에 앞장서 사회불안을 충동질하기에 열심 하는 탈선 종교인들도 있다. 아버지는 아버지다워야 하고, 자식들은 자식들다워야 한다.

鳶飛魚躍(연비어약)이란 사자성어가 있다. 솔개는 하늘에서 날아야

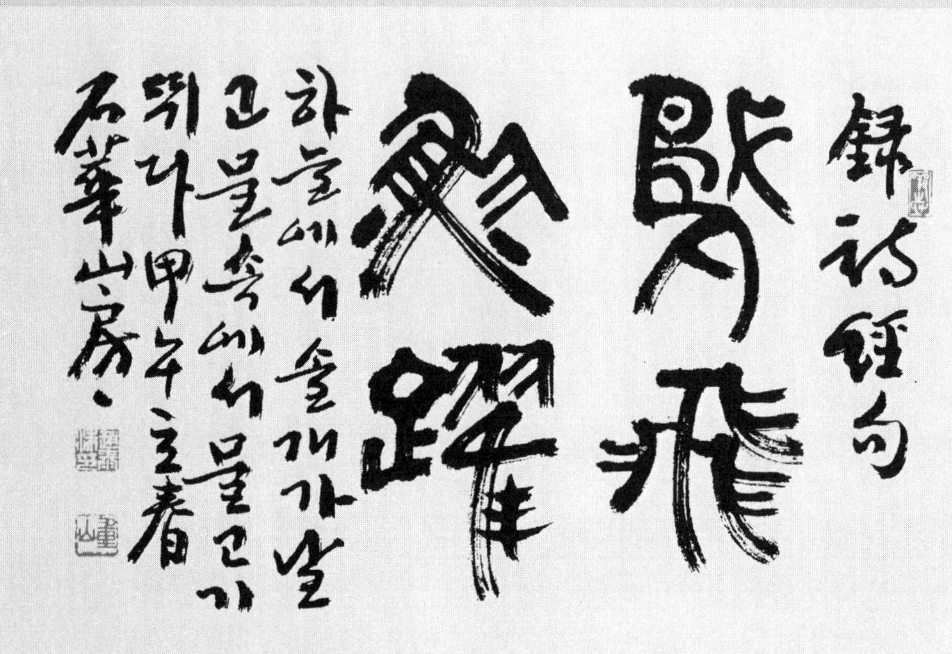

하고, 고기떼는 물속에서 노닐어야 당연하다는 의미다. 조물주의 섭리에 응당한 이치요 법칙이며, 만물에게 주어진 도(道)를 의미하는 말이다. 사람은 만물의 영장임을 자처하고 산다. 사리(事理)와 선악(善惡)을 판단할 줄 알기 때문이다. 종교인은 신앙의 영역에서, 교직자는 가르치는 영역에서, 또 정치인은 국리민복의 영역에서, 사람들마다 모두 각자가 지켜야할 길이 따로 있고, 사명이 따로 있다.

어떤 직업, 어떤 직종에 종사하든 지켜야 될 사명은 똑같이 성실과 열성이다. 분야마다 취미 따라 선택하고, 소질 따라 선택하고, 또 개성을 따라 선택하게 마련이다. 자신에게 어울리는 일을 맡아 주어진 본분영역에 충실하는 사람을 일러 흔히들 도리(道理)를 안다고 한다. 어느 철학자는 "사람 사는 것은 길을 가는 것과 같다"고도 했다. 사람마다의 삶은 정해진 일이 있고, 정해진 공간이 있다. 선택한 공간에서, 선택한 일에 최선의 노력을 다할 때 그게 바로 성공의 길(道)이고 사는 도리다.

학자는 학자의 길을 가야하고, 기술자는 기술자의 길을 가야 한다. 남편은 남편의 도리가 있고, 아내는 아내의 도리가 있다. 한 사람이 두 길을 갈 수는 없다. 삶도 한 번 뿐이고 목숨도 하나 뿐이다. 솔개가 물속에서 살 수 없고, 물고기가 공중에서 살 수 없는 거나 똑같다. 자동차는 육지차도를 달려야하고, 비행기는 하늘에 항로를 날라야 한다. 자연의 섭리가 성해준 실서다. 우측으로 갈 때는 우측 깜빡이 켜고, 좌측으로 갈 땐 좌측 깜빡이를 키는 게 자동차가 차도를 달리는 운행질서다. 질서가 엉클어지면 세상은 종말이다.

낮에는 해가 뜨고, 밤에는 달이 뜨는 것은 우주의 질서고, 봄 여름 가을 겨울이 반복되는 것은 계절의 질서이며, 밤과 낮이 반복되고, 아침 점심 저녁이 반복되는 것은 하루의 질서다. 질서는 우주의 이치며, 존재의 조화다. 만물이 저마다 질서 따라 순리대로 살아가면 전체적으로 천지의 조화를 이루는 것이다. 삶의 도(道)는 오묘하다.

"춘풍(春風)에 화만산(花滿山)하고/ 추야(秋夜)에 만월대(滿月臺)라/ 사시가흥(四時佳興)이 사람과 한가지라/ 하물며 鳶飛魚躍(연비어약) 운영천광(雲影天光)이야…"(봄바람으로 산에는 꽃이 가득하고, 가을 달빛 누각에 가득하니, 춘하추동 사계절의 멋은 사람들의 흥취와 같구나. 더구나 솔개는 하늘을 날고, 물에선 물고기들 노니나니, 흐르는 구름의 그림자, 밝은 햇빛 온 누리를 비춘다. 대자연의 아름다운 조화에 어찌 한도가 있을 소냐.) 퇴계선생이 노래한 유명한 도산십이곡 중 6번째 대자연의 이치에 대한 찬미의 구절이다.

溫故知新
온고지신

역사는 지난날의 기록만이 아니다. 과거를 깨닫고 미래로 새롭게 발전시켜야 할 오늘의 과제이고, 또 교훈이다. 옛 것을 본받아 새것을 익혀가는 게 문명이다. 오늘은 그냥 하늘에서 떨어진 시간이 아니다. 어제의 연속이고, 과거의 연속이다. 때문에 독불장군의 역사는 없다. 오늘의 나도 부모가 있었기에 존재하고, 또 부모들도 선대들이 있었기에 존재했다. 삼라만상 모든 존재가 과거 없는 오늘이 없다.

고향생각도 나고, 어릴 때 추억도 떠오른다. 내 고향은 충청도 서산이다. 궁벽한 산골이었고, 말씨까지 느려 강촌(江村)의 대명사였다. 그러나 지금은 아니다. 상전벽해(桑田碧海)로 비유될 만큼 생활문화가 개벽했다. 항상 그리운 마음으로 서성이던 고향에 찾아가보면 오히려 타향이 됐다. 옛 친구들도 없고, 옛 인심도 없어졌다. 돈 가진 도시사람들의 별장 터가 돼 마을 안 골골마다 현대식 호화주택들이 들어서고, 굳게 걸어 잠긴 육중한 철 대문마다 감시카메라가 살벌하게 번득인다. 지게 지고 장에 다니던 마을이 이제는 자동차가 지천이다. 누가 말했던가 溫故知新(온고지신)…. 이토록 변했나? 다시 한 번 놀래게 된다. 나이가 들면서

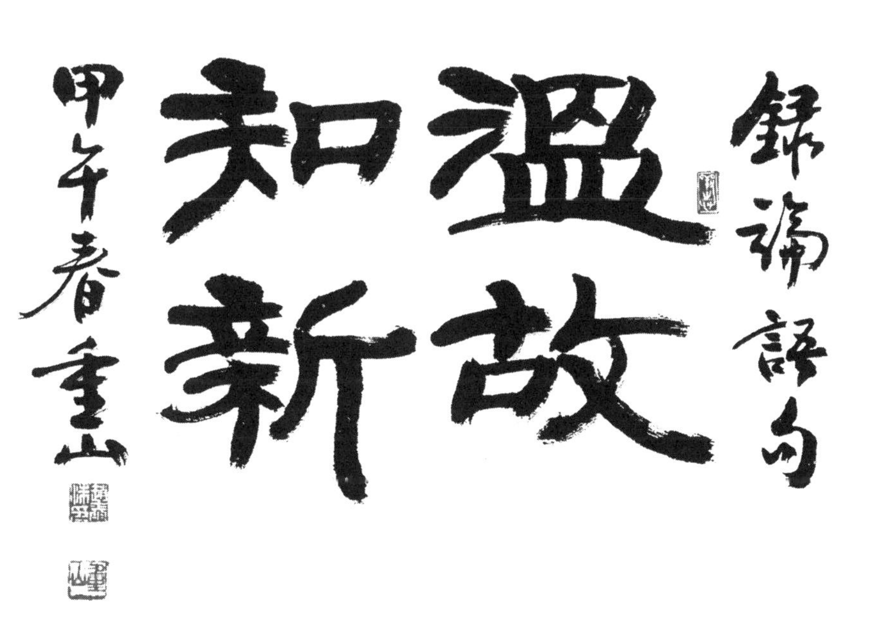

기억은 늙어져도 추억은 젊어진다고 했다. 어떤 때는 삶에 지쳐 고달프기도 하지만, 곤궁했던 옛날을 생각하면 오늘의 문명이 과분한 호사이기도 하다. 건강을 이유로 고기도 골라먹고, 살찌는 게 두려워 돈 들여 불가마, 한증막을 찾아다니는 세태가 됐다. 지난날의 추억은 오늘의 나를 깨닫게 하는 각성제다. 오늘 우리가 누리는 문명과 풍요는 어디서 왔는가. 헐벗고 배고팠던 지난날 선대들의 고통시대가 있었기에 오늘이 있는 것 아닌가.

일세침략으로 36년간 나라를 빼앗겼던 역사도 경험했고, 북한군 남침으로 동족상잔의 처절했던 6·25전쟁도 경험했다. 이방국가의 얘기가 아니다. 또 오래된 먼 얘기도 아니다. 불과 반세기 전 초근목피(草根木皮)로 살아온 비참했던 우리 기성세대들의 얘기다. 요즘 애들의 철없는 얘기처럼 그때는 라면도 없었다. 물질문명이 풍요로워진 오늘의 뒤안길에는 헐벗고 배고픔으로 허덕대던 기성세대들의 피땀이 아직도 질척대고 있다. 등 따습고 배부르게 산 지가 얼마 안 됐다. 어제의 가난을 밑천 삼아 일구어온 오늘이기에, 우리는 또다시 더욱 값진 미래를 창조해야 할 溫故知新(온고지신)의 사명을 짊어지고 있다.

溫故知新의 업적이 가장 두드러진 통치자는 朴正熙 대통령이다. 전 국민들에게 새마을운동을 일으켜 숙명적으로 물려오던 가난을 퇴치했다. 새마을운동으로 식량도 자급자족 했고, 생활환경도 바뀌기 시작했다. 우리 경제가 세계의 강국반열에 오른 오늘이 있기까지는 범국민적 정신 계발운동으로 시작된 새마을운동의 힘이다. 혹자는 군사독재였다고 혹평하지만, 일부 집권통치욕심에 집착하던 특정 야당인사들의 시기질투 이었을 뿐, 전체 국민들에겐 대한민국 건국 이후 최고 선정(善政)의 통치자로 추앙되고 있다. 사리사욕과 부정비리를 모른 채 오로지 '국리민복(國利民福)'과 국태민안(國泰民安)만을 위한 통치철학이 분명했다.

박정희 대통령이 '군부독재자' 이었다고 혹평한다면, '군부독재자'를 통치역사 속으로 불러들인 원인제공자들은 또 누구들이었나. 호시탐탐 남침기회만 노리고 있는 음흉한 북한의 적화통일야욕 앞에 아랑곳없이 정당정파 간 허구한 날 정쟁만 일삼아온 당시의 정치집단은 국민 앞에 사죄해야 한다. 오늘도 정치집단의 정쟁구태는 변함이 없다. 국가내란음모 주동자들인 골수좌파들을 국정단상까지 끌어들인 정당은 오늘의 민주당이 아닌가. 북한의 적화통일 야욕에 동조하고 있는 좌파정당과 아직도 '야권단일화' 인연을 끊지 못하고 있는 정당은 또 어느 당인가. 세금물기에 허리 휘는 민초들 마음은 불안하기 짝이 없다. 오늘의 정치인들은 박정희 대통령의 溫故知新 교훈을 다시 한 번 새겨야 한다.

우 공 이 산

愚公移山

"태산이 높다하되 하늘아래 뫼이로다. / 오르고 또 오르면 못 오르리 없건만 / 사람들이 제 아니 오르고 뫼만 높다하더라." 조선중기 중종(中宗)과 선조(宣祖), 두 임금을 받들어 벼슬을 지낸 서예가이자 문장가였던 양사언(楊士彦)의 시조는 예나 지금이나 만고불변의 교훈이다. 국태민안을 위해 보다 좋은 정사(政事)를 고민하고, 연구하고, 실행하려는 노력 없이 불평불만으로 반대여론이나 선동하며 민심분열, 사회불안을 획책하는 무리들이 국정을 논한답시고 설쳐대는 위정자들의 폐습을 중국의 태산에 빗대어 읊은 시조다.

반면교사로 중국의 고사(古事)에 나오는 愚公移山(우공이산)이란 사자성어가 있다. 목표를 세워 꾸준히 노력하면 무엇이든 못 이룰 게 없다는 우공(愚公)의 집념을 소개한 우화다. 90세인 우공노인은 중국 기주 남쪽에 있는 태행산과 왕옥산 계곡에 살았나. 가로막은 두 산에 가려 평생 불편을 겪다 못해 하루는 愚公이 가족들을 모아놓고 산을 깎아 평지로 만들자고 상의를 했다. 그러자 부인은 불가능한 일이라고 반대를 했으나, 세 아들이 모두 찬성하여 산을 옮기는 일을 시작했다.

이를 본 지수라는 사람은 “이름 그대로 우직하고 미련한 노인”이라며 비웃었다. 그러나 우공은 “내가 죽으면 아들이 계속하고, 아들이 죽으면 손자들이 이어받고…, 대대손손 계속한다면 이 산은 언젠가 평지가 될 것” 이라고 말했다. 하늘에서 이 말을 들은 천제(天帝)가 우공의 집념과 노력을 가상하게 여겨, 산 하나는 ‘삭동’이란 곳으로, 또 하나는 ‘옹남’이란 곳으로 옮겨 놓았다는 전설이다. 무슨 일이든 계획을 세워 꾸준히 노력하는 정신이라면 하늘도 감동하여 반드시 성공할 수 있다는 교훈이다.

1945년 6월, 중국의 모택동은 제7회 공산당 전국대표회의에서 ‘우공이산’이란 제목의 연설을 하며 7억 인민이 모두 우공이 되어 제국주의와 봉건주의라는 두 개의 큰 산을 제거하자고 역설해 중국 국민들로부터 호응을 샀다는 일화도 전한다. 7억 인민의 힘을 모으면 못할 일이 없다는 모택동의 연설은 오늘까지도 유효해, 중국이 세계적 강국의 선두권에 진입하는 실화가 되고 있다. 이처럼 '우공이산'은 단순 우화로서의 가치에 그치지 않고, 곧잘 정치용어로 인용되고 있다.

오늘의 문명과 풍요를 일군 우리도 생각해보면 중국의 '우공이산' 못지않게 한국판 '우공이산'을 체험했다. 일제침략의 식민지 속에서 학정과 수탈에 항거하며 해방을 찾았고, 6 · 25전란으로 초토화된 강토위에 세계경제강국 반열에 올라서는 국격을 세웠다. 초근목피로 연명하던 비참한 시대가 불과 반세기 전이다. 헐벗고 굶주리면서도 우공이 산을 파내듯, 일편단심 일만 했다. 봄이 지나 여름 사이엔 춘궁기(春窮期)가 닥쳤고, 여름 지나 가을 사이엔 칠궁기(七窮期)가 닥쳤어도 허리띠 졸라매며 일만 했다.

설 쇠고 입춘 무렵이면 논배미마다 땅 심을 높이기 위해 객토작업을 하였다. 어린애나 노인을 제외하곤 집집마다 가족들이 모두 동원되었다. 남자들은 지게로 흙을 져 나르고, 아녀자들은 삼태기에 흙을 담아 나르면서 한 톨이라도 수확을 높이려고 전심전력을 다했다. 그 결과가 오늘 같은 좋은 세상을 만들게 된 소박한 역사다. 비록 작은 일들이지만 모이고 또 모여 오늘의 문명이 되고, 풍요가 된 것이다. 괭이나 쟁기가 경운기가 되고, 지게나 달구지가 트럭이 되었다.

옛 중국 우공(遇公)의 집념은 큰 산을 깎아내는데 성공했지만, 우리의 집념은 숙명의 가난을 벗어내고 문명과 풍요를 이루는데 성공한 것이다. 하면 된다는 우공의 집념은 우화가 아닌 진실이다. 이 나라에 '국태민안'과 '국리민복'의 정치는 언제쯤 이루어질까. 우공의 염원은 산도 옮기는데, 우리 민초들의 염원은 그냥 염원으로 끝나는가.

월 만 즉 휴

月滿則虧

"화무십일홍(花無十日紅)이요, 권불십년(權不十年)이며, 月滿則虧(월만즉휴)이니라…." 아무리 고와도 십일을 넘기는 꽃이 없고, 아무리 높아도 십년을 넘기는 권력이 없으며, 아무리 밝은 달도 차면 기우나니….

한잔 거나해지시는 날이면 반드시 부르던 아버지의 노래 가락…, 못 배우고 가난했지만, 오로지 진실 지켜 사시던 생애, 이치를 취흥의 노래로 부르던 삶. 어제이듯 생각하면 목이 맺힌다. 이제 부모님들은 모두 세상을 떠나신 오늘, 나는 무엇을 깨닫는가. 인생사 어떤 것도 영원한 게 없다는 절창(絶唱)이거늘, 그 이치, 어느 누가 부정하고, 어느 누가 아니라고 손사래 칠 것인가.

어찌 나뿐일까. 오늘을 사는 모두들에게도 예외가 아니다. 지금의 권력이나 부귀가 영원할 것처럼 기고만장 하지만, 언젠가는 허무하게 무너질 수 있음을 깨달으라는 의미다. 달도 차면 기우는 것, 이 순간에도 세월은 쉼 없이 지나가고 있다. 재깍대는 시계의 초침소리를 들으면 안다. 나 역시 종점을 향해 달리고 있는 것을…. 태어나 유아기, 소년기, 사춘기, 청춘기, 장년기, 노년기, 황혼기로 이어지는 인생길….

굽이굽이 돌고 돌아 희로애락 스쳐 지나면 어느덧 청춘기에 피었던 꽃도 시들게 된다. 마주선 거울 앞에 깊은 주름이 그어지고, 장년기를 고비로 오감이 무뎌지기 시작한다. 잠깐 사이 노년기를 거쳐 황혼기로 접어들면 그때서야 화들짝 내 인생도 기울었구나. 삶이란 별것 아니다. 무한한 것 같아도 인생은 유한하다. 우리가 깨닫지 못하고 사는 것 뿐이다. 황금 같은 날, 날마다 내 세상 같지만 살다 보면 어느새 기울었다. 더구나 청춘기는 오래지 않다. 지내보면 잠깐이다. 청춘이라 생각하다보면 인생은 어느새 장년기를 지나 내리막길을 달리고 있다. 깨달았을 땐 이미 늦었다. 다시 찾을 수 없는 후회뿐이다. 기억은 흐려지고 추억만 젊어진다. 청춘을 돌려다오, 젊음을 돌려다오, 골백번을 외쳐도 허공의 메아리 일뿐이다. 그때 이렇게 했으면 좋았을 걸…, 뒤늦게 깨닫는 후회, 쌓여진 연륜위에 등짐만 무거워진다. 어떤 권력으로 덧없이 가는 세월을 막을 수 있을까. 어떤 재력으로…, 아니면 어느 지혜가 막을 건가.

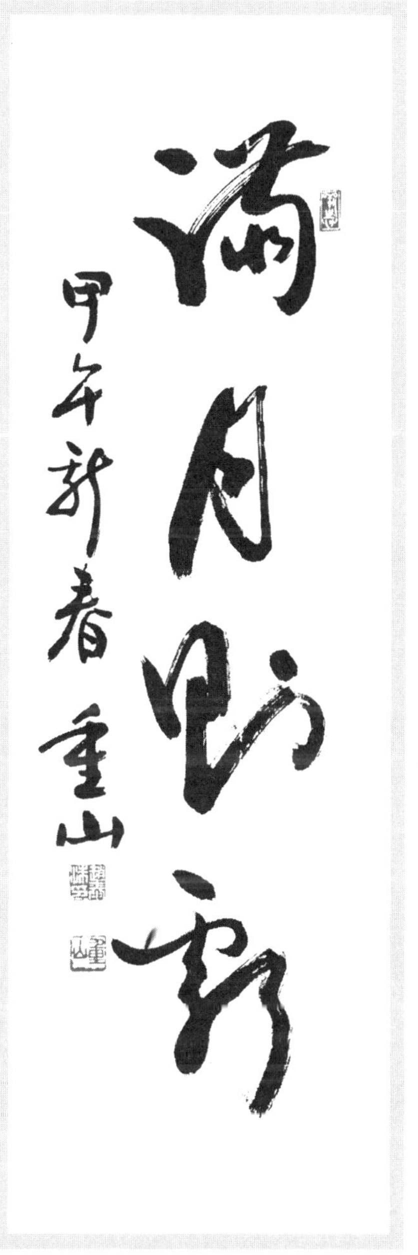

삼라만상 모두 잠든 삼경에도 시간은 쉬지 않고 간다. 누구나 시간을 아는 것은 깨달음뿐이다. 하루를 열흘처럼 지루하게 사는 사람, 열흘을 하루처럼 바쁘게 사는 사람…. 나는 지금 이 시간을 어떻게 살고 있는가. 깨달아야 한다. 깨달음만이 후회 없이 사는 지혜다.

생명은 누구나 하나다. 성인군자도, 명현석학도 일명(一命), 일생(一生)뿐이거늘, 누구에게도 생명은 두 개 없고, 누구에게도 삶은 한번뿐이니, 지나친 욕심 버리고, 교활, 오만도 버리고, 수양 정진하여 깨달음 찾아 분수 지켜 살라함은 인간의 도리이고, 삶의 기본이 아니던가. 가장 융성할 때를 지나면 쇠퇴하는 것은 모든 존재의 이치다. 사람도 마찬가지다. 어느 누구라도 자연의 섭리는 어길 수 없다.

현인들은 일찍이 "일중즉이(日中則移)하고, 月滿則虧(월만즉휴)니라" 읊었다. 또 "물성즉쇠(物盛則衰)하고, 천지지상수야(天地之常數也)라"했다. 해는 중앙에 오르면 지기 시작하고, 달은 가득차면 이지러질 뿐이다. 모든 사물이 성하면 쇠퇴하나니, 이 어찌 천지만물의 이치가 아니겠는가. 선인들의 노래가 새롭다. 특히 정치하는 사람들의 행태가 더하다. 마치 평생을 그 권력으로 살 것처럼 오만불손이다. 산천초목을 흔드는 권력도 10년을 넘길 수 없다. 깨달음이 절실한 이유다. 권력가진 사람들은 내일의 명예를 생각해야 한다. 당시 몇 명에겐 정적(政敵)이 됐을지 몰라도, 국민들에겐 뒷날 추앙의 목소리가 높아지는 게 박정희 대통령의 치적이다. 후세에 전할 역사기록에 당당할 수 있어야 한다.

세습독재, 그들에게도 滿月則虧(만월즉휴)의 이치는 예외가 아니다.

^{위 정 이 덕}

爲政以德

어린아이 하나를 놓고 서로가 자기 아들이라고 다투는 두 여인의 재판을 맡았다면 오늘날 율사들은 과연 어떤 판단을 내렸을까. 진짜 어머니를 찾아내는 지혜는 뭐였을까. 나도 나에게 내 지혜를 물어보고 싶다. 동서고금 삶은 모름지기 지혜의 경쟁이다.

고대 이스라엘 재판장 솔로몬은 "어린아이를 두 개로 쪼개라"고 병사에게 엄명한다. 비장한 재판장의 깊고 깊은 내심을 어느 누가 짐작이나 했을까. 판정을 기다리던 두 여인 중 한 여인이 "그것만은 안 됩니다" 소리치며 "나는 재판을 포기한다"며 얼굴을 감싸 안았다.

비록 억지 쓰고, 거짓말하는 위선의 여자에게 아들을 빼앗기는 한이 있더라도, 어린 생명만은 살려야겠다는 핏줄의 인연은 진실했다. 누가 생모인지를 증거하는 진정성을 가슴으로 실천했던 솔로몬의 지혜였다. 위신을 물리친 명 심판으로 '진짜 어머니'를 찾아준 솔로몬왕의 지혜까지 비교할 수는 없다지만, 죄질이 같은 사건을 놓고도 판결양형이 가가인 사법부의 현실을 보노라면 "저들이 과연 율사인지" 혼란스럽다.

날마다 여당야당 정쟁만 일삼는 정치도 마찬가지다. 적어도 한 나라의

국정을 논하는 정치권력이란 '국태민안'과, '국리민복'을 위하는 도덕적 사명감은 하나이어야 할 것 아닌가. 반국가적 범죄 집단을 찬양 동조하고 내란을 음모하는 것도 민주 정치인가.

爲政以德(위정이덕)란 사자성어가 떠오른다. 정치나 통치는 법보다 덕이 우선해야 한다는 공자(孔子)의 이론이다. 여당이든, 야당이든 정치목적이나 통치의 사명은 반드시 국가와 국민을 위해 행사돼야 한다. 그런 정치가 바로 덕치(德治)다.

18대째 이어진 우리나라 역대 대통령의 통치역사만 비교해도 공과는 일목요연하다. 그 중에서 선정(善政)철학을 실천한 爲政以德(위정이덕)의 통치자는 누구였을까. 단연 박정희 대통령을 꼽는다. 어느 사람들은 군부독재자라고 비판하지만, 그 것은 권력경쟁자였던 특정인 정적(政敵)들 몇 명이 주도한 시기 질투일 뿐이다. 오히려 통치, 법치기강이 엄격해, 헐벗고 배고픈 민생의 혼란기 속에서도 사회질서가 오늘보다 안정됐었다.

우선 숙명처럼 이어져오던 국민들을 가난의 수렁에서 구제하기 위해 새마을운동을 펼쳤다. "우리도 한번 잘살아보자"는 정신개혁운동은 국민 마음을 하나로 결집시켰다. "하면 된다."는 통치철학은 초근목피로 연명하던 국민들의 식량난을 빠른 기간 내에 해결했다.

여세를 몰아 생활환경을 개선하고, 농업사회에서 산업사회, 첨단과학사회로 이끌어, 불과 반세기만에 세계적 경제 강국반열에 올라설 수 있는 기틀을 세웠다. 누가 부정할까. 오늘의 문명과 풍요가 급속하게 이루어진 배경도 박정희 대통령 업적이다.

역대 대통령들 모두가 부정비리에서 자유스런 사람 누가 있나. 통치권력 등에 업고 부정축재 수단으로 이용하다 들통나 자살한 전직대통령도 있다. 그러나 박정희 대통령의 통치철학은 부정축재도 몰랐고, 측근이나 인척 중엔 모리배도 없었다. 오로지 국민들에게 등 따습고 배부르게 만들어주는 데만 역점을 쏟았다. 국태민안과 국리민복이 우선이었고, 법치가 엄격하고, 공정했다. 죄 지은 자는 법으로 다스렸고, 모범되는 사람은 칭찬으로 다스렸다. 통치가 공평하기에 민초들이 안심하고 추종했다. 국민이 따르는 정치가 爲政以德(위정이덕)이다.

새마을운동이 들불처럼 활성화 됐던 것도 통치 권력에 대한 민초들의 믿음 때문이었다. 정치나 통치는 국가관이 투철해야 한다. 투철한 국가관 실천으로 국민들을 믿고 따르게 하는 덕치(德治), 누가했나. 爲政以德(위정이덕)은 곧 위민이덕(爲民以德)이다. 대한민국 국민들의 혈세를 받아먹으며 남침전쟁주범인 친북 찬양 동조하는 종북 집단의 음모정치는 위정해더(爲政害德)이고 위민아더(爲民惡德)이다.

유덕유린
唯德有隣

사람이 더불어 살면서 이웃만큼 소중한 자산도 없다. 오죽하면 먼 곳에 형제보다 이웃사촌이 더 가깝다고 했을까. 기쁠 때도, 슬플 때도 제일 먼저 찾고, 제일 먼저 부르는 곳이 이웃이다. 진정한 이웃은 희로애락을 함께 한다. 서로 믿어 의심 없이 몸으로 느끼고 마음으로 느끼는 정이 이웃이다.

누구라도 혼자 살 수는 없다. 누구라도 이웃 없이 살 수는 없다. 때문에 이웃들이 모여 동네가 생겨났고, 자연스럽게 마을도 형성된 것이다. 서로가 믿고 돕는 정서가 형성된다. 객지에서 고향이 그리운 이유다. 생업 따라 먼 곳에 살아도 항상 잊지 못하는 곳이 고향의 정이다. 달빛이 밝아도, 눈발이 날려도, 때로는 고통스러움이 닥쳐도 언뜻 떠오르는 게 고향이고, 이웃들이다.

고향은 정이 있고, 믿음이 있고, 용서가 있고, 안온함이 있다. 힘들 때는 서로 도왔고, 슬플 때는 함께 울었으며, 기쁠 때는 함께 웃었다. 쑥 개떡 한 쪽이라도 서로 나누며 상부상조의 덕(德)으로 의지했다. 헐벗고 배고픈 가난 속에 살면서도 서로가 스스럼없이 소통했다. 서로가 진실이었고, 믿음이

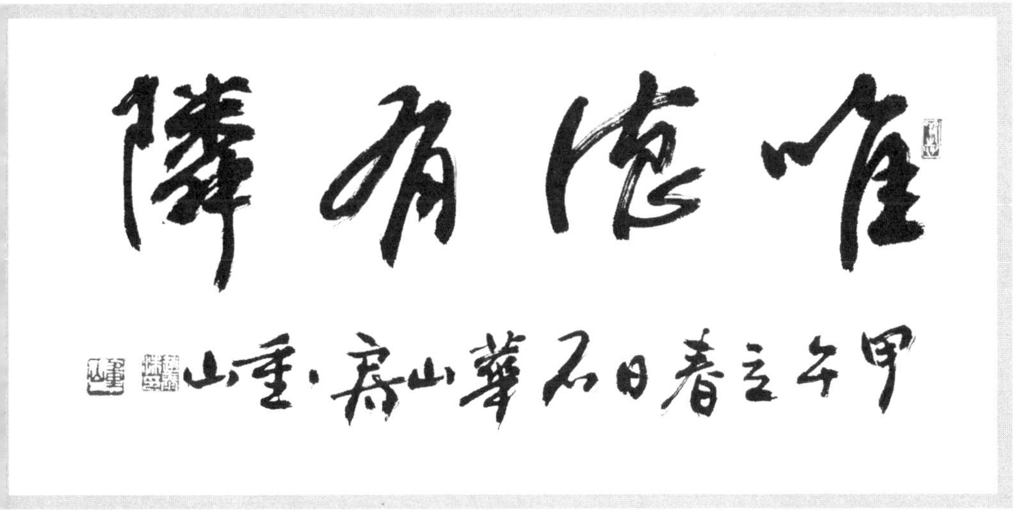

었기 때문이다.

도덕경(道德經)에 唯德有隣(유덕유린)이란 말이 있다. "이웃들끼리 정을 갖고, 서로 가까이 지낼 수 있는 힘은 오직 믿음으로 지키는 덕과 사랑" 이란 의미다. 이웃 간에 덕을 쌓는 일은, 서로가 믿음을 쌓는 일부터 시작된다. 믿음을 기초로 하지 않은 덕은 없다. 덕(德)만큼 서로간의 마음을 끌고 당기는 큰 힘은 없다. 뉴-톤의 만유인력과도 같은 힘이다.

德이란 기능적인 개념인 동시에 도덕적 개념이다. 사람으로서의 도리를 지켜가는 어질고 올바른 마음이나, 훌륭한 인격을 의미하는 것 외에도 양심과 능력도 포함되고 있다. 그 중에서도 가장 큰 것은 서로의 믿음이다. 덕이란 말(言)로만 이루어지는 가치가 아니다. 말없는 실천만으로도 덕은 쌓인다.

덕의 가치는 서로가 베풀고, 또 서로가 나누면서 믿음으로 더욱 높아진다. 덕이란 인간 스스로의 수양과 정진을 통해서만 쌓이는 것이고, 그것이 다시 실천으로 행하면서 이웃들이 느끼고 깨닫게 하는 것이다. 가야할 길을 바로 가는 사람에게는 언제나 믿음이 따른다.

특히 유교사상에서 전승돼온 덕치주의(德治主義)나 예치주의(禮治主義)를 설명하는데 덕은 가장 기본이 되고 있다. 덕은 스스로를 이길 수 있는 극기요, 남을 감화시키는 사랑이며, 악을 물리치는 정의이며, 사리판단이 정확한 지혜고, 스스로 낮출 수 있는 겸손이며, 남과 어울리는 믿음이고, 협동이다.

사람은 태어나 스스로 자라는 것 같지만, 음으로, 양으로 주변의 덕이 없으면 성장이 불가능하다. 부모의 덕, 이웃의 덕, 사회의 덕, 국가의 덕…. 따라서 덕(德)은 자신을 다스리는 도(道)와 상통한다. 도리를 행동화하고 생활화하고, 습관화하여 성격화 돼야 덕이 쌓인다. 덕을 쌓는 길은 도를 닦는 것과 같다. 덕은 산술단위로 환산되는 가치가 아니다. 도량형기로 측정할 수도 없고, 도식으로 그려낼 수도 없다. 그러나 동서고금 어느 누구도 부정할 수 없는 존재가 덕이다. 선거 때마다 귀 아프도록 듣는 "친애하는 국민 여러분!", "사랑하고 존경하는 유권자 여러분!" 따위의 메스꺼운 소리가 필요 없다.

드러내지 않아도 허상을 무너뜨리고 진실을 세우는 게 바로 덕이고, 도리다. 그게 바로 믿음이다. 평소의 삶에서 믿음으로 실천하는 덕을 쌓으면 이웃들이 먼저 알고 따른다. 덕은 누구에게도 배반이 없고, 위선이 없다. 음흉한 흉계 모략으로 선동하고 충동질하는 위선을 제압하는 것도 덕뿐이다. 우측으로 가는 척하며 좌측으로 달리는 음흉한 계략도, 도리 지키는 믿음을 무너뜨릴 수는 없다. 이웃을 지키는 힘은 오직 덕(德) 뿐이다.

유 비 무 환

有備無患

사람은 살면서 수많은 곡절을 겪는다. 연습 없는 삶이기에 어느 누구도 예외가 없다. 실수도 하고, 착각도 하고, 때로는 오해도 하고, 곡해도 하면서, 의식적 무의식적으로 위험의 굴곡을 수없이 넘나들게 마련이다. 이렇듯 인생행로는 기복(起伏)과 요철(凹凸)이 심하다. 때로는 험산준령도 넘어야하고, 파도 거친 바다도 건너야 한다. 칠흑 같은 어둠도 지나야 하고, 해밝은 광명의 날도 만나야 한다. 폭풍우 몰아치는 들길도 지나야 하고, 설한풍 몰아치는 산길도 걸어야 한다. 삶은 고난이다. 때문에 항상 대비정신이 필요하다.

언제 어디서 당할지 알 수 없는 함정들이 인생길 곳곳에 수없이 도사리고 있다. 잠시라도 방심하면 넘어질 수도 있고, 자빠질 수도 있다. 순간의 잘못으로 천길 나락으로 추락할 수도 있고, 간발의 차로 다잡은 행운에서 벗어날 수도 있다. 언제나 긴장하고 마음의 준비가 필요한 게 삶이다. 선인들은 "돌다리도 두들겨보고 건너라"고 가르쳤다. 예고 없이 닥칠 환란에 대비하라는 有備無患(유비무환)의 교훈이다. 마음속에 준비가 되어있으면 근심이 없다. 몇 번을 강조해도 넘침이 없는 말이다. 매사에 자신이

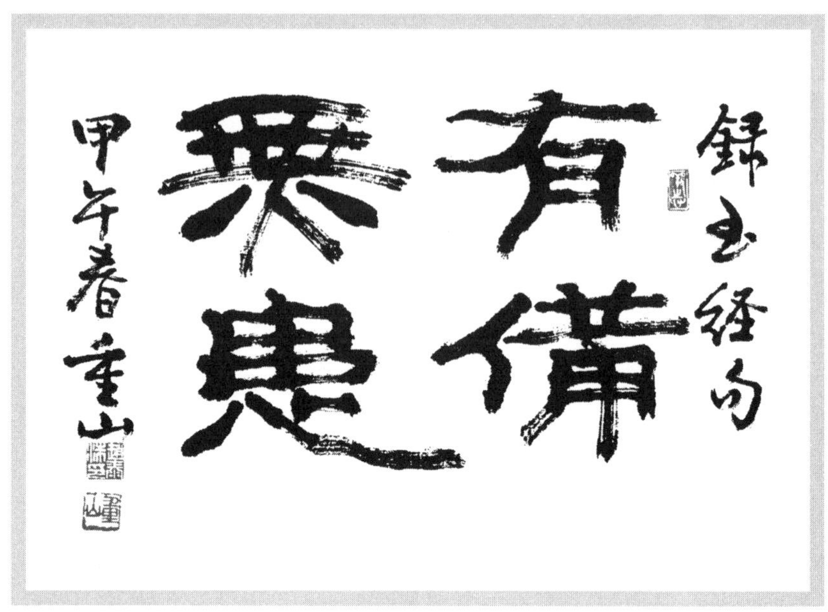

있을 때는 걱정이 없다.

사람이 살아가는 길은 크게 두 갈래다. 첫 번째 길은 눈으로 직접 확인하며 가는 비교적 쉬운 길이다. 걸어서 가고, 자동차 타고 가고, 비행기 타고 가는 형이하학적(形而下學的)인 길이다. 부산으로 가고, 서울로 가고, 또는 고향으로 가는 길이다. 두 번째 길은 눈으로는 확인할 수 없는 난해한 길이다. 오로지 생각으로만 찾아가야 하는 길이다. 성공의 길, 해탈의 길, 영광의 길, 행복의 길, 구도의 길 등 형이상학적(形而上學的)인 길이다.

형이상학적인 길에는 몰락의 길, 타락의 길, 파멸의 길 등 불행의 길들도 함께하고 있다. 때문에 점검하고, 정비하고 또 확인하고…. 유비무환의 교훈은 더욱 절실하고 소중하다. 형이상학적 길은 정신적으로 걸어야 하는 수양정진의 길이고, 형이하학적 길은 육체적으로 걸어야 하는 노력의 길, 인고의 길이다. 살면서 피할 수 없는 두 길 모두가 평탄치 못하다. 평소에 각오와 준비 없으면 언제 어디서 무슨 변고가 일어날지 예단할 수 없는 인생길이다.

인생은 누구나 연습 없이 태어난다. 내일은 무슨 일이 닥칠지 한치 앞도 모른다. 예언가도, 점술가도 미래를 아는 사람은 아무도 없다. 그들이 말하는 것은 우연의 일치일 뿐이고, 혹세무민이다. 때문에 사람은 항상 새롭게 닥칠 미래를 생각하고 대비해야 한다. 좋은 일이 있으면 반드시 궂은일도 따르게 마련이다.

날씨 흐릴 때 우산 챙겨들고 나가는 것은 비 올 때를 대비(對備)하기 위함이다. 지갑 속에 얼마간의 용돈을 챙겨 다니는 것도 언제 어디서 어떻게 필요할지 모르는 일에 대비하기 위함이다. 열심히 지식을 배우고 지혜를 닦는 일도, 알 수 없는 미래의 처지를 대비하기 위함이다. 준비가 되어있으면 언제라도 근심이 없다. 살면서 근심이 없다는 것은 바로 우리가 추구하는 최고의 가치, 행복이다. 삶이란 누구나 행복 한 가닥 찾기 위한 경쟁이다.

학자가 학문을 연구하는 일이나, 기술자가 기술을 연마하는 일, 또는 농부가 농사를 짓는 일도 모두 미래의 행복을 찾기 위한 방법이다. 사람마다 얼굴이 천태만상이듯, 사는 행위 또한 천만가지다. 책상 앞에 앉아 손가락 하나만 까닥거리는 사무직 근로자도 있고, 시뻘건 쇳물 철철 흐르는 용광로 앞에서 종사하는 근로자도 있다. 어느 직업에도 장단점이 따르듯, 각양각색의 사는 방법들마다 평탄하지 않다. 어떤 조건에서 살든 항상 누구에게나 실수나, 위험은 따른다. 때문에 실수나 위험을 대비하는 일은 행복을 위한 최상의 지혜다.

실수나 위험은 예고가 없다. 언제나, 어디서나 불시에 나타나는 게 사고이듯, 언제나 대비가 필요하다. 자식을 낳고, 키우고, 가르치는 것도 엄격한 의미에서 미래를 대비함이고, 용돈을 아껴 저축하는 것도 만약의 미래를 대비하기 위한 有備無患이다.

인의예지
仁義禮智

유교에서는 사람이 갖추어야 할 네 가지 덕목을 사단(四端)이라 한다.

惻隱之心仁之端也(측은지심인지단야) : 측은하게 여기는 마음은 인(仁)에 이르는 단서가 되고, 羞惡之心義之端也(수오지심의지단야) : 부끄러움을 아는 마음은 의(義)에 이르는 단서가 된다.

辭讓之心禮之端也(사양지심예지단야) : 사양하는 마음은 예(禮)에 이르는 단서가 되고, 是非之心智之端也(시비지심지지단야) : 시비를 분별하는 마음은 지(智)에 이르는 단서가 된다.

유교의 사단(四端)은 인(仁), 의(義), 예(禮), 지(智)를 의미한다.

고통으로 괴로워하는 사람을 불쌍히 여기는 측은지심(惻隱之心)은 인(仁)에서 비롯되고, 당당하지 못한 일에는 부끄럽게 생각하고, 의롭지 못한 일에 분노하는 수오지심(羞惡之心)은 의(義)에서 비롯된다. 또 남을 위하고 나를 낮추며 양보, 사양하는 사양지심(辭讓之心)은 예(禮)에서 비롯되고, 옳고 그름을 분별하고 선과 악을 깨닫게 하는 시비지심(是非之心)은 지(智)에서 비롯된다고 하였다. 때문에 仁義禮智(인의예지)는 옛 부터 삶의 덕목이었고, 교훈이었기에 집집마다, 또는 직장마다 액자

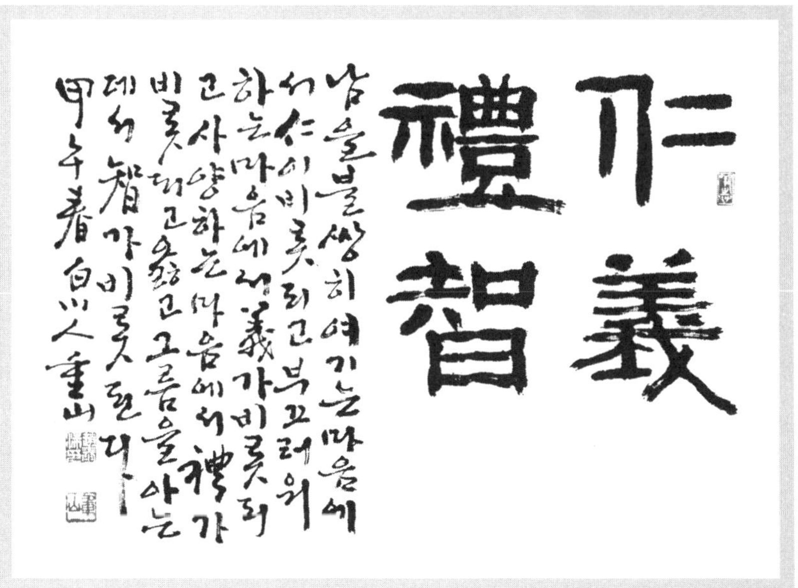

현판(額子懸板) 되어 지침으로 걸리기도 했다.

이제 세태는 변했다. 문명과 풍요 속에 밀려든 교활해진 인심들이 仁義禮智(인의예지)를 묻어버렸다. 나아서 키우고, 가르쳐서 직업 찾아주고, 성장시켜 결혼시켜주면, 부모자식도 남이 되는 세태가 됐다. 진자리 마른자리 가려 키우고, 손마디 피멍들고 허리가 휘도록 가르쳐, 직장까지 진출시켜야하는 부모의 무한적 헌신책임만 강요되고 있을 뿐, 늙어진 부모들에 대한 자식들의 봉양이나 효도책임은 거의 없어졌다. 부모가 나이 들어 이용가치나 존재가치가 없어지면 서슴없이 요양원이나 양로원으로 내쫓아버리는 세태가 됐다.

이젠 불효도 아니고 효도 아닌 의례적이고, 또 관행적인 세태가 돼버렸다. 현대판 고려장이 그럴듯한 구실로 성행하고 있다. 늙어 병들어 요양원으로 들어가면 다시 집으로 돌아올 수 없는 게 현실이 됐다. 현대판 고려장이 성행되고 있다. 국가의 정책과 사회제도가 그렇게 유도하고 있다. 정부가 지원금을 대주며 양로원도 늘리고 요양원도 늘려가고 있다.

남녀 차별 없는 사회제도가 개방, 확대되고 있다. 아녀자가 일터에 나가 남자들과 똑같은 대우를 받는다. 남녀평등주의를 넘어 이젠 여성상위시대가 됐다.

산아제한으로 산업현장의 동력인 젊은이들이 줄어들고 있는데다, 남녀 젊은이들이 필요한 산업현장은 계속 확장되고 있다. 비례적으로 늙은이들은 증가하고 있다. 삶의 질이 높아지면서 생존수명도 높아지고 있기 때문이다. 아들 혼자 벌어서는 생활 할 수 없다는 현실에 며느리까지 직장으로 나가야한다. 늙은 부모들도 仁義禮智(인의예지)만 고집할 수 없는 것 또한 현실세태다. 소외감을 견디다 못해, 늙은 부모들 스스로가 양로원이나 요양원을 선택하는 사례도 많아졌다. 젊은이도 세월가면 늙어지건만….

그러나 늙어질 것을 생각하는 젊은이들은 없다. 나도 그랬다. 만년청춘으로 착각하고 살다보니 어느 날 내가 이 꼴이 됐음을 이제야 깨닫는다. 먹고산다는 핑계로 부모님 고향에 두고 객지로 나와 허겁지겁 살다보니 늙어가는 부모님 농사일로 고생하다 돌아가시게 했다. 내가 늙어져 부모님 나이가 되니 비로소 불효를 깨닫는다. 나부터 그랬기에 그 죄값은 당연히 나부터 받아야 한다.

사회적 양극화 현상은 더욱 커지고 있다. 모든 게 돈으로 해결되는 금전만능세태다. 돈만 가지면 양로원, 요양원에 가서도 살 수 있다. 손자손녀도 보고 싶지만 늙은이들의 미련일 뿐이다. 그놈들도 사는 방법을 찾아야 하기 때문에, 학교 끝나면 사설학원 이곳저곳을 헤매야 한다. 마음껏 뛰놀고 커야 할 청소년들에게 미래에 대한 압박감으로 족쇄가 채워지는 걸 보면 안타깝다. 어허라! 仁義禮智(인의예지)는 늙은이들만의 구호가 됐다.

인자위덕
忍者爲德

"참을 인(忍)자 셋이면 살인(殺人)도 면한다."는 속담이 있다. 전후좌우 사정을 생각지 못한 채 매사에 성급한 결단으로 후회를 반복하는 성미 급한 사람들이 깨달아야 할 교훈이다. 바로 나를 두고 한 말 같다. 하지만 각박해진 요즘 세상에서 참고만 살다보면 생각 부족한 멍청이 취급받기 십상인 사례도 적지 않다.

옛날이야기 한 토막을 인용해본다. 重山 趙泰洙선생(한국서도협회 대전충남지회장)의 한묵기행(翰墨紀行)에 적힌 얘기다. 한적한 고을에 가난한 젊은 부부가 살았다. 가난에 견디다 못한 남편이 어느 날 비장한 결심을 한다. 산골 밭뙈기나 다랑치 논농사만으로는 숙명처럼 물려받은 가난을 도저히 벗어날 수 없다는 결심을 아내에게 말한다.

"내가 대처로 나가 돈을 벌어올 테니, 그동안 고생스러워도 집안일 돌보며 몇 년 만 참고 기다리라"는 약속을 남기고 남편은 홀연히 떠난다. "고생해도 같이 살자"며 완강하게 만류하던 아내도 워낙 가난에 찌든 남편의 굳은 결심에 승복했다. 남편은 집을 떠나 연고도 없는 타향객지에서 홀홀 단신으로 온갖 고생을 참고 견디며 오직 아내 생각과, 돈벌이 생각만

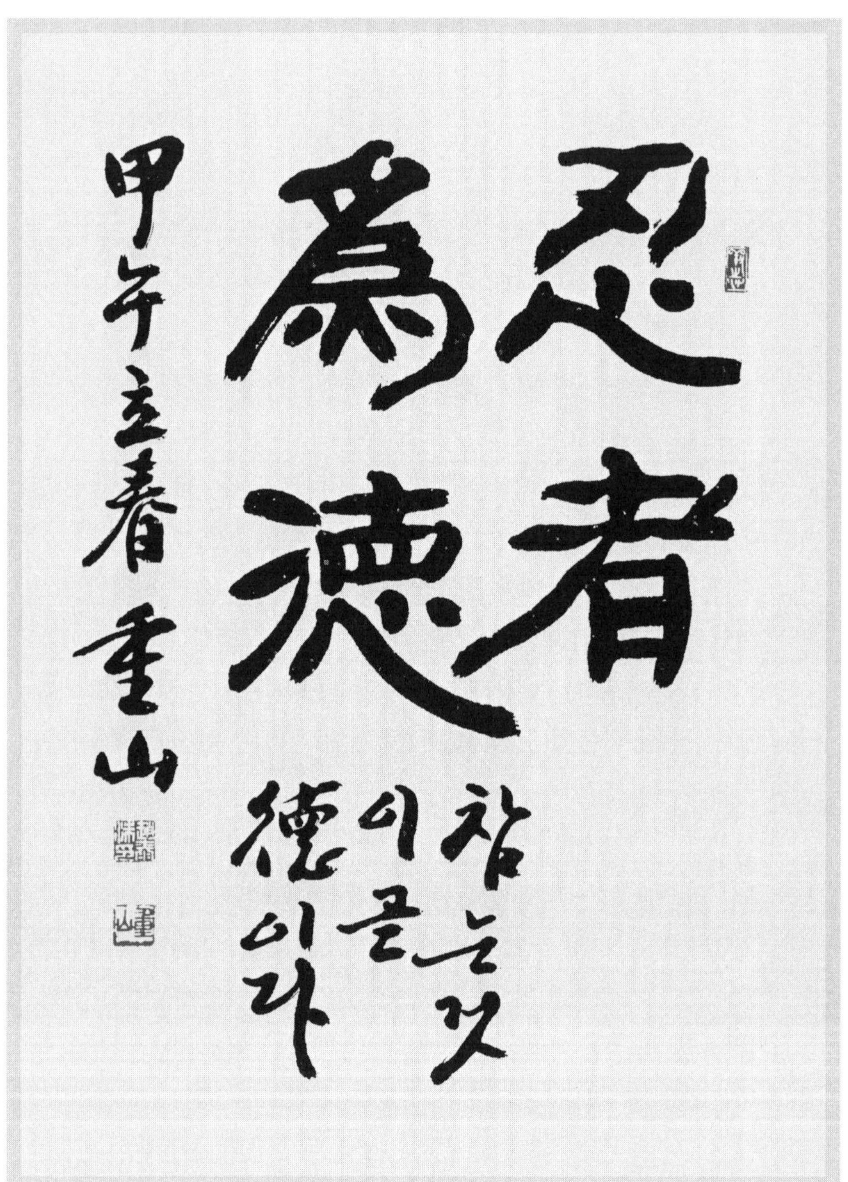
忍者爲德
참는것이 곧 德이라
甲午立春 重山

으로 10년 세월을 보냈다. 그러던 어느 날 통장을 모아놓고 계산해보니 티끌모아 태산이라고, 이만하면 아내 곁으로 내려가 행복한 생활을 할 만큼 제법 큰돈이 모아졌다.

10년 전 아내와 약속했던 '행복'을 꿈꾸며 먼 길도 마다않고 며칠, 몇 밤을 걸어서 다시 집으로 돌아왔다. 당도한 시간은 적막한 삼경이었다. 고요한 밤, 꿈에도 그리던 아내 곁을 찾아드니 만감이 교차했다. 교교한 달빛에 허름하게 주저앉은 초가삼간, 옛 모습 그대로다.

소리 없이 사립문 밀치고 집안으로 들어서니 사랑하는 아내의 체취가 어스름한 달빛 내려앉은 뜰 안 구석구석에서 가슴을 흔든다. 그동안 혼자서 집을 지키며 고생해온 아내를 연상하며 살금살금 토방까지 오른다.

이게 웬일인가. 방문 앞 댓돌 위에 아내의 신발과 나란히 놓인 남정네 신발을 보는 순간 피가 거꾸로 선다. 아니 이럴 수가! "나 없는 사이, 아내가 딴 남자와 정분이 났구나." 싫어 타향살이 10년 동안의 고생이 분노로 변한다. 부엌으로 들어가 식칼을 가슴에 품고 방문을 벌컥 열고 들어가니 아내 곁에는 분명 한 남정네가 자고 있었다. 하늘이 무너져 내리는 충격으로 가슴에 품었던 식칼을 꺼내들고, 아내도 죽이고 남정네도 죽이고 나도 죽자고 다짐하는 순간이었다.

신의 계시였나. 10년간 객지에서 모진고생 참아내기 위해 가슴 속에 묻고 있던 忍者爲德(인자위덕)이란 사자성어가 번뜩 떠올랐다. 어렸을 때 할아버지에게서 배운 마음의 양식이었다. 그러나 그 꼴을 보고 참을 수가 없이 한숨 몰아쉬며 다시 칼을 치켜드는 순간, 아내가 잠에서 깨어나 불을 밝히자, 아내 옆에 잠자던 남정네는 남자로 가장한 그의 처제였다. 그의 아내는 남편이 집을 비운 동안 친정 동생을 데려다가 남장을 시켜 같이 자고, 방문 앞 댓돌 위에는 언제나 남자신발을 놓아두었던 것이다. 칼을 집어던진 남편은 놀라운 아내의 지혜도 생각지 못한 채 엉뚱한 오해로 경거망동한 자신의 잘못을 또 한 번 뉘우쳤다.

만약 격분의 순간을 참아 넘기지 못했더라면 세 사람의 목숨을 잃을 뻔 했던 순간이었다. 경거망동으로 발산하는 혈기와 격분, 흥분과 분노는 자칫 큰일을 만들기 일쑤다. 세상을 살다보면 흥분하고 분노하며 핏발세울 일이 어찌 한두 번 이던가. 특히 인정이 각박해진 요즘세상 삶이란 거의 날마다가 아귀다툼이고 분쟁이다. 아침에 일어나 심호흡하며 오늘은 또 무슨 일이 닥칠지 걱정하게 된다.

그럴 때마다 마음속에 〈참을 인(忍)〉자를 새겨 넣는다. 서로가 조금씩 참는 일은 이웃과 사회에 덕(德)을 베푸는 일이다. 忍者爲德(인자위덕)을 다시 한 번 다짐해본다.

자강불식
自强不息

19살 가녀린 처녀의 몸으로 리듬체조 분야 세계정상을 눈앞에 둔 손연재 선수의 경기장면을 TV에서 보았다. 문어발처럼 유연한 몸동작, 신음이 토해질 만큼 아슬아슬한 묘기…, 신의 경지를 방불케 했다. 그가 바로 대한의 딸이기에 더욱 자랑스럽다.

또 지난번 런던올림픽에서 스케이팅종목에서 금메달을 목에 걸고 대한민국의 위상을 드높였던 김연아 선수 역시, 아슬아슬한 고도의 묘기로 TV앞에 앉았던 모든 시청자들의 손에 땀을 쥐게 했던 자랑스러운 대한의 딸이다.

그만큼 고난도의 기량이 축적되기까지 연약한 소녀의 여린 마음에서 겪어낸 고통과 시련은 얼마였을까. 또 감수성 예민한 시기에 정신적, 육체적 고통을 참아내며, 오로지 세계정상을 향한 비수 같은 결심으로 온몸 비틀어 연마, 또 연마로 죽을 힘을 쏟았을 것을 연상하면 울컥 애처로움까지 치민다.

어찌 손연재 선수나, 김연아 선수뿐일까. 수십억 세계인구 속에서 뽑혀온 도전자, 경쟁자 모두 물리치고 정점으로 솟구쳐 영광을 획득한, 각종

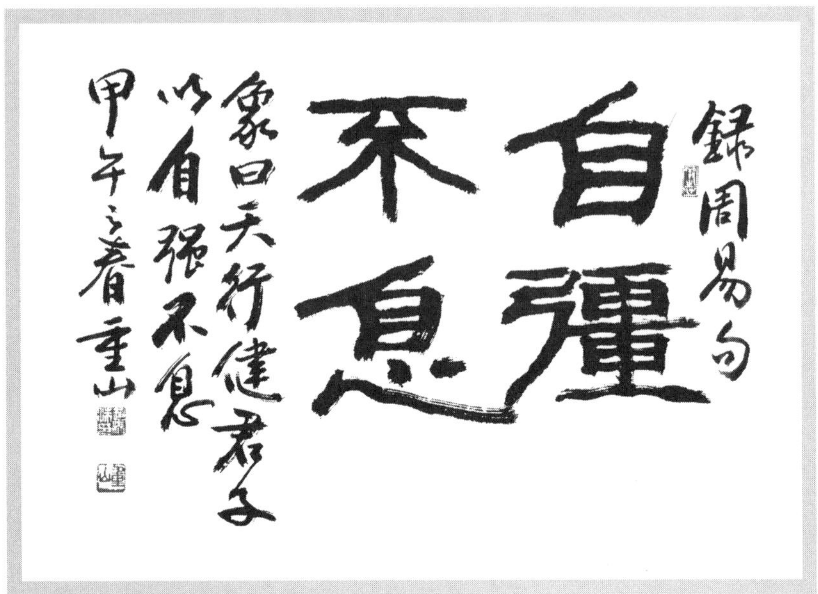

분야의 승리자들…, 영세 상인으로 시작해 세계시장을 주름잡는 1등 기업들…, 역경을 딛고 갈고 닦은 집념으로 세계적 1등의 금자탑을 세운 석학들…. 박수를, 또 박수를 보낸다.

그들을 세계정상으로 끌어올린 영광의 기반은 무엇이었을까. 여러 가지 요인들이 많겠지만, 그중서도 가장 핵심요인은 끊임없는 노력정신과 집념일 것이다. 예부터 우리에겐 "노력은 성공의 어머니"라는 명언절구(名言絶句)가 전해지고 있다. 정신일도하사불성(精神一到何事不成)란 말도 있다. 정신을 모아 노력하면 어떤 일도 성공할 수 있다는 교훈이었다.

노력 없이 성공한 사람은 아무도 없다. 타고난 자질이 아무리 총명하다해도 끊임없이 노력하는 집념을 이기지는 못했다. 거북이와 토끼의 경주를 빗댄 우화도 있다. 재주나 총기를 믿고 자만에 빠져 노력하지 않는 사람은 결코 성공하지 못한다는 경종이었다.

노력은 하고자하는 집념이 따라야 한다. 비록 중국의 우화(寓話)지만 산을 두 개씩이나 옮겨 놓은 우공이산(愚公移山)의 집념은 노력을 가르치는 교훈적 의미가 크다. 자신이 세운 목표를 달성하기 위해서는 끊임없는 노력과 집념이 절대 필요하다.

학문이나, 예술, 또는 사업 등, 어느 분야도 마찬가지다. 집념으로 노력하지 않고는 성공할 수 없다. 노력은 우선 내 마음 속에 도사리고 있는 게으름과의 싸움이다. 태만과의 싸움에서 이겨내지 못하면, 성공은 꿈으로만 끝나고 만다.

때문에 성공하는 길은 "내가 나와 싸워 이기는 길"이다. 게으름과 싸워 내가 이길 수 있는 내 마음의 힘을 쉼 없이 강화해야 한다. 쉬지 않고 끊임없이 내 마음을 강화하는 훈련이 바로 自彊不息(자강불식)이다. 끊임없이 마음을 강화하는 수양이 바로 '나와의 싸움'이다.

싸움 없는 인생은 없다. 삶은 모두 싸움이다. 입시경쟁에서부터, 취업경쟁, 승진경쟁 등…. 또 생존경쟁에서부터 논쟁, 투쟁, 정쟁, 당쟁 등…, 범죄와의 전쟁, 더위와의 전쟁, 질병과의 전쟁 등…, 선과 악의 전쟁, 사랑과 증오의 전쟁, 행복과 불행의 전쟁 갈등과 고뇌의 전쟁 등 숱한 전쟁 속에서도 게으름과의 전쟁은 인생의 성패를 좌우한다.

때문에 나를 강하게 하는 노력은 잠시도 게을리 해서는 안 된다. 인생의 성패가 달린 기로의 전쟁이다. 손연재 선수가 자질만으로 성공한 게 아니고, 김연아 선수가 자질만으로 세계정상의 영광을 차지한 게 아니다. 우선 내가 나를 이긴 인간 집념의 승리다.

순간도 방심하지 않고 나와의 싸움에서 이겨낸 값진 결과다. 自强不息(자강불식)의 집념이 일구어낸 승리다. 감수성 예민한 사춘기, 하고 많은 유혹과 호기심 모두 물리치고 쌓은 금자탑이기에 그 빛은 더욱 자랑스러운 영광이 아닐 수 없다.

자승자강
自勝者强

勝人者有力(승인자유력) : 남을 이기는 사람은 힘이 있다.

自勝者强(자승자강) : 나를 이기는 사람이 진정한 강자이다.

중국고대 사상가이며 도가(道家)의 시조인 노자(老子)가 이른 말이다. 후세 석학들도 "인간 최대의 승리는 내가 나를 이기는 것"이라고 했다.

인생 최대의 전장, 인간승패의 전장은 바로 내 속에 있다는 의미다. 예부터 삶은 전쟁이라고 했다. 생존경쟁이라는 근본부터 그렇다. 바로 나와의 전쟁이 가장 큰 전쟁이다.

평화와 행복을 떠들지만, 평화도 행복도 전쟁 없이는 불가능한 이율배반적 수사(修辭)다.

남과의 전쟁은 힘으로 이길 수 있지만, 나와의 전쟁은 힘보다 무서운 정신이다. 프랑스 소설가 '빅토르 위고'는 "인간의 3가지 싸움"을 들었다.

첫째는 자연과의 싸움이다. 계절별로 싸움의 요인들이 많다. 그러나 인간이 자연을 이길 수는 없다. 다만 극복하고 살려는 노력뿐이다. 인간은 결국 죽는다. 자연 앞에서 패배한다.

둘째 인간과 인간끼리 싸움이다. 개인과 개인끼리, 집단과 집단끼리,

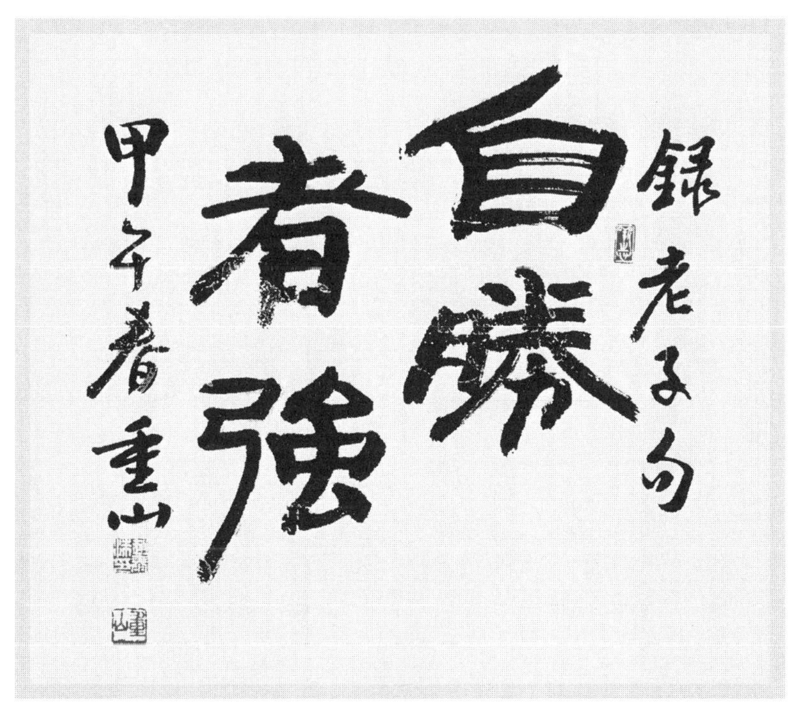

나라와 나라끼리, 계급과 계급끼리, 심지어는 물리적, 정신적 싸움까지, 싸움의 양상은 다양하다.

셋째는 자기와의 싸움이다. 선과 악의 싸움이다. 양심과 욕심의 싸움이고, 본능과 이성의 대결이며, 이상과 현실의 대결이고, 영(靈)과 육(肉)의 싸움이다. 싸움 중에 가장 어려운 싸움이다. 구도자도, 도인도, 종교인도 모두 똑같은 나와의 싸움이다. 또 인간들만이 하는 내면의 싸움이다. 인간은 양심을 가진 인격적 존재요, 이성을 지닌 도덕적 존재이기 때문이다. 동물들은 자기와의 싸움이 없다. 서로 간 약육강식의 본능적 투쟁만 있을 뿐이다.

내가 나하고 싸움은 죽는 날까지 계속된다. 인생동안 하루도 쉬는 날 없다. 하루하루 세상이 달라지고 있기 때문에 생각도 달라지고, 행동도 달라져야 한다. 삶의 길엔 많은 유혹의 함정과 걸림돌이 도사리고 있다.

누구나 명예 앞에 흔들리고 권력 앞에 무너지기 쉽다. 인간의 마음은 선에 물들기보다 악에 오염되기 쉽다. 바로 내가 나하고 싸워야하는 이유다. 참된 자기, 착한 자기, 정의의 인간이 되기 위한 도덕적 싸움이다. 마음속에서 벌어지는 소리 없는 싸움이다.

부지런한 사람이 되기 위해서는 게으름과 싸워야 하고, 선한 사람이 되려면 악한 유혹과 싸워야 하며, 정의로운 자가 되기 위해서는 부정한 마음과 싸워야 한다.

누구나 일생동안 자기와의 싸움은 면할 수 없다. 만약 자기와의 싸움이 없다면 인간도 동물과 다를 바 없다. 자기와의 싸움에서 지면 인간은 동물도 아니고 마물(魔物)이 된다. 부정과 긍정의 싸움은 착한사람도 되고 악한사람도 된다. 착한사람과 악한사람의 인격 차는 천양지판이다.

인간이 사는 목적은 수준 높은 인격을 찾기 위함이다. 선인이 되고 의인이 되고, 또 군자가 되고, 성인이 되는 길은 자기와 싸워서 이기는 길뿐이다. 힘만 가지면 남을 이기기는 쉽다. 그러나 나를 이기는 것은 어렵다.

철학자 안병욱 박사는 "남과 싸워 이기는 사람은 그 사람보다 강할 뿐이다. 그러나 자기와 싸워서 이기는 사람은 가장 강한 사람"이라고 했다.

중국 명나라의 철학자 왕양명(王陽明)도 파산중적이 파심중적란(破山中賊易 破心中賊難)을 읊었다. "산 속에서 만나는 도적은 격파하기 쉽지만, 내 마음 속의 도적은 물리치기 어렵다"는 의미다. 세상에 극기(克己)처럼 어려운 것은 없다.

自勝者强(자승자강), "나를 이기는 자가 진정한 인생의 강자다" 남한테는 이겨도 자기 자신에게는 지는 사람이 이 세상에 얼마나 많은가. 내가 나를 이기는 길은 오로지 나만의 길이다. 自勝者强 또 한 번 되뇌어본다.

적 선 성 덕

積善成德

덕(德)은 누구에게나 무형의 자산이다. 살면서 쌓고 베푸는 일에 德만한 가치가 없다. 德은 만층(萬層)을 쌓아도 무너짐이 없다. 그러나 아무리 크고 많은 德이라도 위선(僞善)이 끼어들면 하루 아침에 무너져 욕(慾)으로 변한다.

덕은 기능적 개념인 동시에 도덕적 개념이다. 덕을 기능적 개념으로 강조한 것은 서양사상이고, 도덕적 개념으로 강조한 것은 동양사상이다. 선생의 기능은 학생들을 가르치는 것이다. 농부의 기능은 농사를 하는 것이다. 또 의사의 기능은 고통 받는 환자들을 위해 열심히 인술을 펴는 것이다.

열심히 잘 가르쳐야 선생으로써의 德이 쌓이고, 농작물을 열심히 가꾸어야 농부로써의 德이 쌓인다. 열심히 인술을 펴야 의사로서의 덕을 쌓는 것이다. 德은 각자의 분야에서 맡은 일을 열심히 하는 것이 서양사상에서 말하는 德의 개념이다.

그러나 유교권(동양)에서 德의 개념은 다르다. 도덕적, 윤리적 개념이다. 善을 행할 수 있는 능력이다. 또 도덕적 품성을 지닌 인간으로서 바르

고 어질어야 한다. 남을 감동시킬 수 있는 훌륭한 인격이어야 하고, 바르게 살 수 있는 도덕적 자질을 이른다. 즉 남에게 은혜를 베풀 수 있는 능력이다. 도덕적 우수성과, 정신적 탁월성이 동양의 德이다.

德은 지배력을 갖는다. 말이 없어도 많은 사람들이 존경하고 따른다. 따르는 사람 없는 德은 德이 아니다. 德은 나를 이길 수 있는 힘이고, 남을 따르게 하는 사랑이고, 악을 물리치고 바르게 갈 수 있는 정의이며, 총명한 사리판단의 지혜고, 스스로 낮출 수 있는 겸손이며, 남과 어울릴 수 있는 협동이고, 훌륭한 일을 성취할 수 있는 용기다.

귀로 듣는 지식만으로는 德이 될 수는 없다. 德은 스스로 체험하는 것이요, 체험으로 얻는 것이다. 근면이란 德을 갖추기 위해서는 근면한 행동을 반복하면서 내 생활에 습관이 되고, 성격이 돼야 한다. 德은 정신적 수양과 육체적 노력의 산물이다. 나와의 싸움 없이 德은 쌓일 수 없다. 德은 인격의 뼈대요, 사람에게 가장 중요한 근본이다.

德의 스승인 孔子는 "德不孤 必有隣(덕불고 필유인 : 덕이 있는 사람은 반드시 이웃이 있어 외롭지 않다)"고 말했다. 사람이 살면서 반드시 德을 쌓아야 하는 이유다. 재주보다는 德의 자리가 높다. 덕은 재능을 지배한다. 만일 재능이 덕을 지배하면 반드시 불행을 초래한다. 재승박덕(才勝薄德)이란 말이 있다. 재주가 뛰어난 사람은 德이 부족하여 번번이 실패한다. 그러나 재주와 덕을 겸비하면 큰 인물이 된다.

德은 흥하는 길이고, 不德은 망하는 길이다. 때문에 도덕은 모든 사업의 기초다. 기초가 부실하면 아무리 좋은 생각, 좋은 사업이라도 무너진다. 신용을 지키고, 부지런하고, 책임감 있으면 그 이상의 튼튼한 기초는 없다. 영고성쇠의 이치도 도덕이다.

개인의 성공과 회사의 발전, 국가의 발전도 도덕정신이 기초다. 치덕(治德)은 인간의 최고 무기요, 최대의 보배이며, 최강의 힘이고, 또 최선의 자본이다. 자기나라의 정체성까지 짓밟아가며 내란음모나 꾸미는 일부 종북 정치인들이 반드시 깨달아야 할 사항이다.

德은 신이 내려준 인간 최고의 가치이고, 최고의 과제다. 인간의 성패를 좌우하는 게 덕이다. 때문에 열심히 배우고, 쌓고, 기르고, 닦고, 행하는 것이 인간의 목표이고 도리다.

德은 사람이 사람다워지는 길이다. "積善成德(적선성덕)"이란 사자성어가 있다. "착함이 쌓이면 德이 된다."는 의미다. 꾸준하게 善을 쌓아 德을 이루라는 교훈이다. 공자는 君子의 덕으로 지인용(知仁勇)의 삼덕을 꼽았고, 맹자는 인의예지(仁義禮智) 사덕을 꼽았다. 孔子나 孟子 모두가 德을 중심사상으로 인간의 바른 길을 훈도했다. 사악해지는 세태에 積善成德(적선성덕)은 오늘의 교훈이다.

절차탁마
切磋琢磨

단정하듯 차분하고, 무던하듯 수수하고, 또 깊은 듯 조용함이라니…, 내색을 가볍게 드러내지 않으니 성정이 차분하고, 꾸미고 가꿔서 화려함이 없어도 외모가 단정하며, 또 언사나 행동을 함부로 내뱉지 않으니 누구에게나 공손하다. 감히 누가 그에게 함부로 손가락질하고 쉽게 험담을 던지랴. 스스로를 갈고 닦은 수양(修養)의 가치가 아니던가. 갈고 또 갈고, 익히고 또 익혀서 실수 없이 바르게 사는 지혜의 가치….

오직 자식교육에 한마음뿐이던 한석봉의 어머니는 눈을 감고도 자로 잰 듯 떡을 썰었고, 음악을 향한 집념의 악성(樂聖) 베토벤은 세상의 소리를 듣지 못하면서도 피아노 건반 위에서 영혼의 소리를 만들어냈다.

반짝이는 생각들을 거듭하며, 잠시도 쉼 없이 나 자신을 스스로 자르고, 깎고, 갈고, 또 닦아서 만드는 수양…. 보이지 않는 내면에 힘이 쌓이고 또 쌓이는 동안 노련해지면서 만들어지는 치열한 인고(忍苦)의 세계. 그게 바로 切磋琢磨(절차탁마)가 만들어내는 덕행(德行)이 아니던가. 함부로 살지 않기 위해 자기를 열심히 갈고 닦는 인생수양….

錄詩經句

切磋琢磨

자르고 깎고 닦아서 빛을 낸다

甲午春 重山

비록 약하지만 권력에 아부하지 않는 당당함, 또 부귀영화 누리면서도 가난한 민초들에게 절대로 교만하지 않은 마음씨…, 이 또한 갈고 닦은 수양 없이는 실천할 수 없는 덕행이다. 함부로 열어 보일 수 없는 마음, 천방지축 아무렇게나 살 수 없는 소중한 인생.

겨울이면 추워야하고, 여름이면 더워야하는 자연의 이치를 깨달아 순응하고, 또 고추는 매워야하고, 씀바귀는 써야하는 당위성에 고개를 끄덕일 줄 알아야 한다.

배우는 것은 자연의 이치를 역행하려 함이 아니다. 다만 자연의 이치대로 사는 법을 수련하는 것이다. 그게 진정한 지혜이고, 인생의 수양이다. 지혜를 깨달으려는 노력이 切磋琢磨(절차탁마)다. 배움을 자랑하며, 아는 바를 함부로 떠들어대는 경솔함은 범부(凡夫) 졸부(拙夫)의 행태일 뿐이다.

덕행은 소리 내지 않는 혼자만의 실천이고, 아무도 보이지 않는 내면의 단련이다. 아무리 재주가 비범하다 해도 내면의 당당함과 통제력이 없으면 속절없는 허수아비다. 조용한 공간에 가부좌 틀고 앉아 눈감고 생각하는 것만이 수양하는 게 아니다. 세상의 유혹에도 흔들리지 않고 마음의 순수를 지키려고 노력하는 게 수양이다. 참고 견디고 스스로를 바르게 통제하는 것….

겨우내 혼자서 푸르러야하는 사철나무처럼 외로움도 알아야하고, 천하를 초록으로 통일하는 7월의 위력도 알아야 한다. 切磋琢磨(절차탁마)의 길은 아무나 쉽게 갈 수 없는 해탈의 과녁이던가, 아니면 천로역정(天路驛程)이던가….

인생이 태어날 때는 아무 것도 모르는 동물이다. 때문에 “인생 즉 수양(人生卽 修養)”이라고 했다. 평생을 배우면서 살아야하고, 일하면서 살아야 하며, 또 인격과 덕성을 연마하며 살아야 한다. 항상 마음을 갈고 닦는 것만큼 인생에서 중요한 과업은 없다. 갈고 닦으면 빛이 나고, 능력이 생긴다. 갈고 닦아서 아름다워지는 것은 보석뿐이 아니다. 행동과 처신을 바로세우기 위해 갈고 닦는 수양만이 인생을 위대하게 만든다.

비싼 수업료 내며 상급학교에 진학하고, 다투어 선진국으로 유학 가는 이유도 위대한 인간 되기를 꿈꾸기 때문이다. 열기 투기 끈기 정성 기백을 단련하기 위한 열정들을 모두 바친다. 切磋琢磨(절차탁마)는 눈물이고 땀이며, 인생의 영광이다.

종덕시혜
種德施惠

덕(德)은 높고 낮은 신분을 구분하지 않는다. 유식과 무식, 부자와 빈곤도 차별하지 않는다. 쌓을수록 겸손해지고, 나눌수록 많아지는 게 德이다. 형체도 없고 질량도 없지만, 누가 그 존재를 부정하는 이도 없다. 덕은 계량할 수도 없고, 산술로 계산하고, 기하학으로 도식화 할 수도 없지만 그 영향력은 대단하다.

마치 행복과도 같다. 행복은 누구에게나 차별이 없다. 그러나 누구에게나 똑같이 배급되는 것도 아니다. 누구라도 가치를 깨닫는 사람에게만 찾아온다. 욕심으로 쌓아놓을 수 없는 것도 행복이고, 나눌수록 많아지고 커지는 것도 행복이다. 행복은 아무에게나 찾아오는 요행이 없다. 반드시 내가 먼저 씨를 뿌려야 거두어드릴 수 있는 상대적 가치다.

種德施惠(종덕시혜)란 사자성어가 있다. 덕은 반드시 내가 먼저 심고(種德) 성실하게 가꾸는 데서 찾아오는 결과다. 이해타산이 없고, 어떤 조건도 없다. 양심과 정의, 의리와 믿음만으로 베푸는 시혜(施惠)다. 베풀면 베풀수록 커진다. 목마른 사람에게 물 한바가지, 배고픈 사람에게 밥 한 사발 나누어주는 것도 種德(종덕)이고, 施惠(시혜)다.

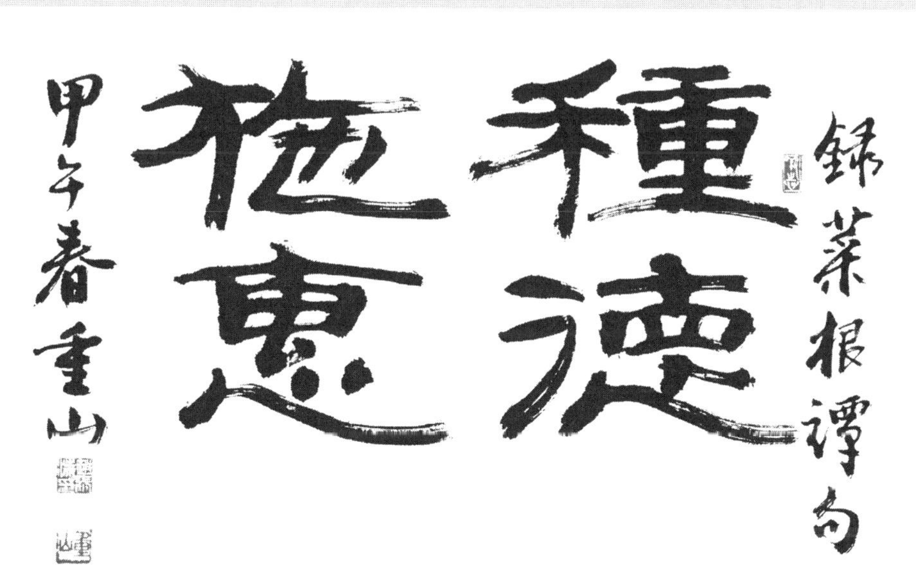

오늘 나는 무슨 德을 심고, 또 무슨 德을 베풀었는가, 스스로를 반성하며, 극도로 각박해지고 있는 요즘 세태를 돌아본다. 모두가 물질적으로 가진 것은 풍요로워졌다. 정부의 공식통계수치로 보면 매년 풍요의 수치는 늘어나고 있다. 특히 헐벗고 굶주리던 전란직후 시대에 비하면 물질과 문명의 풍요가 넘쳐난다.

그런데도 오히려 불행을 떠드는 행복역설론이 넘쳐난다. 정부정책에 대한 불만감을 고조시키기 위한 불순 세력들의 계획된 여론조작이다. 행복역설론은 평온한 민심을 상대적 바탈감으로 흔들어 국가에 대한 불만심리를 충동질하기 십상이다. 때문에 민심은 더욱 삭막해지고, 서로가 내 몫 챙기기 욕심경쟁만 더욱 심화되고 있다.

가진 자들 대부분이 불행한 이웃들을 도우려는 진정한 의리나 인정보다는 생색내기 매명(賣名)에 우선하는 교활함과 오만함 뿐이다. 물질문명이 풍요로워질수록 도덕적, 정신적 빈곤층은 더욱 늘어나는 세태가 됐다. 수양의 빈곤은 정신적 빈곤에서 드러나고, 정신적 빈곤은 인격적 빈곤에서 드러난다. 정신적 빈곤, 인격적 빈곤사회가 형성되고 있다.

예부터 "재산을 잃는 것은 조금 잃는 것이요, 명예를 잃는 것은 많이 잃는 것이다"라는 속담이 전한다. 인격이 재산보다 소중함을 깨우치는 교훈이다. 그러나 사람들은 소중한 교훈을 바람처럼 날릴 뿐이다. 명예는 곧 인격이다. 德을 쌓아 명예 지키기 보다는 재산 쌓아 명예 지키려는 부도덕적 역발상이 판을 친다. 種德施惠(종덕시혜)의 진실이 묻히고 있다.

권력도 마찬가지다. 가지고 있을 때는 말 한마디에 산천초목이 흔들렸지만, 권좌(權座)에서 끝나면 허무해진다. 따르는 사람도 없어지고, 측근들마저 등 돌리기 예사다. 권력에 취해 정신 속에 담아둔 種德施惠(종덕시혜)의 진실이 부족했던 때문이다. 부귀영화(富貴榮華)는 무상하다. 항상 내 곁에만 있어줄 것으로 착각하면 오산이다.

화무십일홍(花無十日紅)이요, 권불십년(權不十年)이란 선인들의 노래가 있다. 부귀영화도, 힘센 권력도 가지고 있을 때 덕의 씨앗을 뿌리고 베풀라는 심오한 의미의 노래다. 권력의 덕은 정의와 공정이다. 정의로운 권력, 공정한 권력일 때, 권력의 덕은 쌓인다. 우리 역사 속에는 물질적으로 빈곤했지만, 정신적으로 부자인 사람도 있다.

조선 초기 재상을 지낸 맹사성(孟思誠)의 청빈함이 그랬고, 황희(黃喜)정승이 그랬다. 정의로운 법치, 공정한 법치로 백성들에게 덕을 쌓았다. 청빈한 재상으로 역사에 전하는 種德施惠(종덕시혜)의 선구자다. 원칙과 지조를 소중하게 여긴 德의 재상들이었다. 오늘의 정치와 통치, 그리고 種德施惠(종덕시혜)를 또 한 번 생각해본다.

지 성 무 식
至誠無息

맹자를 성인(聖人)으로 길러낸 맹모삼천지교(孟母三遷之敎)는 수 천 년 길이 전하는 동서고금의 교훈이자, 至誠無息(지성무식)의 표상이다. 맹자를 훌륭한 사람으로 가르쳐내기 위한 어머니 정성을 그린 고사는 또 하나가 있다. 맹모단기(孟母斷機)다.

멀리 타향에 나가 공부하던 어린 맹자가 어머니가 보고 싶은 마음을 이기지 못해 느닷없이 집에 돌아왔다. 베를 짜고 있던 어머니는 베틀에 앉은 채 맹자에게 물었다. "그래, 글은 얼마나 배웠느냐."

덥석 끌어안고 반가워 해주실 것으로 생각했던 맹자가 냉엄한 어머니의 물음에 어리둥절한 채 얼떨결에 대답했다. "별로 배우지 못했습니다. 어머님" 맹자의 대답이 끝나자마자 어머니는 아연실색하며 짜고 있던 베틀의 날실을 가위로 싹둑 끊어버렸다.

맹모단기(孟母斷機)의 사연이다. 아무나 실천하기 어려운 엄격한 모정(母情)의 至誠無息(지성무식)이다. 어머니의 결연한 모습에 맹자가 깜짝 놀라 "어머니!"를 외쳤다. 그러자 어머니는 자상스런 본색으로 맹자의 머리를 쓰다듬으며 타일렀다.

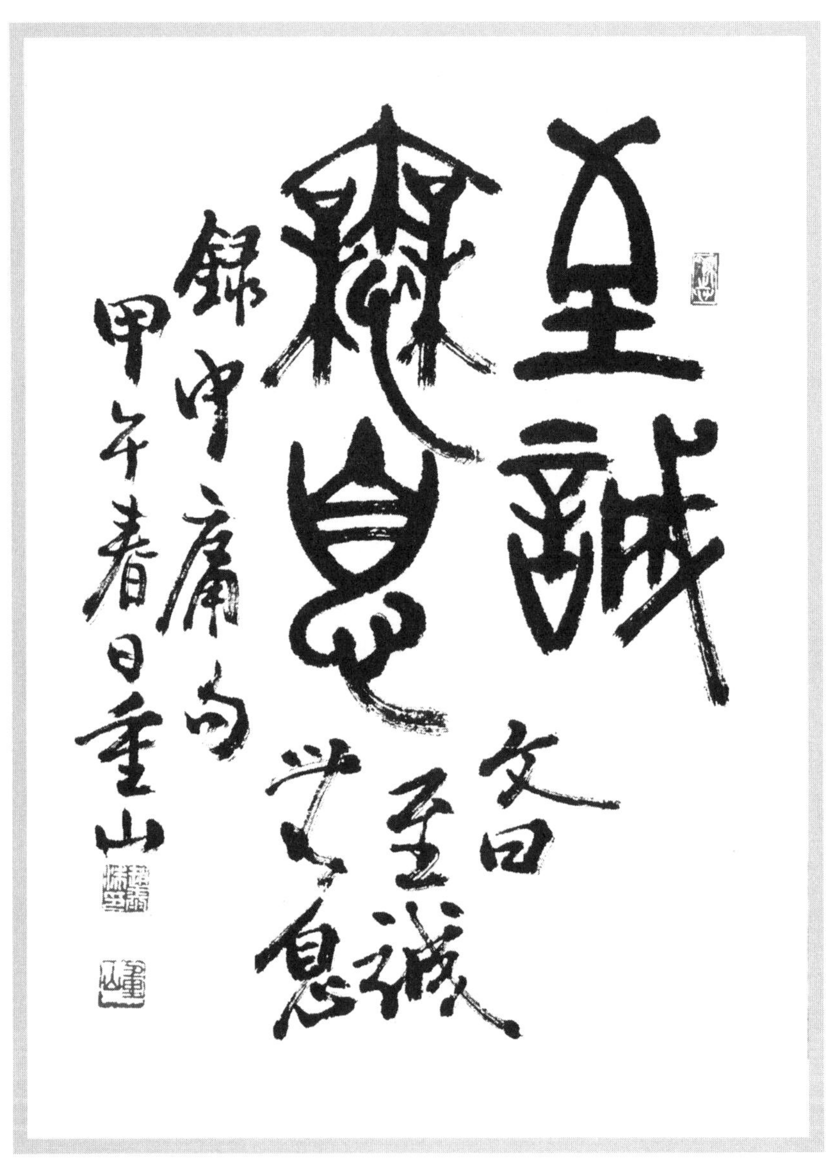
文曰 至誠無息
甲午春日 重山

"맹자야! 네가 중도에 공부를 그만두고 돌아온 것은, 지금 어미가 짜고 있던 이 베틀의 날실을 끊어버린 것과 다를 게 없다"고 설명했다. 어린 아들 맹자를 다시 스승 앞으로 떠나보낸 눈물겨운 모정의 일화다.

자식에 대한 어머니 정성은 잠시도 쉼이 없다는 至誠無息(지성무식)이다. 나를 태워 아들의 미래를 밝히고자 하는 치열한 모정의 촛불이다. 끊임없는 어머니의 정성에 맹자는 뒷날 세상의 등불 되어 수 천 년 빛나는 성인(聖人)의 이름을 지키고 있는 것이다.

끊임없는 지성과 열성으로 성공하고, 인생의 영광을 누리는 이치가 어찌 孟子에게만 해당되고, 학문에만 해당될 것인가. 숱한 좌절과 절망을 이기고 세계적 첨단산업의 선두주자로 우뚝 선 삼성그룹총수의 후일담 또한 우리의 교훈이 아니던가. 구운 고구마 3뿌리로 점심을 때우며 사업에 고심하던 고(故) 이병철(李秉喆) 회장님의 모습을 나는 신문기자시절 취재과정에서 직접 목격했다.

역사적으로 성공한 사람들 대부분이 열정과 정성을 끊임없이 태운 至誠無息(지성무식)의 정신으로 인생을 가꾸어온 사람들이다. 쉬지 않고 꾸준히 자신의 목표를 향해 열과 성을 다하였기에 남들과 차별화된 성공을 거둘 수 있었던 것이다.

당장의 성과가 눈에 보이지 않을지라도 마지막에는 반드시 성공에 이를 것이란 믿음을 놓지 않고 쉼 없이 쏟는 정성이 바로 至誠無息(지성무식)이다. 누구에게나 성공은 우연의 산물이 아니다. 눈물과 땀으로 엮은 쉼 없는 노력과 열성의 결정체다.

물질과 문명의 풍요를 누리고 사는 대한민국의 근대사도 온 국민이 함께한 지성무식의 사례에서 예외가 아니다. 반세기 전만해도 우리는 초근목피(草根木皮)로 연명했다. 풀뿌리 나무껍질이 양식이었다. 등 따습고 배부른 지가 얼마 되지 않았다. 오늘의 풍요를 이룬 역사의 근원은 박정희(朴正熙) 대통령이 시작한 새마을 운동이다. '새벽종이 울렸네, 새아침이 밝았네…' 로 시작되는 '새마을 노래' 따라 전 국민의 정성이 하나로 뭉쳐 일구어낸 금자탑이다.

운명적으로 물려받은 가난을 물리치기 위한 피나는 노력과 정성은, 일제침략과, 6 · 25남침전쟁으로 폐허가 됐던 강토위에 물질과 문명의 풍요를 세웠다. 국민 모두가 하나 된 至誠無息(지성무식)의 결실이다. 지성이 극진하면 하늘도 감동한다고 했다. 지성과 열성으로 끊임없이 노력하면 안 되는 일 없다는 교훈이다.

풍요로운 물질문명의 후유증인가. 요즘세태는 인내와 끈기가 없다. 모두들 성미가 급해졌다. 노력 없이 한탕 대박만 노린다. 금메달을 하루아침에 목에 걸 수는 없다.

지 원 행 방

知圓行方

지혜는 원만해야 하고, 행실은 바르게 해야 한다는 선현들의 가르침은 시대를 초월하는 진실이고 교훈이다. 知欲圓而行欲方(지욕원이행욕방)을 훈도한 한서(漢書) 명심보감(明心寶鑑)의 한 구절을 축약한 知圓行方(지원행방)의 심오한 의미 속에는 가치관이 흐트러진 현실세태의 행실을 바르게 지적하고 있다.

우리는 너무 급하게 살고 있다. 순서나 질서쯤은 무시하는 게 능력의 평가기준이 되고 있다. 수단방법 가리지 않고 목표점까지 남보다 빨리 도착하는 것이 성공이다. 순서 지키고 질서 지켜 사는 것이 오히려 고답적이고, 요령 부족한 무능력자로 밀려나는 게 바로 오늘의 세태다. 끼어들든, 새치기하든 성공만하면 과정은 묵살된다.

또 명예가 높아지고, 권력이 높아지고, 가진 게 많아질수록 오만하고 교활해지는 것을 당연시 한다. 신거 때면 코가 땅이 닿도록 공손하다가도 당선되어 권력 잡게 되면 졸부민초들은 안중에도 없다. 교활하고 음흉한 간교뿐이다. 권력 등에 업고 부정비리나 챙기는데 열심이다. 역대 권력집단의 행태가 거의 그랬다.

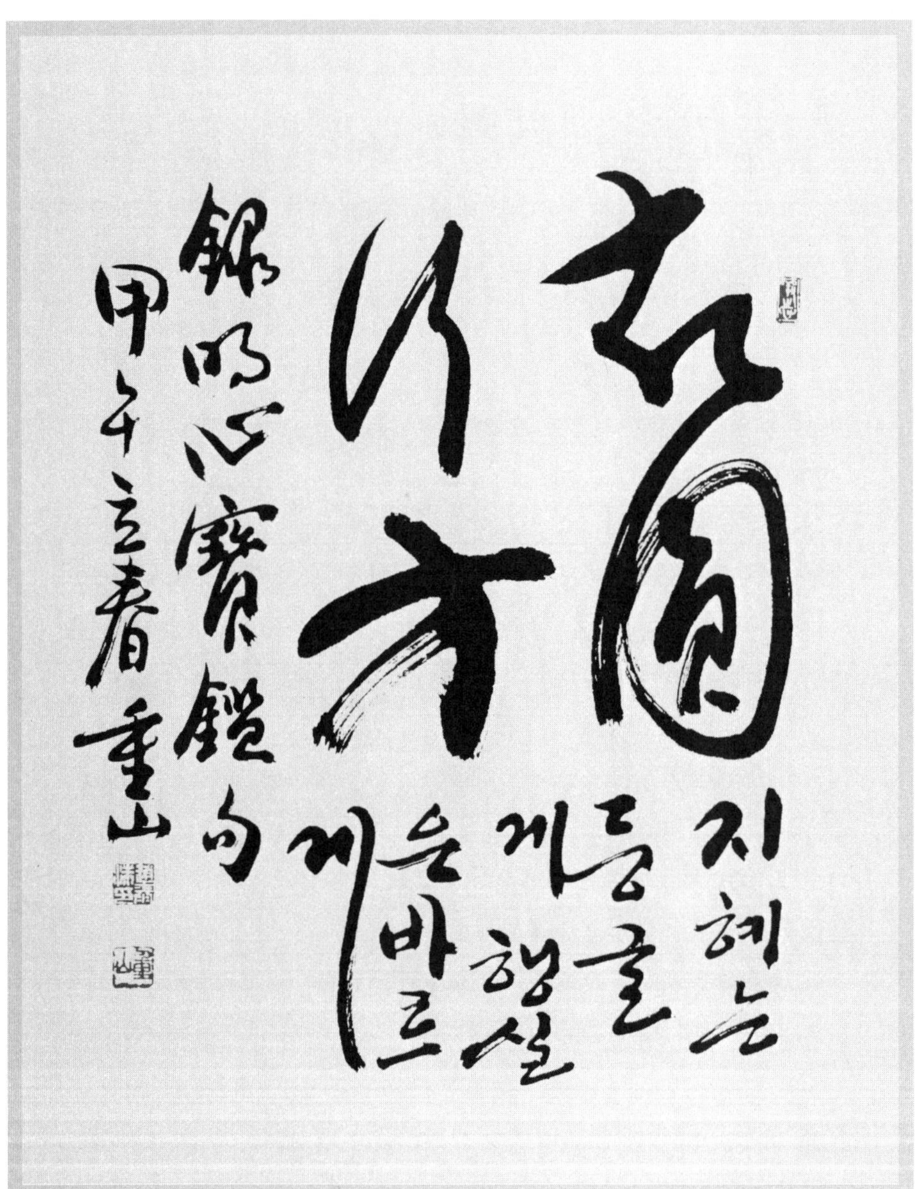
智圓行方
지혜는 둥글게 행실은 바르게
甲午立春 重山

원만한 지혜와 덕으로 사회에서 추앙받고, 행실이 바른 인격으로 군림하던 시대는 없어졌다. 너나없이 교활해지고 사악해졌다. 음흉한 계략과 모함이 설치고 있다. 따라서 사회정서가 각박해지고 살벌해졌다. 떠드는 문명 속에는 몰인정이 날 세우고, 떠드는 풍요 속에는 사악함이 넘쳐난다.

불신과 갈등이 양극화현상을 만들고, 교활하고 음흉한 모략들이 서로가 서로를 겨누는 경쟁세태를 만들고 있다. 위선의 수단이 처세술이 됐고, 독선과 아집으로 상대방을 꺾고 넘어뜨려야 성공의 지름길로 인식되고 있다. 삶의 지혜가 원만하지 못하고, 행실도 바르지 못한 세태가 바로 오늘이다.

인생은 고해(苦海)라고 했다. 칠흑처럼 어두운 밤 폭풍우 사납게 몰아치는 바다도 건너야 한다. 굳센 용기가 필요하고, 끈질긴 인내가 필요하다. 어떤 어려움이 닥쳐도 극복해낼 수 있는 집념이 필요하다. 성공은 곧 집념과 결심의 결과다. 계획은 시작을 부르고, 시작은 난관을 부를 수도 있다. 성공은 곧 난관을 이겨내는 끈기와 집념의 결실이다.

"호사다마(好事多魔)"라는 고사가 있다. "좋은 일에는 마가 낀다."는 말이다. 인간이 사는 일에는 매사마다 도중에 장애가 생기고, 잡념이 생기고, 또 엉뚱한 유혹이 따르게 마련임을 이르는 말이다. 치밀한 결심과 각오로 다짐한 마음가짐 없이는 중도에 실패하기 예사다. 옛 부터 "우물을 파도 한 우물만 파라"는 격언이 전해지는 이유다.

때문에 계획이 치밀해야 한다. 아무리 좋은 생각, 좋은 일이라 해도 계획이 부실하면 용기도 끈기도 모두 허사다. 계획은 전후좌우 두루 살피는 원만한 지혜다. 확실한 계획은 절반의 성공이고, 지혜는 성공을 이끄는 능력이다. 하늘이 무너져도 솟아날 수 있는 용기를 불러오고, 어떤 고난도 이기고 극복할 수 있는 불굴의 집념도 생기게 한다.

지식은 넓고 정의롭게 활용해야하고 지혜는 바르고 청염해야 한다. 고사 성어 知圓行方(지원행방)의 의미다. 정의롭지 못한 일에 마음이 흔들려 부정비리와 결탁했던 사실이 드러나 스스로 죽음을 택한 전직 대통령의 비참한 말로역사를 우리는 목격했다. 그뿐인가. 국가기강의 이정표가 돼야할 전직 여자국무총리가 부정한 뇌물비리로 사법기관의 문턱을 수없이 넘나든 사실은 유죄무죄를 떠나 知圓行方의 교훈에 어긋난 권력자의 부당한 처사다.

민생불안을 선동하는 불순세력들의 정쟁시대를 정화시키는 솔로몬의 지혜는 없을까. 국정을 논한다는 정치집단의 존재의미가 의심스럽다. 우리 사는 세상에 知圓行方의 시대는 에덴동산의 신화만큼이나 기대하기 어려운 먼 꿈의 세상일까.

제 행 무 상

諸行無常

끝은 반드시 시작을 동반하고, 시작은 다시 끝을 달고 온다. 어제의 생성이 오늘의 소멸이고, 오늘의 소멸이 내일의 생성이다. 새 달력 걸어놓고 새해 소망을 다짐하던 날이 며칠 전 같건만, 녹음으로 달라진 세상은 벌써 반년을 훌쩍 넘어선다.

諸行無常(제행무상)은 덧없음을 가르치는 불가의 교리다. 우주공간에 존재하는 만물은 항상 변하여 잠시도 같은 모양으로 머물지 않음을 가르친다. 감히 누가 부정하고 반론을 낼까. 諸行無常(제행무상)은 벌써 내 앞으로 다가와 소멸의 순서가 임박했음을 소리친다.

세월은 누가 감고, 누가 푸는 인연의 줄이던가. 아니면 누가 층층으로 쌓는 억겁의 제단이던가. 1년의 세월이 가면 1년만큼 소멸하고 또 1년만큼 생성하게 마련이다. 이 같은 현상을 부처님은 윤회라 일렀다. 우리가 지나온 세월을 자꾸 뒤적거리는 것은 그 속에 박제된 삶의 미련 때문일 것이다. 왠지 지나간 시간, 지나간 세월, 지나간 청춘이 아쉽다.

되돌릴 수도 없고, 지워버릴 수도 없이 추억이라는 이름으로 박제된 시간들. 석가도 예수도, 그리고 모든 명현석학들도 시간 속에 태어나,

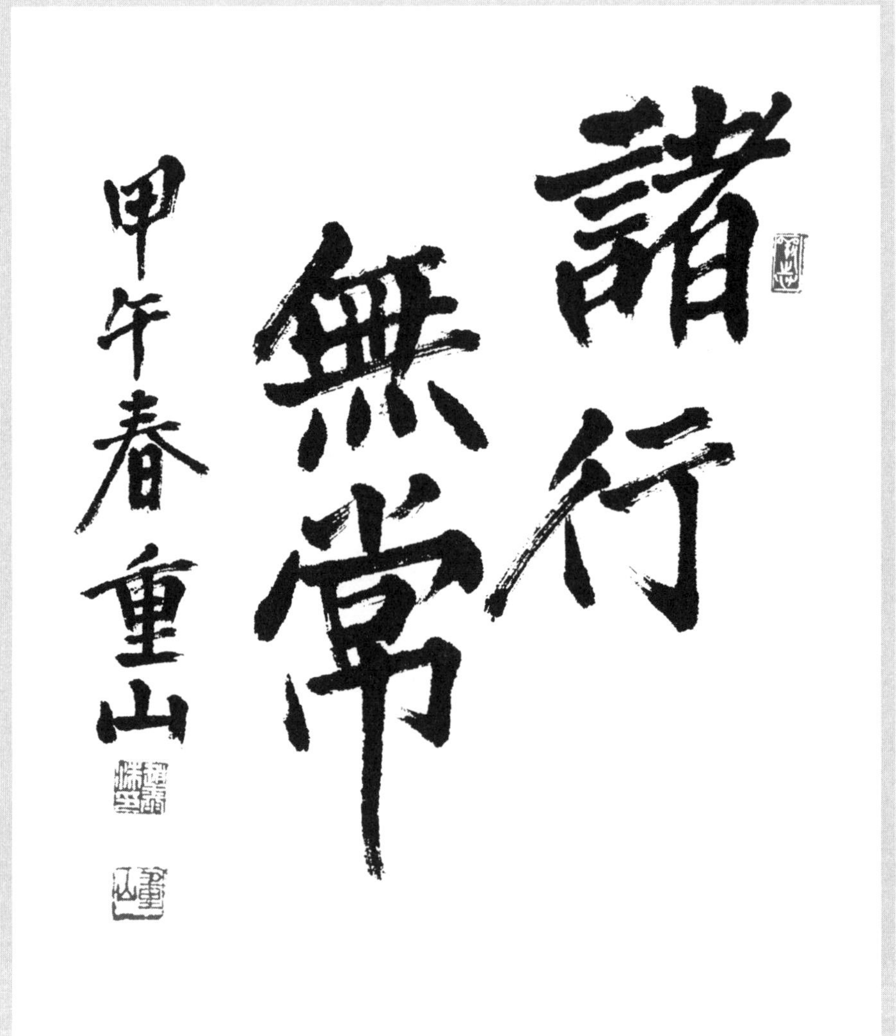
諸行無常
甲午春 重山

그 시간 속에 죽었다. 오늘을 이룩한 문명의 역사도 시간의 명멸이 만들었다. 시간의 정체와 시간의 의미를 뛰어넘은 사람은 아무도 없다. 諸行無常(제행무상) 앞에 누가 감히 이의를 달까.

누가 시간의 정체를 말했던가. 누가 시간의 의미를 말 했던가. 순간인가, 영원인가. 아니면 과거인가, 현재인가, 미래인가. 또 우연일 수도 있고, 필연일 수도 있다. 해방일 수도 있고, 구속일 수도 있다. 높고 낮음과 귀천도 없다. 앞에 있어도 되고, 뒤에 있어도 된다. 세월 앞에선 존재가 모두 제행무상이다.

허무와 허탈이 넘나들고, 또 존재와 부재, 진상과 허상을 교차시키는 3차원적 시간의 정체를 누가 알까. 세월은 시간의 축적이다. 영원이고 무량이다. 어디부터 시작이고 어디가 끝인지도 모른다. 형체도 실체도 없으니 잡을 수도 없다. 잡았다싶으면 어느새 빠져나가 또 다른 시간을 만들고 또 다른 역사를 그린다.

시간은 누구에게도 잡혀들지 않는다. 손에 잡히는 건 시계뿐이다. 그런데도 세월을 말 할 때면 누구나 모르는 게 없다. 그러면서도 막상 "세월이 무엇이냐"고 물으면 대답을 못한다. 하루도 빼먹지 않고, 순간도 건너뜀 없이 살았건만 지나간 세월은 그래서 허무하다.

인생이 무상함을 깨닫던 어느 날이었다. 나는 잡을 수 없는 시간을 원망하며 어둠 속에 시계를 내던져보기도 했다. 물론 취중에 만용이었지만 . 그러니 시계를 삼켜버린 어둠마저 시간을 원망하듯, 메아리조차 들려주지 않았다.

시간 속에 태어나 시간 속에 살다가 다시 시간 속으로 묻히는 인생….
諸行無常을 끌고 다니는 시간의 위력 앞에서 과학문명을 떠들고 권력을 떠들고, 풍요를 소리치는 인간들의 행태가 가소로울 뿐이다. "내 사전엔 불가능이란 없다"던 나폴레옹도, 모정의 진실을 판결한 솔로몬의 지혜도, 또 천하의 부귀영화 독차지했던 진시황도 諸行無常은 어쩌지 못했다.

세월의 정체는 아무도 모른다. 비록 순간일지라도 미래는 더더욱 모른다. 오로지 생성과 소멸뿐이다. 석가가 가르치는 것처럼 돌고 도는 윤회의 동그라미인지, 아니면 정의와 평화를 가르치는 예수의 설교처럼 직선의 질주인지, 힌두교의 설법처럼 나선(螺旋)의 바퀴인지 종잡을 수 없다. 모두가 諸行無常일 뿐이다.

남아돌아 주체 못하는 사람도 있고, 부족해서 종종걸음 치는 사람도 있다. 날마다 시분초로 시간을 요리하지만, 정작 시간을 장악하고 정복한 사람은 아무도 없다. 삼동혹한에도 변함없이 청청한 사철나무의 모진 생태도 세월은 이기지 못한다. 풍천노숙 묵언참선으로 성상을 버티어내는 바위도 세월 앞에서는 유한의 존재일 뿐이다. 諸行無常….

_{지 자 불 혹}

智者不惑

큰 바위는 바람이 불어도 흔들리지 않는다. 사람도 마찬가지다. 지혜로운 사람은 사리판단이 바르기 때문에 부당한 일에 현혹되거나 흔들리지 않는다.

고서 중용(中庸)은 지혜가 많은 사람은 지자(智者), 어진사람은 인자(仁者), 용기 있는 사람은 용자(勇者)로 구분해 삼덕(三德)이라 가르쳤다. 지혜를 가진 자는 사리가 밝으니 의혹이 없고, 어진사람은 천도(天道)를 따르니 걱정이 없으며, 용기 있는 사람은 의리(義理)를 따르니 두려움이 없다고 했다.

공자의 생존연령은 73세였다. 죽음에 임박해지자 공자는 자신이 살아온 생애를 회고하면서 6단계의 정신발전사(精神發展史)를 정리해서 후세에 남겼다.

"나는 15세 때 학문의 뜻을 세웠고, 30세 때 부모로부터 독립을 했으며, 40세 때엔 어떤 유혹에도 흔들림 없는 부동의 경지를 살았다. 또 50세 때는 천명을 깨달았으며, 경륜이 쌓인 60세가 되어서야 관용과 이해로 귀에 거슬리는 게 없었고, 이치와, 순리가 몸에 밴 70세가 되었을 때는 내 마음

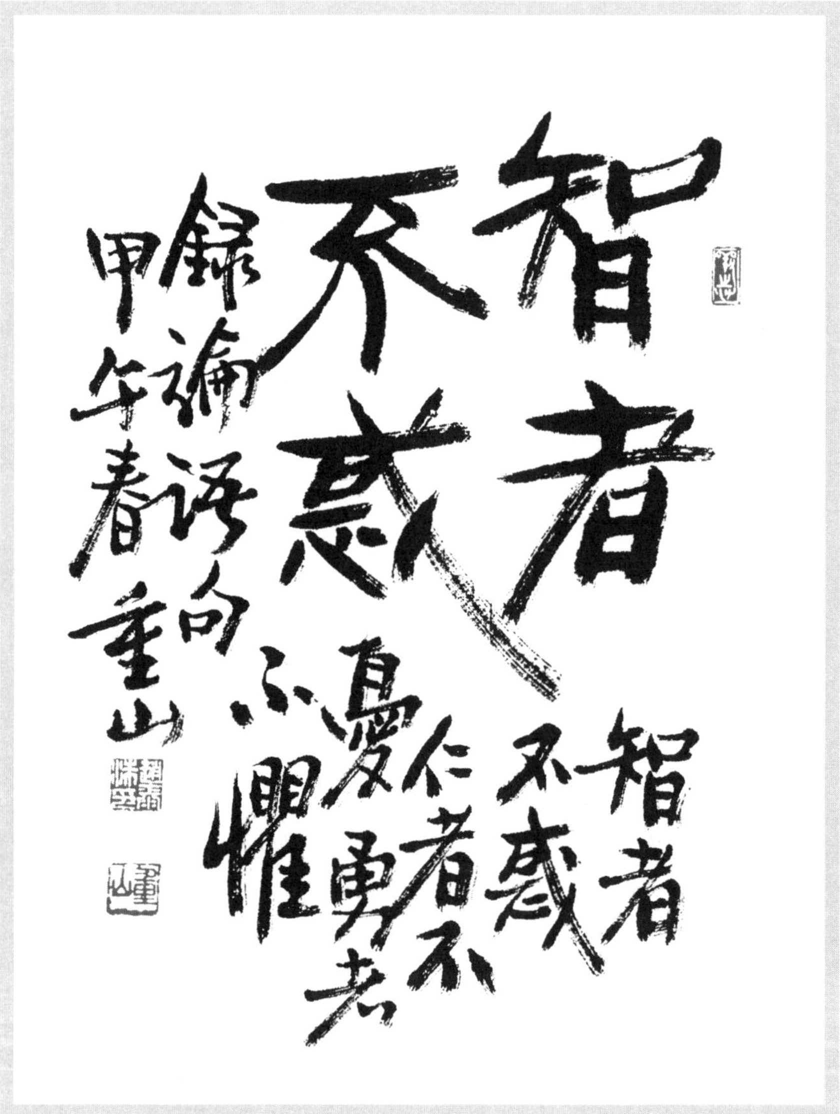
智者不惑
智者不惑 仁者不憂 勇者不懼
錄論語句
甲午春 重山

대로 행동해도 도덕에서 벗어나지 않는다는 사실을 깨우쳤다."

이 같은 공자의 정신발전사는 뒷날 연령별로 축약해 15세를 지학(志學), 30세를 이립(而立), 40세를 불혹(不惑), 50세를 지명(知命), 60세를 이순(耳順), 70세를 종심(從心)이라는 단어로, 수천 년의 시공을 넘어 지금도 누구에게나 삶의 지침이 되고 있다.

지자불혹(智者不惑)도, 공자가 40세 때 깨달은 사십이불혹(四十而不惑)에서 기인한 것이다. 인생 나이 40살이면 그동안 경험해온 사리판단으로 어떤 유혹에도 흔들려서는 안 된다는 의미다. 40대 인생부터는 치우침 없는 중심으로 반듯하게 살아야 한다는 교훈이다.

사람의 일생 중 사십대는 활동 폭이 가장 많은 장년기다. 또 부끄럽지 않은 결실과 보람을 거두어야 할 후반부 인생으로 접어드는 교차시기가 바로 40대임을 공자는 깨달았던 것이다. 그동안 살아온 날을 성찰하고, 앞으로 살아가야 할 날을 시작하는 인생의 중심시대, 전성시대가 바로 40대의 나이다.

활동영역이 넓어지는 만큼, 옳고 그름을 판단해야 할 사리분별영역 또한 비례해서 넓어져야 하는 40대가 인생성패의 기로다. 때문에 공자는 살아온 날의 경륜으로 사리분별의 기준을 세워, 후반부인생들에게 유혹에 흔들려서 안 되는 지혜를 '불혹(不惑)'이라는 교훈으로 남긴 것이다.

인생의 성패는 부정, 비리의 유혹과 전쟁이다. 정의에 어긋나는 부정비리 유혹에 야합하면 실패고, 부정비리의 유혹에 이기면 성공이다. 언젠가 허상은 무너지고 진실은 드러나게 마련이다. 동서고금 시공을 초월한 진리다. 우리역사에도 얼마든지 사례가 있다.

성인(聖人)들은 모두가 이치에 어긋나는 유혹을 멀리했다. 오로지 이치와 사리에 순응했다. 불교의 시조 釋迦(석가) 역시 스스로가 雪山苦行

(설산고행)과 東家食西家宿(동가식서가숙)의 고난을 자청해 智者不惑(지자불혹)의 길을 닦은 聖人이다.

가비라 성의 왕자신분으로 태어난 석가는 온갖 부귀영화의 유혹을 뿌리치고, 생로병사의 고통 속에 신음하는 중생구제를 위해 천로역정의 험난한 길을 택했다. 그리스도의 창시자인 예수 또한 그랬다. 세상 만백성의 죄업을 짊어지고 젊음의 나이에 스스로 십자가에 매달려 처형을 자청했다. 억만의 등불 知者不惑(지자불혹)의 실천이었다.

불교는 깨달음(覺)의 종교로 자비를 이념으로 하고, 그리스도교는 믿음(信)의 종교로 사랑을 이념으로 한다. 종파는 두 개여도 자비나 사랑은 결국 하나다. 깨달음을 이념으로 하거나 믿음을 이념으로 해도 사사로운 유혹에서 흔들리지 말아야 하는 신앙의 이념은 결국 하나였다. 부정비리 유혹이 많은 세상이다. 성공을 택할 것인가. 실패를 택할 것인가.

진덕수도
進德修道

어느 철학자도 인생을 한마디로 정의할 수는 없다. 하나의 연극에 비유할 수도 있고, 전쟁에 비유할 수도 있으며, 농사에 비유할 수도 있다. 또 운동경기에 비유할 수도 있으며, 여행에 비유할 수도 있고, 항해에 비유할 수도 있으며, 일장춘몽에 비유할 수도 있다.

비유하기에 따라 삶의 주관이 바뀔 수는 있지만 최후의 목표는 누구나 성공이다. 성공 하나 이루기 위해 누구나 미래를 추구한다. 그러나 그 미래를 아는 사람은 아무도 없다. 희망과 이상, 아니면 계획일 뿐이다. 단1초라도 미래를 아는 사람은 없다. 내가 사는 순간은 언제나 현재뿐이다. 때문에 인생은 날마다 배워야 산다. 세월이 끝없듯, 배움도 끝이 없다. 배움은 곧 미래 삶을 대비하기 위함이다. 배우는 길은 세 가지로 축약된다.

첫째는 학문이고, 둘째는 직업이며, 셋째는 덕을 쌓는 것이다. 우리는 세상에 태어날 때 생명 하나만 가지고 왔다. 동물 이상도 아니고, 이하도 아니었다. 때문에 모든 분야를 배우며 살고 있다. 말과 글을 배우고, 도덕과 예절을 배우고, 또 기술과 전문지식을 배우고, 인격과 덕성을 배우며

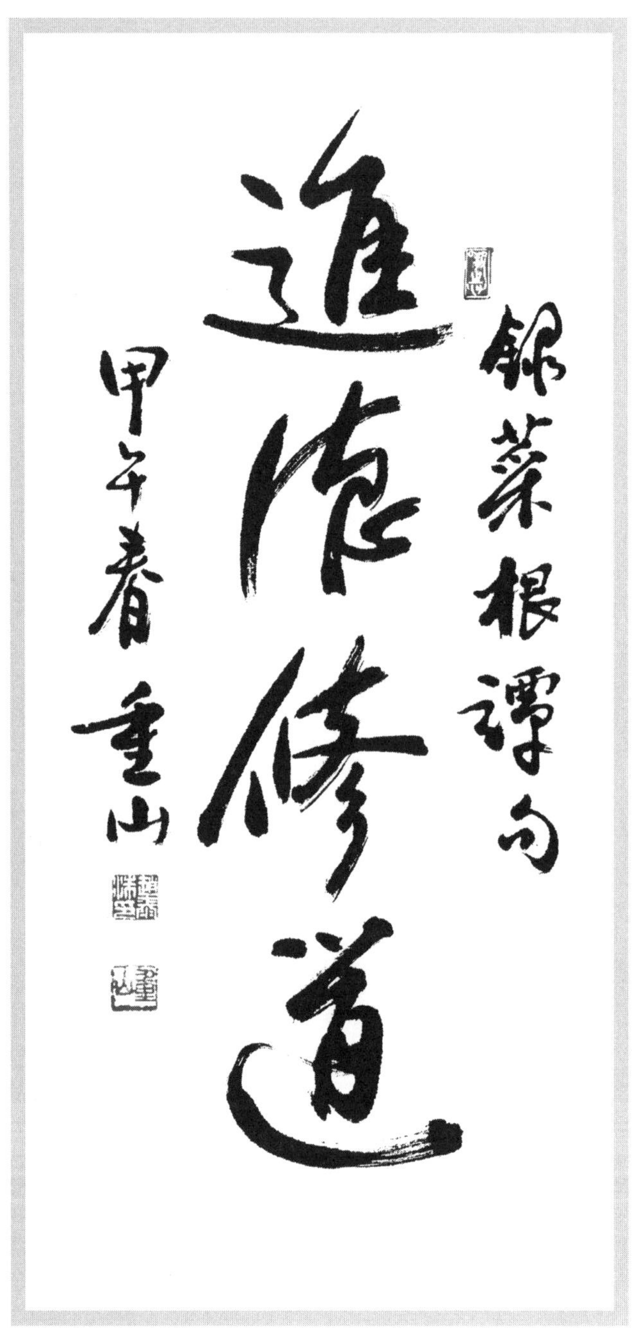

進德修道
錄菜根譚句
甲午春 重山

산다. 배움으로써 비로소 동물에서 인격으로, 또 만물의 영장으로 형성되는 것이다.

"玉不琢不成器, 人不學不知道(옥불탁불성기, 인불학불지도 : 옥도 갈지 않으면 그릇이 될 수 없고, 사람도 배우지 않으면 도를 알 수 없다)"는 고전예기가 전한다. 사람도 배우고 연마하는 것만큼 소중한 게 없다는 진리다.

마음과 언동을 바로잡고, 몸가짐을 바로 잡는 것을 배우고 수양하는 것이 동물과 사람의 차이다. 성공을 위해 사람들은 수신(修身), 수업(修業), 수덕(修德)의 길을 배우고 닦는다. 이게 바로 進德修道(진덕수도 : 덕으로 정진해서 도를 닦는다)의 정신이다. 내 인격이 높아지고, 깊어지고, 넓어지는 길이고 성공의 길이다.

특히 나라를 다스려 민생을 편안하게 해야 할 위정자들은 반드시 '進德修道(진덕수도)정신'을 신앙처럼 가슴에 새겨 실천해야 한다. 권력이나 탐하는 정쟁이나 당파싸움은 스스로도 망치고, 민생도 망치고 나라까지 망치게 된다. 흥망성쇠를 반복한 역사가 증거한다.

인생은 옥(玉)처럼 쉼 없이 갈고 닦아야 성공의 빛을 낸다. 성공의 빛은 사람들을 환호케 하는 영광의 빛이 된다. 영광의 빛은 進德修道(진덕수도) 정신으로 노력, 정진하는 사람들에게 돌아간다.

성공의 길은 순탄치 않다. 수많은 장애물이 때 없이 출몰한다. 음흉한 욕심이나 달콤한 유혹들이다. 유혹에 약하면 성공도 어렵다. 장애물을 막아내는 힘은 오로지 지혜(智慧)와 덕(德)뿐이다. 智慧나 德의 힘을 키우는 방법은 수양이다. 수양으로 지혜와 덕을 닦아 모범이 될 때 비로소 만인이 추앙하는 성공인생이 빛을 낼 것이다. 수양은 마음을 닦는 것이다. 오욕칠정이 용틀임치는 마음을 다잡기란 천로역정만큼이나 처절하고도 험난한 길이다.

욕심과 유혹의 갈등에서 나를 이기는 길, 그게 바로 도를 닦는 길이고, 덕으로 나가는 길이며, 또 성공의 길이고, 영광의 길이다. "오늘날 세상사를 보노라면, 위로는 조정으로부터 아래로는 사대부와 일반 백성들에 이르기까지 허위를 숭상하지 않는 자가 없다. 세태가 온통 위선으로 오염됐다. 오직 봄날 들판에서 소를 몰아 힘들여 밭을 가는 농부들만이 마음에 든다."는 글은 조선조 후기 성리학자 김창흡(金昌翕)의 어록에 나온다. 당시 삐뚤어진 세태를 비판하며, 어떻게 바로 잡아야 할지를 성찰하고 고민한 글이다.

오늘인들 무엇이 다를까. 석가, 예수이름 등에 업은 종교인들이 불순세력들과 야합해 국가의 정체성마저 부정하고, 용공집단들이 사회불안을 선동하는데 앞잡이가 되고 있다. 세금 무는 민생들만 봉이 되고 있다. 모든 정치인들은 進德修道로 정진해서 민생을 다스려라.

陳善閉邪
진 선 폐 사

옛부터 목민관의 우선 덕목은 파사현정(破邪顯正)이었다. 파사현정은 본래 불가의 수행덕목이다. 부처님의 가르침에 어긋나는 사악한 생각을 파쇄 해버리고 올바른 도리에 따른다는 뜻이다. 즉 사사로운 유혹이나 욕심에 얽매이는 사악한 마음을 바로잡아 매사를 공명정대하게 생각하고 처리한다는 의미다.

어찌 불가의 수행덕목 뿐이겠는가. 우리들 인생살이 모두가 사악함을 버리고 옳고 바르게 양심으로 살아가야 한다는 실천의 의미를 함축하고 있다. 특히 국정수행이나 민생업무에 종사하고 있는 모든 공직자들이 마음에 새기고 실천해야 할 필수덕목이다. 부정비리가 판을 치고, 흉계와 모략이 날을 세우는 요즘의 공직자들이 새겨야할 교훈이다.

孟子가 가르친 陳善閉邪(진선폐사)의 의미도 비슷하다. 착한(善)으로 베풀이(陳), 간사하고 거짓됨(邪)을 막아(閉)내야 한다는 의미다. 바른 생각, 바른 행동, 바른 처사를 강조한 지침이다. 내가 생각하고 내가 실천하는 것만 모두가 옳다고 고집하는 아집과 독선을 버리라는 교훈이다. 진실은 드러나고, 위선은 무너진다는 이치를 깔고 있다.

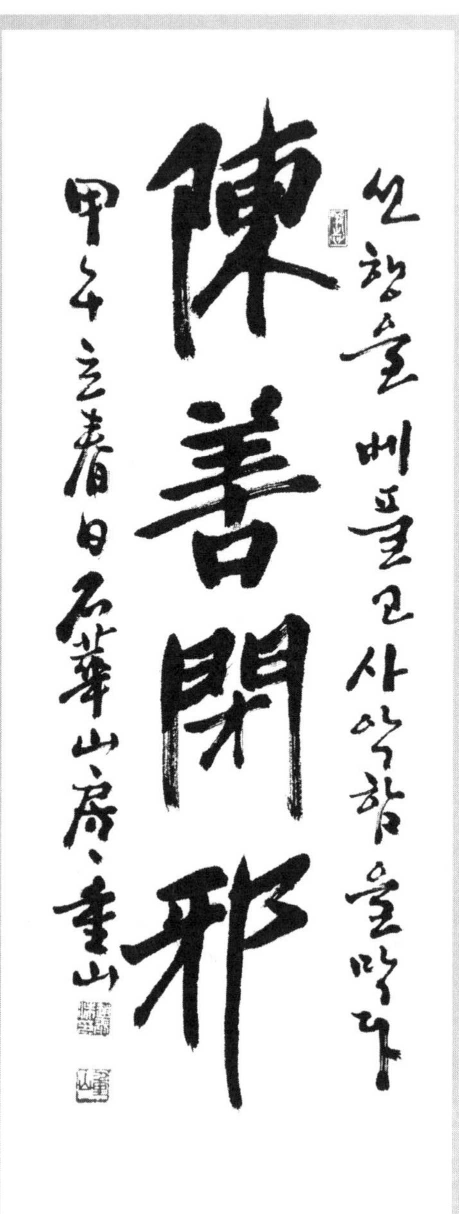

사랑의 최고가치도 陳善閉邪(진선폐사)의 진실에 있다. 사랑은 손해와 이득을 계산하는 이해타산이 없다. 진실한 사랑에는 사(邪)가 없다. 오로지 믿음뿐이다. 믿음은 내 마음을 전부 베푸는 진실에서 시작된다. 진실만이 사랑이고, 진실만이 믿음이며, 진실만이 사악함을 막는 것이다. 때문에 진실을 베푸는 것은 최고의 선(善)이다.

陳善閉邪(진선폐사)의 진실은 작은 생활에서부터 피어난다. 사사로운 생각을 버려야 착한 일을 펼칠 수 있다. 인터넷에 떠도는 글 한 토막을 인용한다. 전광원 선생이 올린 노부부의 진실한 사랑얘기가 陳善閉邪(진선폐사)의 감동을 전한다.

어느 가을날 황혼 무렵이다. 그녀는 사소한 일로 남편과 다툰 후 속상한 마음을 달래려 정원으로 나왔다. 아직 채 마르지 않은 머리카락이 바람에 스치자 소름이 돋을 만큼 한기가 느껴졌다. 그때 남편이 드라이기를 들고 나오면서 말했다. 그만 화를 풀고 이리와….

못들은 척 하는 그녀를 의자에 끌어 앉힌 남편은 아내의 젖은 머리를 말려주었다. 정원 가득히 핀 꽃들을 바라보며 아무 말 없이 남편에게 머리를 맡기고 있는 동안 그녀는 남편과 다툰 이유조차 생각나지 않을 만큼 마음이 편안해졌다.

그녀보다 나이가 한참 많은 남편은 이해심과 포용력이 많은 사람으로, 다툼이 있을 때마다 이런 식으로 아내를 달래주곤 했다. 그녀는 그런 남편에게 속으로 고마운 마음을 가지고 있었다. 잠시 후 남편이 말했다.

언젠가는 당신 혼자 이 자리에 앉아서 오늘 이 순간을 회상하는 날이 오겠지. 남편의 목소리는 담담하면서도 어딘지 모르게 슬픔이 묻어 있었다. 뜻밖의 말에 당황한 그녀는 남편을 향해 몸을 돌리며 말했다. 당신은요?….

남편은 한참 뒤에 대답했다. 글쎄…, 당신보다 내가 먼저 하늘나라에 가지 않을까. 순간 그녀는 가슴이 덜컥 내려앉는 기분이었다. 남편 없이 혼자 남겨질 거라는 생각은 한 번도 해본 적이 없었다.

어째서 나는 그토록 소중한 사람의 마음에 번번이 생채기를 내는 것일까. 바보같이…. 불교에서는 5백년을 수행해야 한 배를 타고, 다시 천년을 수행해야 같은 잠자리에 들 수 있다고 했는데….

그렇다면 2천년을 수행하면 죽음도 함께 할 수 있을까. 그녀는 앉은 채 몸을 돌려 남편의 허리를 꼭 끌어안으며 다짐했다. 세상의 단 한사람, 소중한 남편의 마음을 다시는 아프게 하지 않겠다고…." 陳善閉邪(진선폐사)는 절대로 먼 곳에 있지 않다.

천도무친
天道無親

이치는 사사로움이 없다. 공평무사(公平無私)다. 오로지 선악(善惡)만 가린다. 또 전후좌우도 없고 상하도 없지만, 진리는 위선과 어울리지 않는다. 진리는 동서고금 변함이 없고, 남녀노소 차등도 없다.

때문에 천도(天道)는 진리다. 누구와 친하지도 않고, 어디에 치우침도 없다. 정직(正直)이듯, 공정(公正)이듯, 천도는 오로지 곧이곧대로 일뿐이다. 음지와 양지, 하늘과 땅, 해와 달, 남자와 여자 등 세상만물 모두 천도의 이치다.

"天道無親(천도무친) 常與善人(상여선인)"은 노자의 도덕경에 나오는 구절이다. 하늘의 뜻은 어느 쪽도 편애(偏愛)하는 일이 없이 언제나 착한 사람 편이다. "하늘은 돕는 자를 돕는다."고 했다. 착한 사람만 돕는다는 의미다.

천도(天道)는 하늘의 이치고 진리다. 삼라만상 모두가 천도를 외면할 수 없다. 세상 온갖 것이 하늘에 머리를 두고 산다. 갓 태어난 병아리도 물 한 모금 물고 하늘을 올려다보며 감사한다. 하늘엔 해가 있고, 달이 있고, 별이 있다.

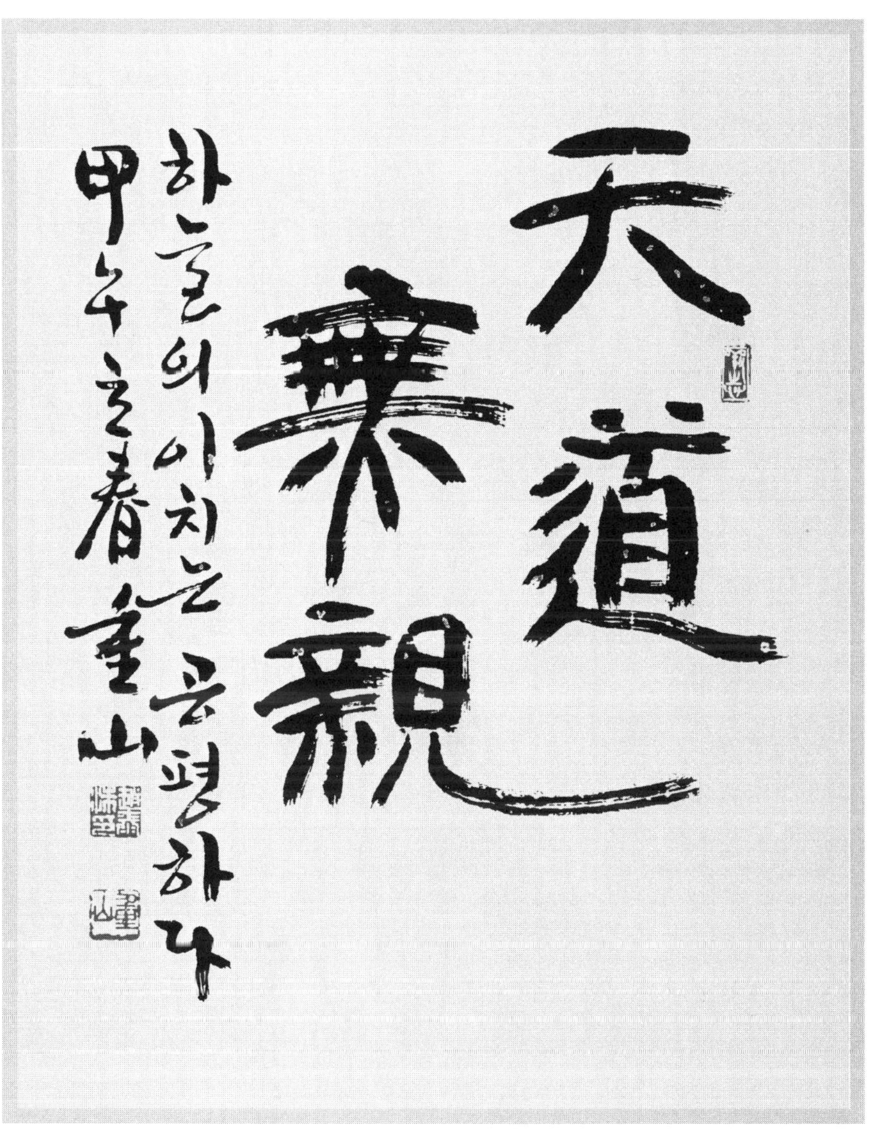
天道無親
하늘의 이치는 공평하다
甲午之春 金山

어처구니없는 일 호소할 곳 없는 사람들은 하늘을 우러러 한숨을 토한다. 한 점도 부끄럼 없는 사람은, 하늘을 향해 양심을 선언한다. 사랑의 약속도 하늘을 두고 맹서한다. 막다른 골목의 사람들은 하느님께 두 손 모아 보우를 갈구한다.

민심은 천심이라 했거늘 기뻐도 하늘을 우러르고, 슬퍼도 하늘을 우러른다. 오곡백과 모두 거둬들인 가을이면 하늘에 추수감사제를 올린다. 하늘이 열린 날 개천절에 배달민족 홍익인간이 태어났다.

산하에 이름 없는 잡초들조차도 싹이 트면 곧바로 하늘을 향해 줄기를 세운다. "태산이 높다하되 하늘아래 뫼이로다." 양사언의 시조가 뜻한다. 만물의 존재가 모두 그 아래 있으니, 천도(天道)는 진실이요, 양심이며, 천심이다.

무심한 마음에 번쩍 한 줄기 정신을 심어주는 하늘을 쳐다보면 살아온 길, 살아갈 길이 교차한다. 해와 달, 그리고 별들을 가슴에 안고 음과 양의 조화를 아우르니, 우주 속 만물의 생사를 창조하는 이치와 순리가 바로 천도(天道)다.

어느 누구도 발자국 하나 남길 수 없는 성역이면서, 또 어느 누구도 그 안에 머물지 않은 사람 없다. 촌음의 순간도 삐뚤어짐 없었기에 하늘은 억겁의 질서를 변함없이 지키고 있다.

누구에게 특별히 줄 것도 없고, 누구에게 특별히 받을 것도 없다.

그 이치는 곧이곧대로다. 오로지 정의와 진실뿐이다. 때가 되면 밝은 해를 내려놓고, 스스로 어둠에 묻혀 달과 별을 내걸고, 또 때가 되면 다시 해를 내걸어 세상을 비춘다. 공평한 조화는 있어도, 편중된 사사(私事)로 움이 없다. 바로 天道無親(천도무친)이다.

그러나 하늘 없는 존재는 없다. 엄밀하게 따져 天道共親(천도공친)이다. 바르고 착한 사람 모두를 보우한다. 어느 존재도 소홀함이 없다. 무심한 듯, 무심치 않은 것이 천도이며, 무심치 않은 듯, 무심한 게 천도다.

보이면서도 잡을 수 없는 형이상학(形而上學)이다. 하늘의 섭리를 인용하지 않은 종교도 없다. 하늘은 종교의 교리이고, 신앙의 본거지이다. 석가도 예수도 하늘(天道) 없이는 오늘의 등불이 될 수 없었다.

하늘은 착한사람들, 정의로운 사람들을 외면하지 않는다. "하느님이 보우하사, 우리나라 만세" 우리나라도 하늘이 지킨다. 하늘은 돕는 자를 돕는다. 착한사람 착하게 보상한다. 天道無親(천도무친)…, 또 한 번 생각해본다. 公正이고 良心이며, 正義고, 眞實이다. 너나없이 우리민속은 개천절 홍익인간으로 이 땅에 자리 잡았다.

청정염절
淸貞廉節

행실이 맑고 깨끗함을 어디에 비길 것이며, 절개가 곧고 결백하기 누구에 비할 것인가.

정직하고 고결한 품성은 또 누구이며, 법도 예의, 의리 지조. 변절 없는 정조 뉘라서 따를까. 변 사또의 음흉한 회유와 포악한 강요 속에서도 이(李)도령을 향한 일편단심…, 춘향이의 청정염절(淸貞廉節)이야말로 세기를 뛰어넘는 사랑의 극치가 아니던가. 춘향전 판소리에서 미색에 미쳐 돌아가는 李도령의 사랑가 한 대목을 들어본다.

"어허 둥둥 내 사랑이야, 지리산 높은 봉과 요천 수 맑은 물의 산수정기 한데모아 우리 춘향이 생겼는가. 전생의 연분으로 이생에 만났으니, 그네 뛰던 채색(彩色)줄이 월로(月老)의 적승(赤繩)인가. 내 보던 광한루가 초왕(楚王)의 양대(陽臺)인가. 어허 둥둥 내 사랑아."

벼슬집안의 엄격한 가풍에 얽매였던 원님 집 총각 이 도령, 첫사랑에 불붙은 가슴 속에서 애간장 타는구나. 기생 딸 월매(月梅)집 춘향이 열여덟 가슴 속에 붉고 고운 상사화가 피는구나. 곱다, 예쁘다, 아름답다. 이리 오너라 업고 놀자….

清貞
廉節

錄明心寶鑑句

맑고 절개가 있는 염치가 있는 절도가 있다. 甲午春 重山

기생집 별당 규수 방엔 약관의 처녀총각 서로 좋아 밤새워 사랑이 탄다. 남원골 원님아들 이몽룡, 기생집 월매 딸 성춘향 백년을 약속하며 그 사랑 깊어지던 날. "동부승지 교지가 내려왔으니 먼저 한양으로 올라가거라." 지엄한 부교(父敎)에 이몽룡 어쩔 줄 모르고 사색안달이다.

연초록 버들잎 춘풍에 낭청거리며 건너편 나뭇가지에 연분홍 치맛자락 오락가락 춘향이 그네 뛰던 날, 부모님 몰래 공부방을 빠져 나와 광한루에서 춘향과 만나 깊어진 사랑 얘기를 아버지께 고할 수도 없는 일…, 춘향과 이별을 생각하니 이몽룡 가슴이 미어진다. 허지만 춘향이에게 이별을 알리지 않을 수도 없다. 춘향이 난리가 났다. "여보! 도련님! 참으로 가실나요. 나를 어쩌고 가실나요. 인제 가면 언제 오시나요. 동방화계춘풍시(東方花階春風時)에 꽃피거든 오실나요. 금강산 일만 이천 봉 평지가 되거든 오실나요. 사해 너른 바다 육지가 되거든 오실나요. 용 가는데 구름 가고, 범 가는데 바람 가니, 임 가시는 곳에 나도 가야겠소."

바짓가랑이 붙잡고 울어대는 춘향이 앙탈이 안타까운 이몽룡인들 무슨 말을 할까. "오냐. 춘향아 우지마라. 양반행실이 원수로다. 내가 간들 아주 가며, 아주 간들 잊을 소냐. 녹수부용채련여(綠水芙蓉採蓮女)도 추월강산(秋月江山)에 연을 캐며 상사(相思)하였으니 우리들 깊은 정도 상봉할 날이 있을 거다. 쇠끝같이 모진마음 홍로(紅爐)라도 녹지 말고, 송죽같이 굳은 절행, 날 오기만 기다려라."

춘향이를 떼어놓고 한양으로 떠나야 했던 이 도령의 심정인들 오죽했을까. 만남의 달콤함, 이별의 쓰라림, 그리고 일일여삼추 기다림…, 온갖 유혹에도 굽힘없이 하룻밤 수청을 거절당한 앙심에 형틀을 씌워 춘향이를 관가마당에 꿇려놓고 닦달하는 변 사또의 음흉한 횡포도 꺾어내지 못한 춘향의 송죽같이 굳은 절개 淸貞廉節(청정염절)….

“쇠끝같이 모진 마음 홍로(紅爐)라도 녹지 말고 송죽같이 굳은 절행 날 오기만 기다리라”던 이몽룡의 이별사(離別辭)…. 천만구곡 심연까지 파고드는 고통이 닥치더라도 죽음으로 지켜낸 춘향이의 임 향한 일편단심, 淸貞廉節(청정염절)…. 과연 오늘의 세태에도 존재할 수 있을까.

툭하면 성희롱, 성폭력 시비 속에서도, 마음 통하면 즉석에서 사랑하고, 미워지면 즉석에서 헤어지는 인스턴트식 사랑시대. 사랑도 돈으로 팔고 사는 매춘시대….

청 정 무 욕
清靖無慾

항상 아름다운 꽃을 보면서, 또 새들의 자유분방한 지저귐을 벗 삼아 대자연의 맑고 고운 환경 속에서만 살 수 있다면 얼마나 행복할까. 그러나 우리의 현실은 하나의 동경이고 이상일 뿐이다. 사람이 사는 일은 그토록 간단치가 않다. 단순하게 입고 먹고 자는 일 뿐이 아니다. 개성과 감성이 다르기에 입는 것도 차이나고, 먹는 것도 차이나고, 또 자는 곳마저 차이나게 마련이다. 취향 따라, 입맛 따라, 위상 따라 각자가 틀린다.

사철 입는 옷도 틀리고, 하루 세끼씩 먹는 음식도 다르고, 문패붙이고 사는 집도 부자와 가난으로 나뉜다. 항상 남보다 예쁜 옷도 입어야하고, 끼니마다 맛있는 음식도 먹어야 한다. 또 남보다 큰집, 으리으리한 저택에서 살고 싶고, 남 앞에 호기부리며 돈도 마음대로 써보고 싶다. 너나 없는 욕심이다. 무량한 욕심 때문에 번민, 고뇌, 경쟁, 갈등, 불신, 그리고 모함, 흉계, 결국은 끔찍한 살인, 범죄까지도 생긴다.

불가에서는 마음을 비우라고 가르친다. 악의 근원인 욕심을 버리라는 뜻이다. 때문에 清靖無慾(청정무욕)은 승가(僧家)의 최대 수행덕목이다. 생각 속에 잠재된 욕심을 버릴 때 정결한 생각과, 맑은 정신을 지킬 수 있다는

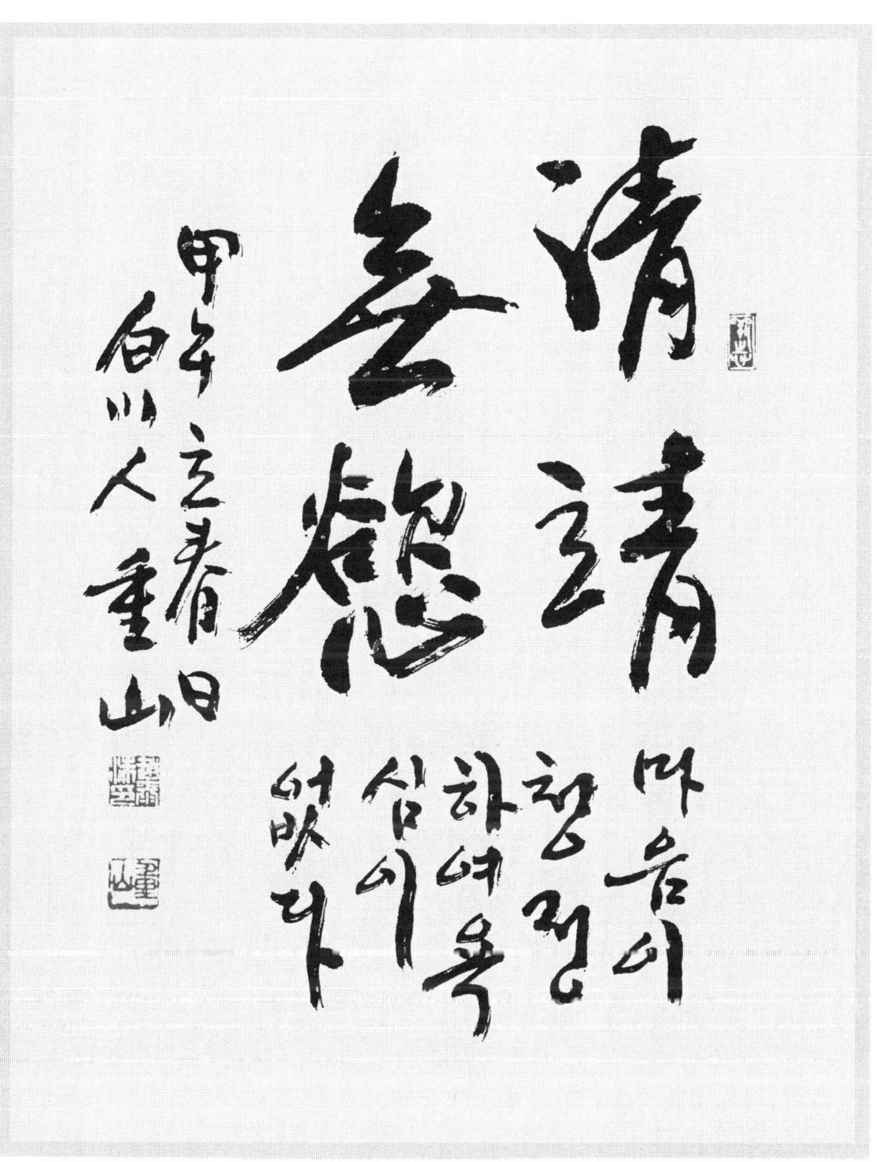
마음이
청정
하여 욕
심이
없었다
甲午立春日
白川人 重山

것이다. 선과 악의 기로도 마음속에 존재한다. 그래서 순간의 결심은 인생의 승패를 가른다. 승(僧)을 스스로 중(中)이라 부르는 것도 선악을 깨닫고, 심판하는 중심의 사명자라는 뜻이다.

인생은 공수래공수거(空手來空手去)라고 했다. 빈손으로 태어나 죽을 때도 빈손으로 간다는 의미다. 욕심을 버리라는 진실을 함축하고 있다. 태어날 때 마음은 누구나 하얀 종이와 같다. 글을 쓰든 그림을 그리든 종이의 가치는 쓰임에 따라 달라진다. 쓰는 사람의 마음(결심)에 달렸다. 독자들을 감동 시킬 몇 줄의 글로 대대손손 가보가 될 수도 있고, 잘못 쓰여지면 순간에 구겨지고 찢기어 쓰레기통으로 들어갈 수도 있다.

우리들 삶의 운명도 비슷하다. 소유와 무소유의 진리, 그 또한 어찌 다르랴. 문제는 욕심이다. 깜빡 잊었다가도 어느 순간 되살아나서 고삐를 죄는 게 그놈의 욕심이다. 때문에 처절한 수행 없이는 도달하기 어려운 영역이 바로 淸靖無慾(청정무욕)의 경지다. 웃고 울기를 거듭하며 희로애락에 몸이 밴 범부의 일상이란 비우기가 채우기보다 더 어려운 것이다. 가진 자는 더 가지려는 욕심으로, 못가진 자는 가진 자에 대한 상대적 배신감 때문이다.

허기야 욕심 없는 삶은 없다. 행복을 추구하는 한 욕심은 버릴 수 없다. 완전한 무소유는 없다. 생명을 지키는 것, 수양을 쌓는 것, 자비와 사랑의 마음을 갖는 것도 엄격한 의미에서 소유가 아니던가. 지나침이 문제다. 소유의 지나침은 욕심이고, 무소유의 지나침은 죽음이다. 비우라 하면서도 더욱 채우고, 버리라 하면서도 더욱 옥죄는 집착이 바로 욕심이다. 누구나 삶의 구비마다 자글대는 정신적 갈등과 물질적 고통은 한두 가지가 아니다.

왜 훌훌 털어버리고 싶지 않을까. 그러나 그게 그리 쉬운 게 아니다.

청정무욕의 길은 말로는 쉬워도 실천으로 어렵다. 더구나 이기주의가 우선인 오늘의 세태현실에선 더욱 어렵다. 끈적대는 미련 한 가닥이 끈질기게 붙잡고 늘어진다. 때문에 동가식(東家食) 서가숙(西家宿)하며 설산고행(雪山苦行)으로 찾은 부처님의 길, 만백성의 죄 값을 대신해서 스스로 십자가에 매달려 죽음을 자청한 예수의 길은, 淸靖無慾(청정무욕)의 등불이 아닐 수 없다.

영원을 갈망하는 사람들의 욕심에 세월은 아랑곳없다. 물끄러미 하늘을 올려다본다. 하얀 구름이 바쁘게 스친다. 산사의 문장가 법정(法頂) 스님은 "인생은 구름 한 점 생겨나고 없어지는 것과 같다."고 했다. 생겨나고 없어지는 세상의 이치가 어찌 사람뿐일까. 그토록 가지려고만 발버둥치는 욕심도 죽을 때는 내 것이 아니다. 淸靖無慾(청정무욕)…, 소유의 다른 이름 무소유를 생각하게 한다.

청 풍 명 월
淸風明月

생각만으로도 아름답다. 상상만으로도 즐겁다. 어감(語感)만으로도 상쾌하다. 청정함의 대표적 의미는 역시 淸風明月(청풍명월)이다. 공해라는 이름이 태어나기 전의 아름다운 세상을 이르는 말이다. 이 세상은 처음부터 혼탁하지 않았다.

맑은 바람, 밝은 달빛 가득히 내리는 삽상한 초가을 밤. 댓돌아래 풀섶마다 반짝대는 영롱한 이슬 밭에 뉘라서 초대한 향연일까. 풀벌레들의 울음소리 청아하게 자지러드는 밤이면 형언할 수 없는 서정(抒情)들 가득하게 넘치는 淸風明月(청풍명월)은 감미롭다.

고추명석 위에 잠자리 떼 맴돌고, 마당가 목 백일홍 붉은 송아리지어 피어나면, 어김없이 맑은 바람 일기 시작했다. 콩밭이랑에 여물어 고개 숙인 수수이삭 너울대면, 푸른 산 능선타고 앉아 마냥 게으름 피우던 늦더위 뭉게구름도 화들짝 놀라 청람색 구천으로 달아났었지. 남녘에서 오는 훈풍에 봄이 시작되듯, 작은 하늬바람에서 시작되는 가을의 예고….

버섯 등처럼 소복한 초가지붕 위에 듬성하게 매달린 박통들이 뱃살 뽀얗게 드러내는 밤이면 골안개 살포시 어울린 밝은 달빛, 그리도 요요하던

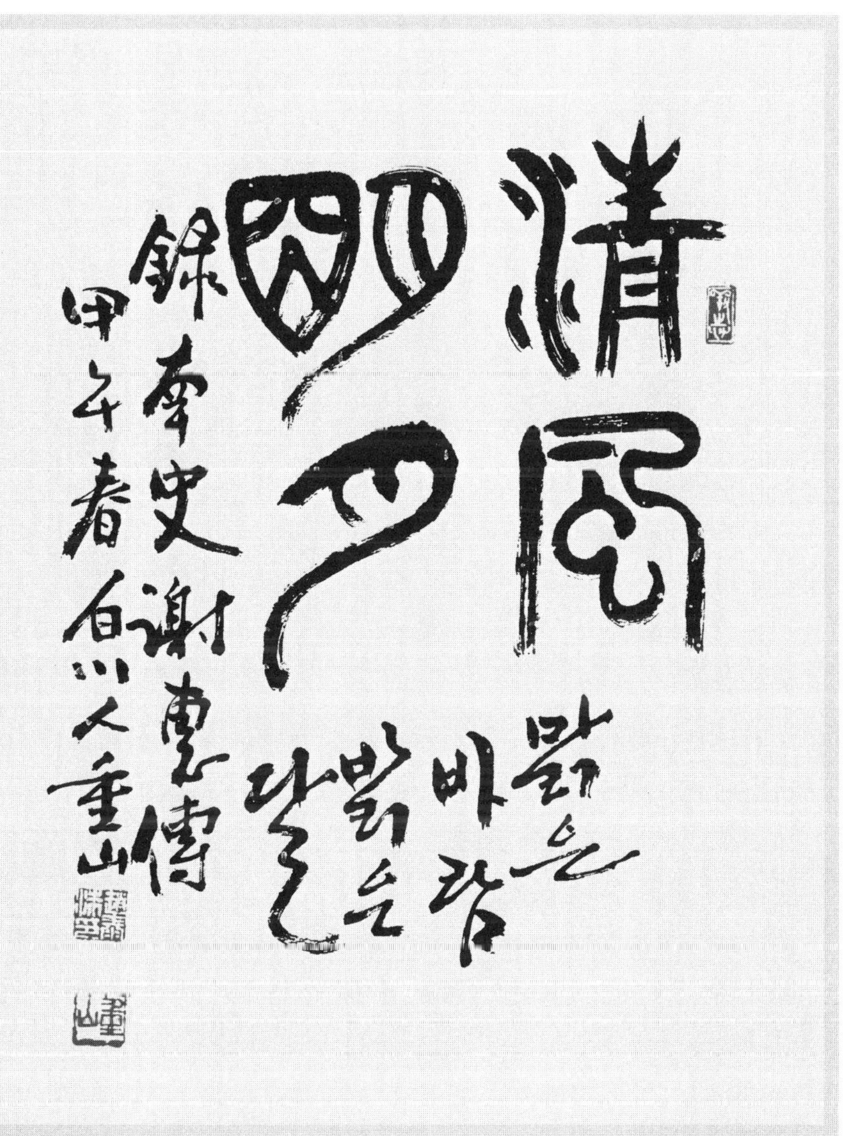
清風明月

고향마을 유년의 추억이 아련해진다.

이슬 먹고 자라 두 다리 통통해진 메뚜기들 지천으로 날아들던 논둑 건너, 뙈기밭에서 캐온 고구마 한소쿠리 삶아 놓고 식구들 모여앉아 어느새 도망간 더위 얘기 섞어가며 맛있게 먹던 날, 마루 끝까지 찾아든 달빛은 어찌 그리 밝기도 했던지…. 어느 누가 중추가절(仲秋佳節)을 읊었는가.

동서고금 권력을 향한 욕심투쟁은 변함이 없나보다. 4세기 초 중국의 문장가 사혜(謝惠)가 읊은 시구(詩句)를 인용해본다. 모함과 갈등이 상존하는 세태현실을 등지고 심산유곡 초야에 묻혀 평생을 보내며 오로지 바람과 달빛 벗 삼아 고독했던 내면의 심사(心思)를 달래던 선비의 주옥같은 시어는 지금도 맑은 바람(淸風), 밝은 달빛(明月)의 서정이 절절하다.

有時獨醉曰(유시독취왈 : 어느 때 혼자서 술을 마시노라면)

入吾室者但有淸風(입오실자단유청풍 : 내 집에 찾아오는 것은 맑은 바람뿐이며)

對吾飮者唯當明月(대오음자유당명월 : 나와 대작해주는 것은 오직 저 밝은 달뿐이다.)

귀양살이 적막함에 오우가(五友歌)를 읊었던 고산(孤山) 윤선도 역시 밝은 달빛을 빼놓지 않았다. "한산 섬 달 밝은 밤에…" 임진왜란 때 남해대첩에서 왜적을 섬멸했던 대장부 이순신(李舜臣)장군의 가슴에도 밝은 달빛은 애간장을 흔들었다.

안 가는 곳도 없고, 못 가는 곳도 없다. 형체도 없고, 질량도 없고, 색상도 없다. 어디서 시작되고 어디서 끝나는지 알 수도 없다. 그러나 누구도 바람의 존재를 부정하는 사람은 없다. 바람은 오히려 모든 삶의 서정을 흔든다. 심금을 흔들고, 영혼을 흔든다. "바람, 바람, 바람, 내님은 바람 이었나…. 스치고 지나는 바람이었나…" 어느 가수가 한 시대를 풍미

하던 바람의 노래다.

또 어느 문장가는 "사람 사는 것 8할이 바람"이라고 적었다. 봄바람, 여름바람, 가을바람, 겨울바람 등 수없는 계절의 바람도 겪어야 하고, 춤바람, 신바람, 선거바람, 심지어는 치맛바람, 허영사치바람, 유행바람 등 세속세태의 바람도 겪어야 한다. 삶의 굽이마다 겪어야하는 세상의 바람들….

누구나 크고 작은 바람을 겪지 않는 삶은 없다. 심지어는 사랑도 바람이다. 속절없이 오가는 바람의 사연에 울고 웃는 게 인생사다. 춥지도 않고, 덥지도 않은 맑은 바람(淸風)에 어우러진 밝은 달빛. 권력도 부질없는 것, 재물도 부질없는 것, 청풍명월은 무아의 세계다. 극락의 세계다. 태평성대 낙원의 세계다. 이성계 건국직후 정도전(鄭道傳)이 품평한 충청도 민심이 바로 淸風明月(청풍명월)이다.

학이시습
學而時習

배움은 끝이 없다. 태어나면서부터 죽을 때까지 이어진다. 흔히 전인(全人)교육을 일컫기도 한다. 엎치고, 기어 다니고, 일어서기, 걸음마 배우기, 말 배우기 등 가정교육으로 시작해서 유아원, 유치원 초, 중, 고, 대, 대학원에 이르기까지 제도교육, 또 성인이 돼 생활전선으로 나가 자기 소질과 취미 적성 따라 분야별 전문교육 등 삶은 온통 교육의 연속이다.

사람은 순간순간마다 처음 사는 인생이고, 또 마지막 사는 인생이다. "지금의 순간이 가장 최초이고, 가장 마지막이다."라는 어느 철인의 말은 진리다. 세상을 미리 알고 태어나는 인생도 없고, 사는 방법을 미리 배우고 태어나는 인생도 없다. 태어나는 순간부터 세월 따라, 삶의 변천 따라 배움의 과정도 계속 달라지고 새로워진다.

때문에 옛부터 "배우는 것도 때가 있다"고 했다. 내가 살아온 세월을 회상해도 선인들의 말씀이 틀림없다. 시기를 놓치면 배움도 어려워진다. 나이 어린 친구들과 동급생이 되어 만학의 경험은 해본 사람만이 안다. 대학에서 교수들도 내 이름 끝에는 '씨(氏)'자를 붙였다. 등하교할 때 흔히 교수로 오인받기도 여러 차례였던 경험이 새롭다.

學而時習

学而时習之不亦說乎有朋自遠方來不亦樂乎人不知而不慍不亦君子乎

解論語学而篇

甲午立春節 重山

어느 날 TV에서 81살의 할머니가 7살 어린이들과 어울려 초등학교 1학년 3반 교실에서 한글 기초공부하는 광경을 보았다. 만학(晩學)의 화제성을 돋보이게 하기 위해 방송국 측의 연출이었는지는 알 수 없으나, 증손녀 쯤 되는 어린이들과 동급생이 되어 가슴에 이름표를 달고 앉아 함께 공부하는 모습이 실소(失笑)케 했다.

논어 첫머리에 나오는 공자 말씀이 떠오른다. "學而時習之不亦說乎(학이시습지불역열호 : 배우고 익히면 그 또한 기쁘지 아니한가.)" 지금은 학교에서 가르치는 한자공부도 시들해졌다. 옛날에 배우던 한자공부는 단순한 글자 익히기 공부만이 아니었다. 글자 속에는 전인교육에 해당하는 의미가 포함돼 있었다.

모르는 것을 배우는 것만큼 큰 보람도 없다. 배워서 알게 되는 보람은 곧 기쁨이다. 사람이 일평생 사는 최고의 목표는 남보다 많이 아는 것이다. 많이 아는 길은 많이 배움이다. 남보다 많이 배우고 많이 알아야 성공한다는 신념은 동서고금 모두의 소망이다. 때문에 배움은 인생의 최고 가치이고, 누구에게나 최고의 희망이다.

살다보면 우리가 바라고 원하는 것은 정말 많다. 그 중에서도 제일 큰 소망이 지식이다. 그러나 지식은 쉽게 얻어지는 게 아니다. 배우고자 하는 열정과 노력이 따라야 한다. 무수한 실패와 역경도 겪어야 한다. 인물은 그냥 만들어지는 것이 아니다. 남들이 인정하고 추종해야 한다. 역시 배움으로 깨달음을 얻는 자만이 가능한 수양의 영역이다.

우리는 항상 오늘보다 나은 내일을 원하며 산다. 그러나 내일은 무슨 일이 닥칠지 아무도 모른다. 때문에 지식이 필요하다. 지식은 진리를 포함하고 있기 때문이다. 진리는 어떤 경우라도 변함이 없다. 내가 살고 있는 오늘은 어제와 분명 다르다. 해도 같고, 달도 같고, 바람도 그 바람 같건만, 그러나 어제가 아닌 오늘이다. 오늘은 무엇을 배울 것인가.

누구에게나 명작은 단숨에 만들어지는 게 아니다. 죽어있는 글자를 하나씩 모아 생명과 감성을 넣어 구절로서의 의미를 형성하고, 다시 구절들의 의미를 모아 문장으로 엮어 감동을 만들어 낼 때 비로소 글자들은 서로 모여 작품이라는 형태로 생명을 갖게 된다. '공부'라는 배움 없이는 불가능한 작업이다.

배움은 곧 죽어있는 글자들에게 생명을 넣고 감성을 넣어 정의도, 평화도, 또 사랑도, 행복도 만들어내는 기쁨이 된다. 그래서 배움은 진리고, 희망이며, 최고의 가치가 된다. 아는 만큼 힘이 되는 게 곧 배움이다. 학교공부 끝나기 무섭게 사설학원으로 달려가야 하는 요즘 어린학생들을 보노라면, 인생 삶 중에서 배움의 비중이 얼마만큼 지대한지를 실감케 한다.

향 원 익 청
香遠益淸

사랑하는 사람은 멀어질수록 더욱 그리워지는 것이다. 군자의 덕행이 먼 곳까지 이르는 것과도 같은 이치다. 아름다운 향기는 멀수록 더욱 은은하고 맑다. 난초를 보았는가. 아니! 난성(蘭性)을 아는가.

언젠가 당송(唐宋)문집에서 읽었던 의난조(猗蘭操) 한 구절이 떠오른다. "난초꽃의 향기는 꽃 중에 으뜸인데 잡초 속에 묻혀 아무도 알아주는 이 없음"을 탄식하며 읊은 공자(孔子)의 난초노래다. 난초는 본래 잡초 속에 자랐다.

그런 잡초가 어느 날 코끝에 날아든 맑고 아름다운 향기 때문에 공자의 눈에 띄어 군자반열까지 올랐다. 공자는 원대한 포부와 사상을 만방에 펼치고자 13년 동안이나 제후열국 70여 곳을 순방했으나 어디에서도 그의 심오한 철학을 알아주는 사람이 없었다.

비감(悲感)어린 허탈한 노정(路程)을 누가 알까. 공자는 스스로 탄식을 하며 다시 고향인 노(魯)나라로 돌아오는 길이었다. 어느 날 험준한 산길 협곡(峽谷)을 지날 무렵, 우연히도 코끝을 스치는 맑은 향기에 공자는 길을 멈추고 깊은 계곡 풀숲을 유심히 살폈다.

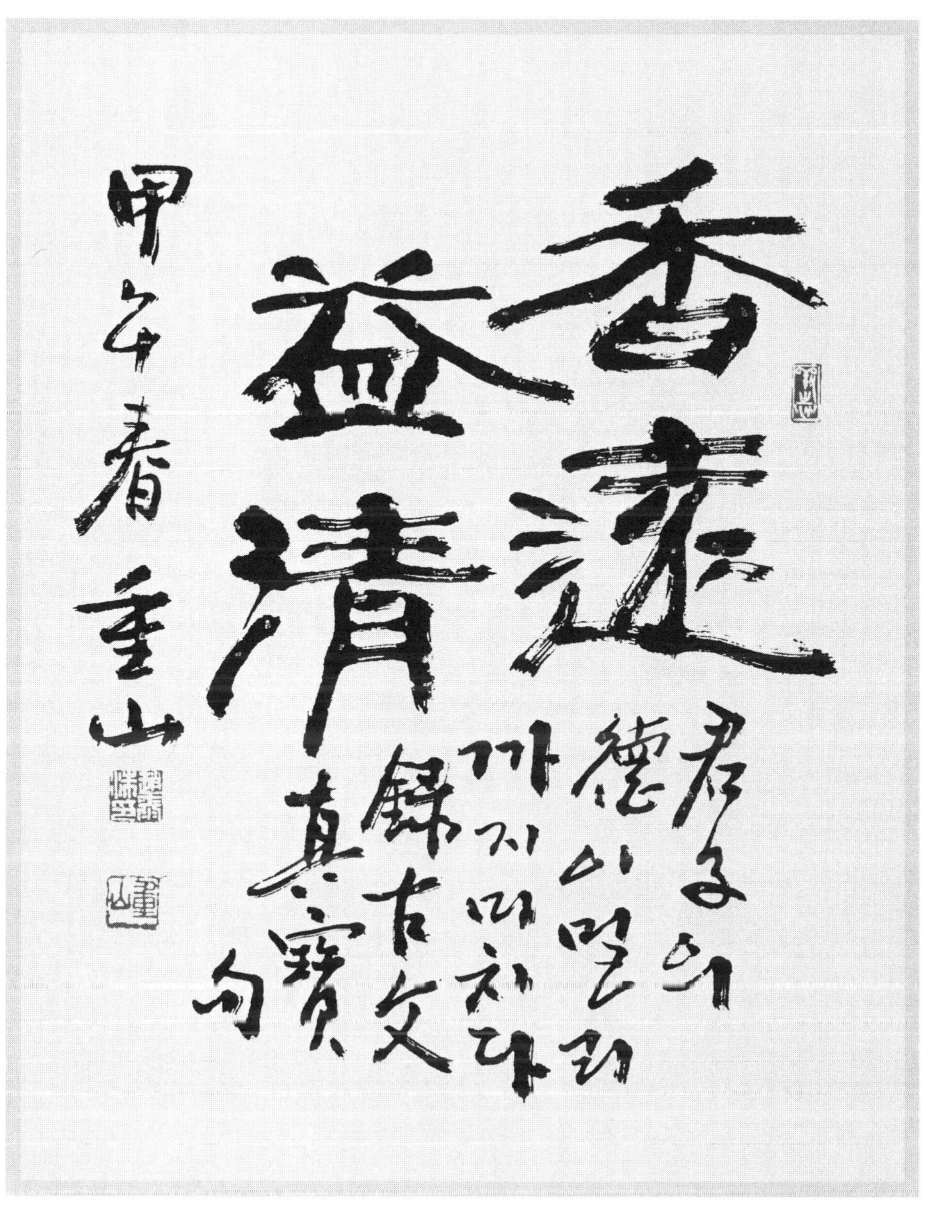
香遠益清
錄古文眞寶句
甲午春 重山

누구도 보아주는 이 없고, 알아주는 이 없는 잡초 속에서 청초한 자태의 난초 한포기가 피워낸 꽃 향기였다. 비록 잡초 속에 묻혔지만 자태가 예사롭지 않은 난향에 매료되어 공자는 즉석에서 금(琴 : 거문고 비슷한 중국의 고대악기)을 꺼내 자신의 상심을 비유해 읊은 노래 한 곡조(의난조)가 지금까지도 난초재배전문가들에게 지워지지 않고 있다. 이렇듯 한 포기의 맑은 난초향이 공자에겐 커다란 깨달음 하나를 더 보태게 한 것이다. "비록 잡초 속에 묻혀 있어도 향기만은 고결하구나."

청초한 자태, 고결한 향기, 난초가 가히 사군자반열에 오른 것도 공자와의 만남이요, 난향을 가리켜 군자향(君子香)이라 이른 것도 이때부터다. 제후열국을 순방했으나 세속의 무지로 고고한 학문철학을 만방에 펼치지 못한 채 고향으로 돌아오는 공자의 허탈한 심경을 위로해주는 것은 오로지 난초 향뿐이었던 것이다. 비록 잡초 속에 묻혀 자랐을지라도 그 맑고 고운 향기만은 어느 잡초와도 비교될 수 없음을 공자는 깨달았다.

'영혼의 꽃'으로 일컬어지는 학문의 향기인들 무엇이 다를까. 공자가 세상을 떠난 지 이미 수십 세기가 지났다. 명멸한 역사의 부침은 헤아릴 길 없어도, 그의 차원 높은 사상과 철학은 인류의 영원한 등불이듯, 험준한 계곡 속에 자라던 잡초가 어느 날 갑자기 사군자 반열에 오르고, 그 꽃향기 또한 군자 향 칭호로 영원하니, 북송(北宋)초기 성리학의 선구자였던 주돈이(周敦頤)의 애련설가(愛蓮說歌), 香遠益淸(향원익청)과도 다르지 않다.

사람마다 눈, 코, 귀 등의 오감으로 느끼는 아름다움은 누구에게나 잊어지질 않는다. 멀수록 맑은 난초꽃 향기에 취해 인품 지고(至高)한 선비들의 시문가곡이나, 예능선객 한량들의 심금 속에 넘나들기는 또한 얼마만큼의 세월이었을까. 때로는 매음(賣淫)기방(妓房)의 음탕한 장식용으로 전락하고, 또는 음흉한 탐관오리(貪官汚吏)들의 환심용으로 거래되는 불명예 수난인들 어찌 없었을까.

예부터 난향은 천리(千里)고, 문향(文香)은 만리(萬里)라고 했다. '영혼의 꽃' 좋은 글의 향기는 어찌 만리 뿐이겠는가. 시공을 넘어 영원으로 이어지는 게 글의 향기이다. 눈으로 읽는 글의 향기는 마음을 흔든다. 감동을 뛰어넘어 심금을 울리고 영혼을 흔든다. 아름다운 글의 향기만큼 맑은 게 없고, 이로운 게 없다. 우연히 읽은 시 한 수에 감동되어 인생관을 바꾸고, 삶의 가치를 깨닫는 사람들이 많다. 요즘 글 쓰는 사람들이 많다. 모두가 향기를 뽐내지만, 그러나 감동스러운 글이 별로 없다. 글 쓰는 사람들의 최고 소원은, "오래도록 전해지며 읽어 이로운 향기 전하는 글" 이다. 바로 내 마음이고, 내 꿈이다.

형설지공
螢雪之功

중학교에 입학하던 해 4월쯤이었다. '학원'이란 잡지사에 보낸 〈꿈〉이란 제목의 짤막한 작문이 당선, 발표되면서 그때부터 나에겐 글을 읽고, 쓰는 습관이 생겼다. 돌이켜 생각하면 오늘의 내 운명이 아마도 그때부터 싹튼 것 같기도 하다.

허겁지겁 달려갔어도 간신히 지각을 면한 원거리통학생들의 비애이듯, 그날 역시 책가방도 교실에 갖다놓을 새 없이 가까스로 참석했던 아침 전교생 조회시간이었다. 학급별로 담임선생님의 출석 호명과 학교공지사항이 끝나면서 교장선생님의 훈화시간으로 이어졌다.

교단에 올라선 김영진 교장선생님 말씀 중간에 "우리학교 1학년3반 류인석군이 서울 '학원사'에서 공모한 작문 중에서 산문부문 당선자로 학교에 통보가 왔다"며 "螢雪之功(형설지공)의 노력"이라는 칭찬을 받은 기억이 지금도 새롭다.

그 때는 형설지공이 뭔지도 몰랐다. 장황한 교장선생님의 칭찬도 먹먹했다. 궁금증으로 지루한 6시간 공부가 끝나기가 급하게 읍내 책방 '홍문당'으로 달려갔지만, 다음 달 책에 발표될 것이란 대답만 듣고 집으로 돌아왔다.

마음속에 다음 달…, 다음 달…만을 뇌까리며 걸었기 때문인지 그 날은 오솔길 6㎞거리도 멀지 않았고, 굶은 점심에 허기진 배고픔마저도 잊었다. 교장선생님의 훈화를 통해 전교생들 앞에서 형설지공의 칭찬만으로도 어린마음은 배가 불렀던 것이다.

그 무렵 나는 책 읽기에 빠져 있었다. 국어선생님이시던 전주영(全周榮)선생님이 담임이셨기에 각별한 사랑도 받았다. 석유등잔불 끄름에 콧구멍이 새까매지도록 밤새워 읽었던 심훈(沈熏)의 '상록수'는 지금도 환상에서 지워지지 않는다.

여름밤 농촌계몽운동으로 만난 박동혁과 채영신의 사연이었다. 왜정 제국주의에 짓밟히던 민족 수난기, 항일운동으로 청춘을 불태우던 두 사람의 아름다운 사랑이야기는 사춘기 초기의 심상을 자극하며 내 마음속에 자리잡기 시작한 것이다.

그날 밤은 잠도 오지 않았다. 조

회시간에 교장선생님께서 말씀하신 형설지공만을 거듭 되뇌었다. 여름밤이면 반딧불로 책을 읽었고, 겨울밤이면 창밖에 쌓인 하얀 눈빛으로 공부를 했다는 의미도 그때 깨달았다.

감히 선인들의 교훈에 비길 수는 없지만, 내가 책을 즐겨 읽을 때 역시 배급제에 쫓겨 석유등잔불마저도 넉넉지 못하던 6·25남침전쟁 직후의 시기였다. 저녁만 되면 아버지는 날마다 "기름 닳는다. 등잔불 끄고 일찍 자라"는 당부이셨다.

그러나 책만 잡으면 아버지 당부도 잊은 채 밤새우기 예사였다. 항상 빌려보는 책이기에 반납해줘야 될 심리적 부담으로 쫓기기도 했지만, 종례시간마다 "어제 읽은 책 독후감을 얘기해보라"는 담임선생님의 각별하신 관심도 작용했다.

지금 심정으로는 두 가지 후회다. 다른 공부도 그토록 열심히 했으면 오늘보다는 좀 나은 삶이었을 것을…. 또 하나는 초지일관 글을 읽고 쓰는 일에만 계속해서 매달렸으면 지금쯤은 당당한 작가반열에 올라있을 지도 모르는데….

문제는 가난이었다. 철없는 마음에도 부모님에게만 매달릴 수 없었던 것이 당시의 현실이었다. 책읽기, 글쓰기도 호사스런 인연이었던가. 점차 멀어지기 시작했다. 교장선생님께서 말씀하신 형설지공의 교훈도 실천해내지 못했다.

중국 최고의 서도가 왕희지(王羲之)에 비교될 만큼 절후의 명필로 전해지고 있는 조선 중기의 서예가 한석봉(韓石峯)의 얘기가 스친다. 일찍 아버지를 여의고 가난에 쫓겨 떡 장사로 연명하던 어머니 밑에서 글공부를 했다. 지필묵(紙筆墨)조차 살 수 없자 손가락 끝에 물을 묻혀 항아리나 돌 위에 글씨연습을 했다는 눈물겨운 노력, 바로 형설지공이다.

혜 풍 화 창

惠風和暢

사람마다 생각이 다르듯, 가치관도 틀리다. 또 시대 따라 환경 따라 생활주관이 변하기도 한다. 착한일로 바르게살기를 최고의 가치로 삼는 사람이 있는가하면, 모함 흉계 수단방법 가리지 않고 출세만을 최고의 가치로 삼는 사람도 있다.

惠風和暢(혜풍화창 : 은혜로운 바람은 화창하다)이란 사자성어가 있다. 중국의 서학(書學)대가로 후세에 궤범(軌範)되고 있는 왕희지(王羲之)의 필적(筆蹟)을 두고 이르는 말이다. 동진(東晋) 목왕(穆王) 9년때다. 당시 우장군(右將軍) 회계내사직(會稧內史職)에 있던 왕희지의 주최로 음력 정월 첫 사일(巳日)에 신(神)께 빌어 재앙을 떨쳐버리는 불계의례(祓稧儀禮)란 의식 행사를 벌였다.

의식행사 후 41명의 문인묵객(文人墨客)들이 곡수(曲水 : 돌아 흐르는 물) 주변에 둘러앉아 뒷풀이 행사로 흘러오는 술 한 잔에 시(詩) 한수씩 지어 올리게 하고, 왕희지는 이 시를 모아 한권의 책으로 만들어 서문을 썼다. 지금까지도 유명한 난정서(蘭亭敍)였다. 이 서문이 절후(絶後)의 명문장으로 고문진보(古文眞寶)에까지도 수록되어 먼 후세 서학도(書學

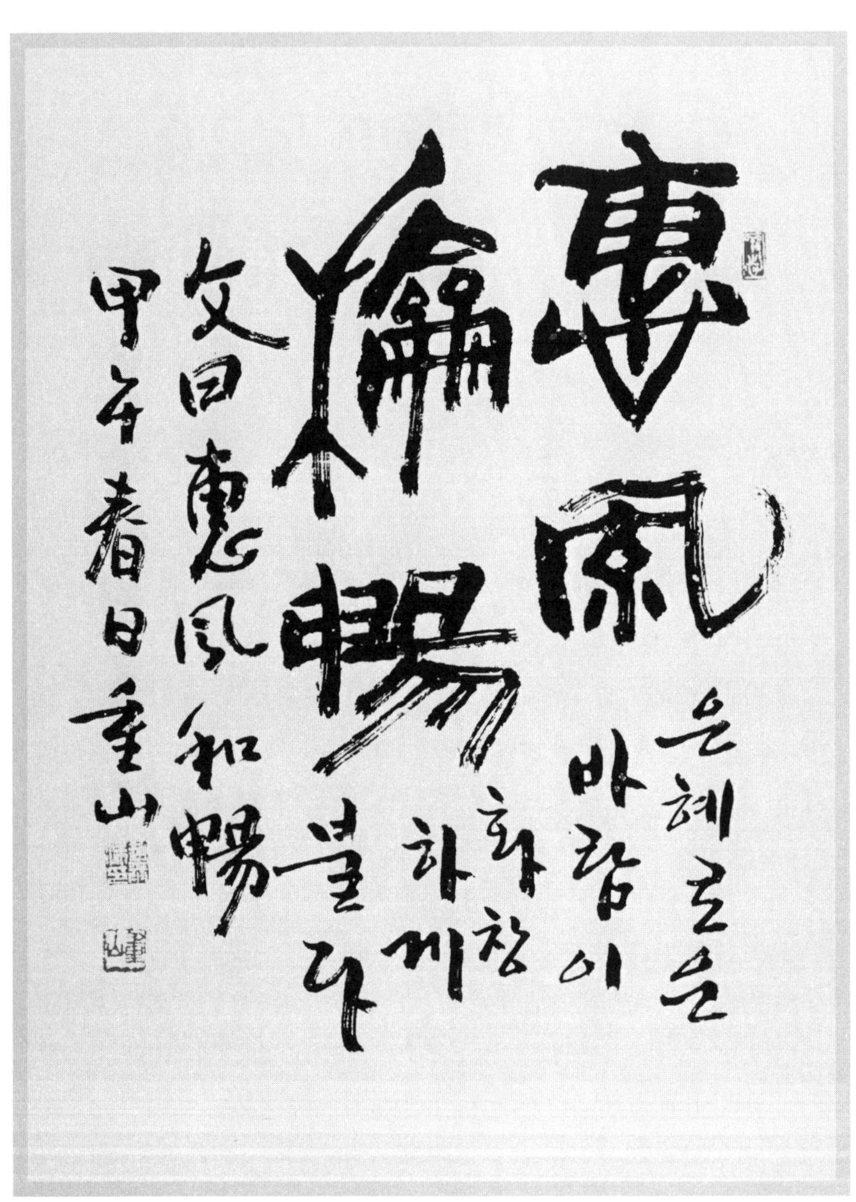
惠風和暢
은혜로운
바람이
화창하게
분다
文曰惠風和暢
甲午春日

徒)들에게 까지 화창한 은혜의 바람으로 일컬어지고 있다.

'난정서(蘭亭敍)'는 문장도 주옥같았지만, 왕희지 필적이 더욱 유명하다. 전문 324자가 28행으로 씌어졌고, 같은 자가 중첩될 경우 자체(字體)의 형취(形趣)를 달리였으니, 20여 번이나 중복되는 지자(之字)는 자(字)마다 형체를 달리한 서도의 묘를 다하였다. 그야말로 신이 쓴 걸작이라 하여 왕희지 가보로 물려왔다는 것.

난정서는 왕희지의 7대 후손인 지영(知永)까지 물려오다, 지영이 세상을 마치면서 제자인 고승(高僧), 변재(辯才)에게 물려주었다. 변재는 스승인 지영의 "惠風和暢(혜풍화창)"을 소중하게 지키기 위해 내들보에 구멍을 뚫고 그 속에 난정서(蘭亭敍)를 간직했다.

이때 왕희지의 필적을 수집하던 당나라 태종(唐太宗)이 왕희지의 걸작으로 알려진 난정서 소장자가 변재라는 사실을 알고, 내놓을 것을 수차 권고하였으나 모두 허사였다. 체념할 수 없었던 당태종은 대신들을 모아놓고 묘책을 논의하던 끝에 계략에 능한 감찰어사(監察御使)가 나섰다. 태종황제로부터 왕희지의 잡첩(雜帖) 2권을 받아든 감찰어사는 서생으로 변장하고 변재가 있는 절을 찾아갔다.

감찰어사는 여러 날을 절에서 묵으며 변재스님과 마음이 십년지기처럼 친해졌다. 어느 날 화두가 서예로 이르자 감찰어사는 변재에게 왕희지의 잡첩 두 권을 슬며시 보여주었다. 묵묵히 보고 있던 변재는 "좋은 진적(眞蹟)이기는 하나 최상의 것은 아니다"며 변재선사는 드디어 아무에게나 보여줄 수 없는 최상의 진적 '난정서(蘭亭敍)'를 대들보 구멍 속에서 꺼내 감찰어사에게 보여 주고 말았다.

계략에 음흉했던 감찰어사는 변재선사가 보여준 '난정서'에 내심으로는 쾌재를 부르면서도 겉으로는 무관심한 척 표정을 지었다. 무명(無明)

에 물들지 않았던 변재선사는 음흉한 감찰어사의 계략도 모른 채 '난정서'를 책상위에 그대로 놔두고 잠시 자리를 비웠다. 드디어 기회를 잡은 감찰어사는 그 소중한 '난정서'를 품속에 간직하고 절간을 빠져나와 궁궐 안으로 도망쳐 태종황제에게 바쳤다. 황제는 크게 기뻐하며 감찰어사에게 높은 벼슬을 주었다.

당시 81세인 변재(辯才) 노승은 변장한 감찰어사에게 속아 '난정서'를 도둑맞은 후 곡기를 끊은 채 신음하다 임종했다는 기록이 전한다. (重山 趙泰洙의 翰墨紀行). 왕희지는 시공을 뛰어넘는 필적으로 후세에 "화창한 은혜의 바람"을 남기고 있다. 나는 무슨 생각으로 오늘을 살고 있으며, 후세들에게 무슨 바람을 남길 것인가. 감히 은혜까지는 미치지 못할망정, 깨어져도 반짝대는 유리조각처럼 수필 한 토막 빛나는 바람 한줄기 만들어 낼 수는 없을까.

호연지기
浩然之氣

"한산 섬 깊은 밤에 수루에 홀로 앉아/ 긴 칼 옆에 차고 깊은 시름 잠길 적에/ 어디서 일성호가는 나의 애를 끊나니… " 충무공 이순신(忠武公 李舜臣)장군의 우국충정(憂國衷情)어린 절절한 시조 한수가 언뜻 스친다.

유학자였던 충신 율곡(栗谷)의 십만 양병설도 무시한 채, 조정내부에서는 날마다 당파싸움과 끊임없는 권력투쟁으로 국가기강이 무너졌으며, 조세제도 문란으로 민심이 사분오열되어 쇠약해진 국력이 바닥까지 내려앉았다.

무기를 만들고 군사를 훈련시키며 대륙의 침략기회를 노리던 일본의 '도요토미 히데요시'가 드디어 명나라와의 전쟁을 빌미로 조선 땅을 침략했다. 조선의 관군들이 일본군에 패전을 거듭하자 선조(宣祖)까지 한양의 궁궐을 버리고 평양으로 쫓겨가야 했다.

기강이 무너진 백성들은 민란을 일으켜 공사노비(公私奴婢)의 문서를 불태우고 경복궁, 창덕궁 등 궁궐마다 쳐들어가 약탈까지 하게 됐다. 왜적방어를 목적으로 세워진 경상 좌수영과 우수영은 싸움 한 번 제대로 해보지 못한 채 왜적에게 연전연패했다.

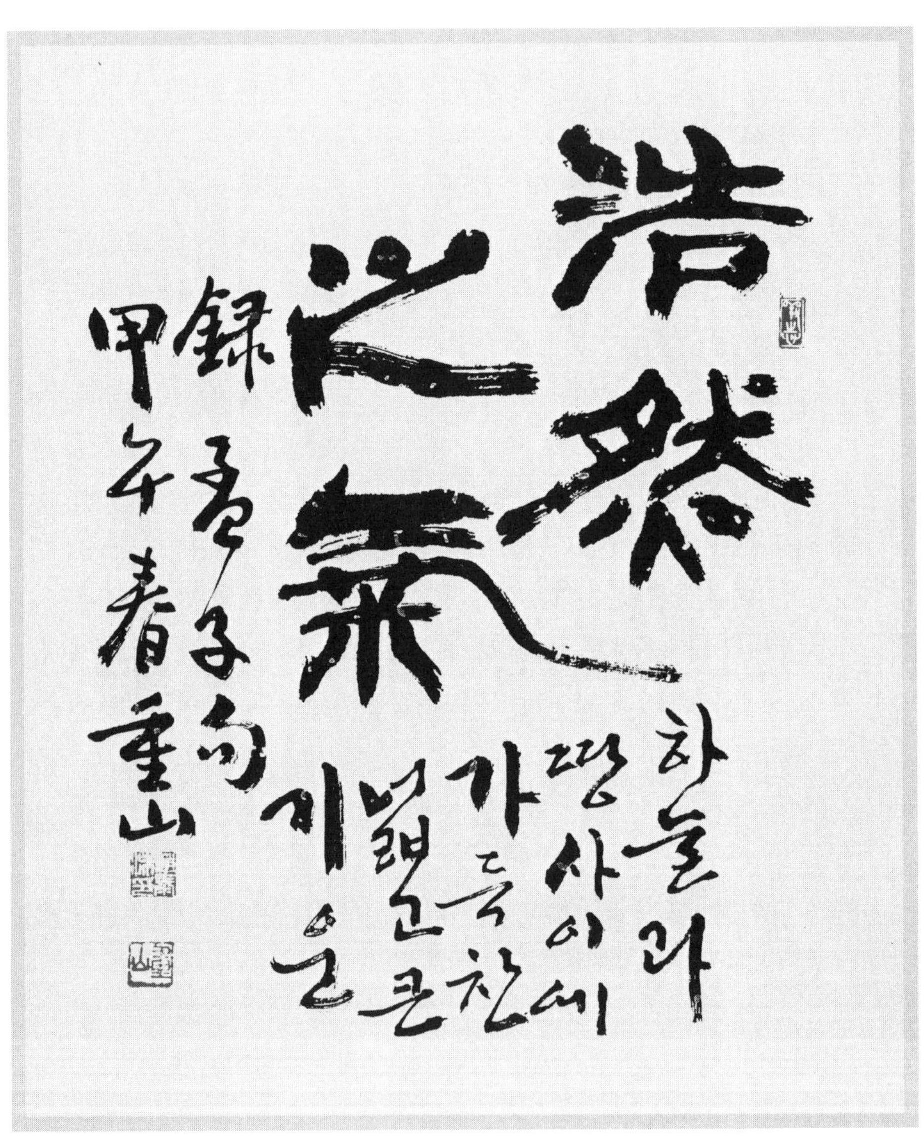
浩然之氣
하늘과 땅 사이에
가득 찬 넓고 큰
기운
錄孟子句
甲午春 重山

전라좌수영의 수군절도사였던 이순신장군은 경상 우수영의 패전보고를 접하고 참담한 심경으로 옥포로 출동하여 당포, 한산을 거쳐, 부산앞바다에서 모조리 왜적을 물리쳤다. 특히 한산앞바다 싸움은 내륙의 진주성, 행주성 전투와 더불어 임진왜란 3대첩으로 이른다.

"한산 섬 달 밝은 밤 수루에 홀로 앉아…"를 읊은 시조는 국가의 명운을 짊어진 이순신장군의 심경 그대로다. 밝은 달빛 무심하게 깊어진 밤, 왜적들과의 전장 터인 한산 섬에서 풍전등화 같이 위기에 처한 호국사명을 걱정하는 이순신 장군의 호연지기는 결연하다.

"한산 섬 달 밝은 요요한 밤에 높은 수루에 홀로 앉아서 / 큰 칼 옆에 차고 나라의 운명을 생각하며 큰 걱정에 잠겨 있는데 / 어디서 누가 부는 소리인가, 한 가닥 피리소리가 나의 창자를 끊는 듯, 슬프게 들리는구나"

풍류적인의 문장가의 기질도 충분하다. 그러나 침략하는 왜적과 싸워야 하는 장군으로서 비장한 각오와, 나라와 백성의 운명을 걱정하는 우국충정(憂國衷情)을 담은 浩然之氣(호연지기)가 뜨겁게 넘쳐흐르는 눈물겨운 시조시다. 이순신장군은 절세의 영웅이다.

툭하면 사람들은 호연지기를 말한다. 호연지기는 말로서 표현하기 어려운 내면의 결심과 실천이 따라야 하는 철학적 용어다. 중국의 제(齊)나라 출신 공손추(公孫丑)라는 제자가 맹자(孟子)에게 '浩然之氣(호연지기)'란 무엇이냐고 물었다.(重山 趙泰洙의 翰墨紀行)

그러자 맹자는 "그것은 말로서 설명이 어렵다. 그 기운은 지극히 크고 강하며, 바르게 길러서 남에게 해침이 없이 덕으로 널리 퍼져 하늘과 땅 사이에 가득 차게 된다. 그 기운이란 의(義)와 도(道)를 포함하니, 이것이 없으면 호연지기라 할 수 없다"고 답했다.

백제 계백(階伯)장군의 호연지기 또한 백제(百濟)인들의 표상이다. 당초 신라와 백제는 동맹국이었다. 그러나 신라가 한강유역을 강점하자, 백제는 신라와 동맹관계를 깨고, 다시 고구려, 일본 등과 친교를 맺고 신라에 대항했다.

그러자 위기감을 느낀 신라는 중국 당나라와 동맹을 맺고, 5만 명 나당 연합군으로 백제를 침공한다. 평소 충신들의 작전계획도 물리친 백제 의자왕은 향락에 빠져 있다가 사태가 위급해지자, 2품 벼슬에 있는 계백을 장군으로 명했다.

이미 나라의 운명이 기울어졌음을 직감한 계백(階伯)은 죽기를 각오한 5천명의 결사대를 이끌고 출전하면서 "살아서 적의 노비가 됨은 차라리 죽음만 못하다"며 자기의 처자를 모두 자기 칼로 죽여 비장한 결의를 보였다. 중과부적(衆寡不敵)은 백제멸망의 한을 남겼지만, 계백장군의 浩然之氣(호연지기)는 부소산 삼충사(三忠祠)에 길이 봉안되고 있다.

홍익인간
弘益人間

우리나라 개국시조인 단군왕검(檀君王儉)의 건국이념이 弘益人間(홍익인간)이다. "널리 인간세계를 이롭게 한다."는 건국이념은 '고조선 건국신화' 및 '삼국유사'에 기록되고 있다. 단군왕검이 나라를 세운 것은 기원전 2333년, 무진년(戊辰年) 양력 10월 3일이다. 최초의 민족국가로 도읍을 왕검성(평양)에 정하고, 국호를 '조선(朝鮮)'이라 하였으며, 왕위에 올라 건국이념을 '홍익인간'이라 하였다.

'홍익인간'은 이때부터 대한민국의 건국이념이 되었고, 1948년 정부수립이후 민주헌법에 바탕을 둔 교육법의 기본정신이 되기도 하였다. 교육법 제1조에는 "교육은 홍익인간의 이념아래 모든 국민으로 하여금 인격을 완성하고, 자주적 생활능력과 공민으로서의 자질을 구유(舊遊)하게 하여 민주국가발전에 봉사하며 인류 공영(共榮)의 이상실현에 기여함을 목적으로 한다."고 규정되어 있다.

선정(善政) 선학(先學)으로 나라와 백성을 널리 이롭게 다스린 역사 인물들은 숱하게 많다. 그러나 한글을 만들어 어리석은 백성들에게 널리 배우게 함으로써, 오늘날 전 세계적 우수국민으로 우뚝 서게 한 역사적

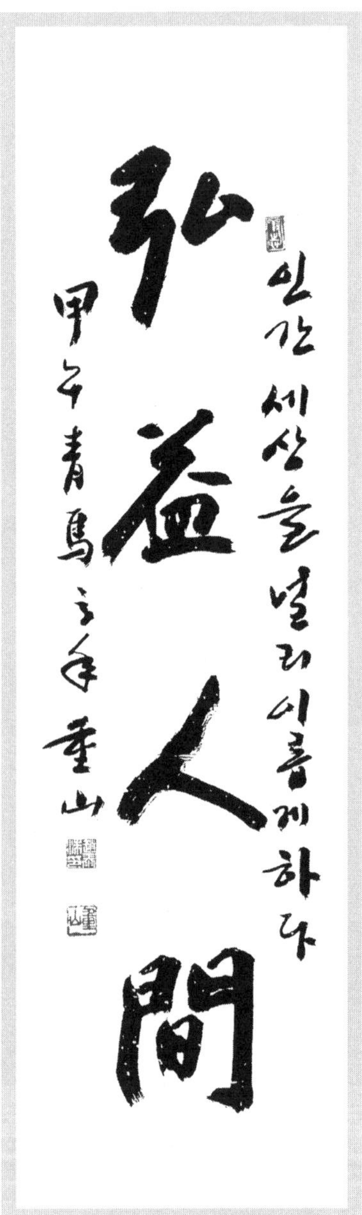

인물은 조선조 4대 임금 세종대왕이다. 나라 글 훈민정음(訓民正音)을 만들어 반포했고, 공중해시계(仰釜日구), 세계최초의 측우기, 물시계(自擊漏), 별자리 따라 밤 시각을 알 수 있는 일성정시의(日星定時儀) 등 열거할 수 없을 만큼 많은 통치업적을 남겨 나라 백성 모두에게 이롭도록 단군의 개국이념인 弘益人間(홍익인간) 실천에 앞장섰다.

태종에 이어 약관 22세 나이로 조선왕조 4대 임금이 된 세종은 53세로 임종하기까지 만32년 재위기간 동안 오로지 나라와 백성들을 이롭게 하기 위한 치적을 남겼다. 집현전을 설치하고 학문을 펼치게 했으며, 군사제도를 개편했다. 통화제도를 개혁하여 조선통보를 주조케 했고, 농경 진흥을 위해 '농사직설(農事直說)'을 편찬했으며, 우리나라 최초의 팔도 지리책 '팔도지지리(八道之地理)'를 편찬했다.

혼천의를 만들었고, 향약집성방을 편찬했으며, '갑인자'란 구리활자를 만들어 숱한 책을 출판케 했다. 또 김종서장군에게 명하여 여진족을 멸하고 압록강 두만강 이남의 한반도 땅을 국토화시켰다. 치평요람(治平要覽)을 완성하고 용비어천가(龍飛御天歌)를 발표했으며, 석보상절(釋譜詳節), 월인천강지곡(月印千江之曲)을 만들었다. 1446년 9월 19일(양력 10월 9일)에는 직접 창제한 훈민정음(訓民正音)을 선포하고 모든 공문서에 한글을 쓰게 하였으니, 세종대왕 이상으로 백성들을 널리 이롭게 한 임금이 또 있는가.

36년간의 일제식민지에서 광복이후 최근세사에서 홍익인간이념 실천에 충실했던 통치자는 박정희 대통령이 뛰어나다. 1970년부터 시작된 박정희 대통령의 새마을운동은 대대손손 숙명처럼 물려오던 이 나라의 가난을 물리치는데 결정적 정신운동이었다.

다수확품종인 통일벼를 개발해 초근목피로 연명해오던 비참한 국민의 식량난을 완전 해결했고, 또 오늘의 세계경제강국반열에 오를 만큼 국력을 쌓는데 결정적 기틀이 됐다. 새벽종이 울렸네. / 새아침이 밝았네. / 너도 나도 일어나 새마을을 가꾸세… 국민들에게 사기를 북돋은 새마을 노래는 아직도 시공에 감돈다.

농어촌 재건운동으로 시작돼, 생활기반 개선사업, 영농기반 조성사업, "하면 된다."는 국민들의 의식개선사업까지 벌여 나라 전체의 경제성장 원동력이 됐다. 국민들 모두가 이로운 사회, 잘사는 사회가 됐다. 근대역사 중에서 누가 박정희 대통령만큼 弘益人間(홍익인간)이념 실천에 충실했는가.

문 향 만 리
文香萬里

뒷산 두견새 울음소리 자지러들고, 어스름달빛에 산골 논 개구리들 잠 못 드는 늦은 봄밤, 5월의 훈풍타고 밀려드는 마당가 오동 꽃향기를 맡아 본 향촌(鄕村)의 추억을 아는가. 능선타고 넘어오는 6월의 밤꽃향기 그윽한 산골 집 뒤뜰에 흐드러지게 피어난 모란꽃 너그러운 자태를 글로 그려 본 적이 있는가.

향기 나는 사람, 향기 나는 사랑, 향기 나는 글…, 인간이 추구하는 모든 감성의 초점은 향기다. 때문에 향기를 제쳐놓은 인간의 이상은 없다. 글 쓰는 사람들일수록 추구하는 최고의 이상이다. 천리, 만리 향기 나는 문장 하나 찾기 위해 문학도들의 노력은 치열하다.

물리적으로 따진다면 생명도 없는 글 속에 무슨 향기가 있나. 그러나 정서적으로 따지고 보면 글에 비교될 생명도 없고, 향기도 없다. 한구절의 글 앞에서 울기도 하고 웃기도 하고…. 군자 향으로 비유되는 난초향인들 어찌 문향(文香)을 따르겠는가.

문향은 시공을 초월한다. 만리도 가지만, 만년도 간다. 멀리 갈수록, 오래 갈수록 더욱 아름다워지는 게 문향이다. 사색에 의한 높고 깊은

향기이며, 피와 살을 태우는 번뇌의 향기이기에 풍길수록 더욱 고상해지고 황홀해지는 끝없는 향기다.

미쳐야 피워내는 향기, 내적인 영향력이나 작용력을 모두 바쳐야 피워내는 향기다. 글의 향기는 깨달음과 참선의 경지에 다다르는 거창한 설명이 필요 없다. 사회정서를 바꾼다는 공익성도 따질 필요가 없다.

자아(自我)가 거부당한 사회에 살지라도, 진실한 삶으로 나가고 싶다는 고백만 담기든가, 아니면 고해로서 평정을 얻고 싶다는 진실만 표현되면 글의 향기는 독자들의 심금에서 은연중에 풍기게 된다.

가장 인간적인 체온을 느끼게 하는 글…, 가장 인간적인 마음을 깨닫게 하는 글…. 상상은 경험과 관계없다고 쓰든, 경험하지 못한 것을 상상할 수도 있다고 쓰든, 또 자신을 바보라고 쓰든, 멍청이라고 쓰든, 독자들에게 감동을 느끼게 하는 글은 향기가 난다.

거울을 통하여 자신을 조명하듯, 글을 통하여 자신을 생각하게 하는 이성, 슬퍼서 눈물을 쏟게 하는 글, 기뻐서 너털웃음을 터뜨리게 하는 글, 분노가 치밀어 가슴을 들썩대게 하는 글들은 모두가 감동하는 글이고, 향기 나는 글이다.

장미꽃 향기가 다르고, 라일락 향기가 다르듯, 글마다 향기도 다르다. 4월에 피는 꽃향기, 5월에 피는 꽃향기, 여름에 피는 꽃향기, 가을에 피는 꽃향기가 다르듯, 시가 주는 감동, 수필이 주는 감동, 소설이 주는 감동도 다르다.

시는 시로서의 향기가 나야하고, 수필은 수필로서의 향기가 나야하며, 소설은 소설로서의 향기가 나야 제 모습의 제향기다. 수필에서 소설의 향기가 날 수 없듯, 소설에서 시의 향기를 낼 수도 없다.

눈으로 볼 수도 없고, 귀로 들을 수도 없지만 마음으로 느끼는 게 글의 향기다. 소심하여 남에게 말하지 못하는 사연, 또는 부끄러워 드러내지 못하는 감정을 글로서 드러내 독자들에게 "아하! 그렇구나."라는 반향을 일으키게 하는 글이 바로 향기다.

얼마 전 서예가 重山(중산 : 조태수)선생으로부터 '文香萬里(문향만리)'라고 쓴 글씨 한 폭을 받았다. 컴퓨터 앞에 붙여놓고 글 쓰는 시간마다 기도하는 심정으로 향기가 만리 가는 글 한편 쓰기를 염원해 본다.

울게 하고, 웃게 하고, 아니면 가슴을 치게 하는 글 한편을 향해 오매불망 그곳으로 달리건만, 지금까지 향기 피워내는 글 한 줄에 도착하지 못하고 있으니, 자라리 아픔이 묻어나고, 부끄러움이 묻어나는 글이라도 기대해본다.

지록위마
指鹿爲馬

"사슴을 가리키면서 말이라고 한다."면 단순한 거짓말은 아닐 성 싶다. 모종의 음흉한 계략의 냄새가 짙다. 춘추전국시대 중국 땅을 통일시켰던 거대국가 진(秦)나라를 쇠망케 한 궁중의 내시(內侍)권력을 적시(摘示)한 고사성어(古事成語)다.

비록 중국에서 시원(始原)된 고사(古事)지만, 거짓말과 억지, 떼 법으로 버무려진 오늘의 우리 정치작태를 들여다보게 하는, 또 다른 의미가 크다. 특히 사슴을 가리켜 말이라고 한 指鹿爲馬(지록위마) 억지 속에 함축된 의미는 국민을 속여 권력과 이권을 농단하는 부정한 정치권력이 만연하고 있는 우리 현실과도 다를 바 없어 많은 것을 일깨우게 한다.

국민을 우롱하는 정치인들의 거짓말이나, 불순집단들의 억지는 듣는 것만으로도 가증스럽다. 최근 〈97년도 노무현 전 대통령의 남북정상회담 실록〉을 조작, 은폐하고도 "나는 모르는 일"이라고 억지 부리다 들통난 야당의 정치작태는 "닭 잡아먹고 오리발 내민다."는 우리 속담이 더 어울릴까…. 국가의 사초(史草)까지 조작하고 은폐하는 거짓말….

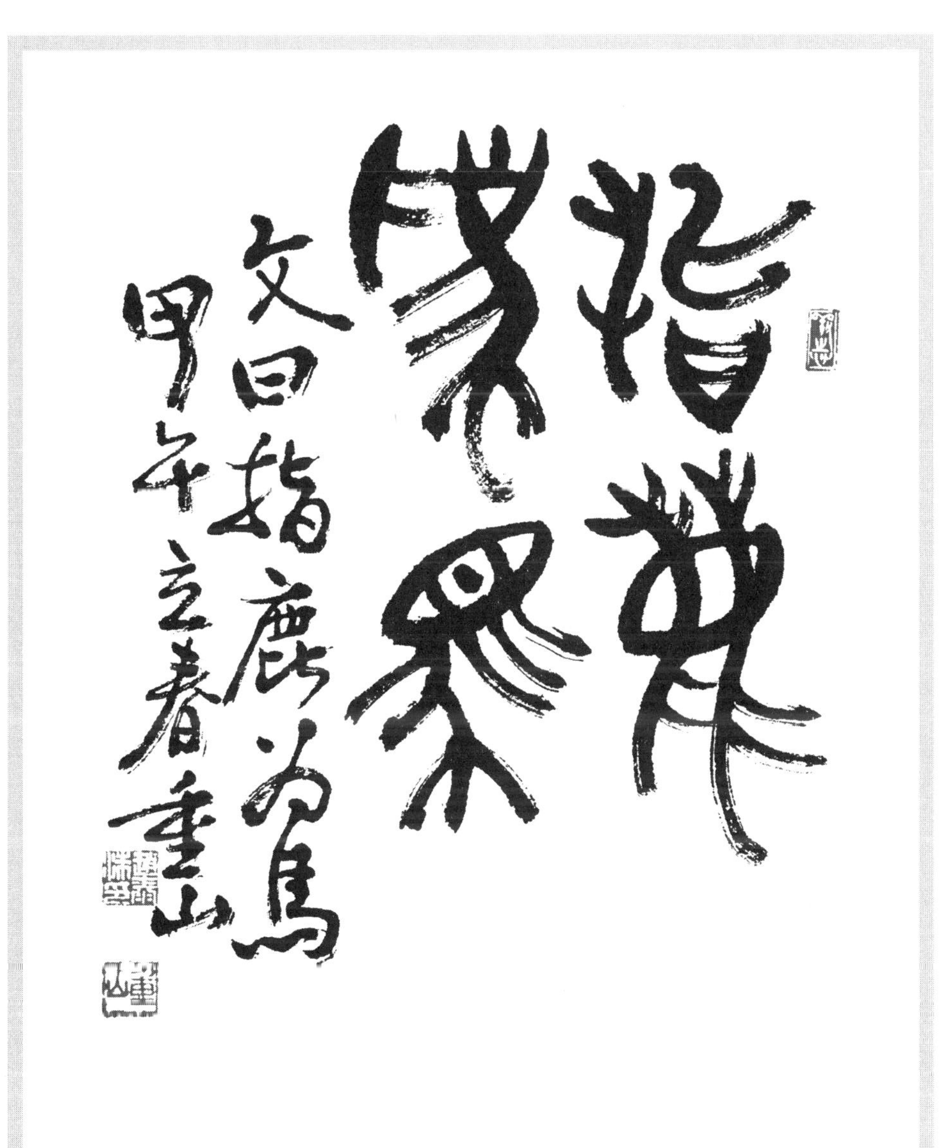
文曰指鹿爲馬
甲午立春重山

6 · 25 남침전쟁은 아직도 계속되고 있다. 총성은 멎었어도 총성보다 무서운 이념전장은 전국화 되고 있는 시점에서, 서해상 북방한계선(NLL)을 포기하겠다는 노무현 전 대통령의 발언은, 국가와 국민들을 세습독재 공산주의체제인 북한 측 요구대로 적화통일 제물로 바치겠다는 의도나 다름없다. 그것도 6 · 25남침전쟁을 일으킨 북측집단의 적화통일 야욕 앞에서….

중국 진(秦)나라 시(始)황제의 수하에는 조고(趙高)라는 환관이 있었다. 조고는 부친의 범죄 때문에 어머니가 관노(官奴)가 되는 바람에 노예 신분으로 출생했다. 어려서 거세를 당하고 최하위 직급인 환관으로 궁중에 들어갔지만, 천생이 영민했던 그는 까다로운 궁중예법을 비롯해서 제반 법 규정을 열심히 익혀 국법에 통달했다.

자연스럽게 진시황의 눈에 들어 관직도 빠르게 올라갔다. 시황제가 여행 중 병사하자 수행하던 조고는 승상 이사(李斯)와 공모해서 날조한 거짓조서로 황위 계승자인 맏아들 부소(扶蘇)와 그 휘하의 명장 몽염을 자결토록 만든 후, 우매한 시황제의 막내아들 호해(胡亥)를 2세 황제 자리에 앉혔다.

황제 자리에 오른 호해(胡亥)는 정사를 모르고, 또 관심도 없었다. 조고(趙高)는 호해(胡亥) 황제에게 거짓 사실을 꾸며 승상 이사(李斯)마저 죽이게 하고 스스로 승상자리에 앉아 권력을 전횡했다. 조고는 어느 날 자신의 위세를 과시하며 반대파 중신을 가려내기 위해 또다시 흉계를 꾸민다. 황제 호해에게 사슴 한 마리를 바치면서 "폐하! 천하의 명마(名馬)를 바치오니 부디 거두어주소서"라고 했다.

호해는 재미있다는 듯이 조고에게 물었다. "승상, 저건 사슴이 분명한데 어찌 말이라고 하는 것이오." 이때 승상 조고는 매우 엄중한 어투로 대답했다. "저건 분명 말입니다. 폐하께서는 어찌하여 사슴이라고 하십니까." 指鹿爲馬(지록위마)란 고사 탄생의 시원이다.

호해는 신기하다는 표정으로 좌우 대신들에게 물었다. "그대들 눈에도 저것이 말로 보이시오." 대신들은 승상 조고의 눈치를 보면서 마지못해 "그렇다"고 대답들을 했다. 그러나 더러는 "아니라"고 부정하는 대신도 있었다.

그러나 뒷날 "아니라"고 대답했던 대신들은 애꿎은 죄를 씌워 모조리 조고에게 주검을 당했다. 그 후 궁중에서는 누구도 조고의 뜻에 거스르지 못했다. 승상이 된 조고(趙高) 환관(宦官)의 권력이 지록위마의 흉계로 아방궁을 휩쓸었다.

그때부터 진나라의 형세는 날로 위태로워졌다. 지록위마의 시원이던 조고도 끝내는 삼족이 처형되는 비운의 결말로 끝날 무렵, 결국 한(漢)나라의 초대황제 유방(劉邦)에게 진나라까지도 항복하고 말았다.

교자채신
教子採薪

내가 지금까지 외국에 여행한 나라는 28개국이다. 비록 주마간산(走馬看山)격이지만 남북 아메리카를 비롯해 동서유럽 국가들을 거의 돌아봤다. 늙어서 가보기 힘든 먼 나라를 우선으로 선택해서 여행했다. 신문기자시절 출장을 핑계 삼아 스치듯, 돌아다녔지만, 북유럽 쪽 복지선진국을 돌아다니면서 보고 배운 점은 지금도 많은 도움이 되고 있다.

80년대까지만 해도 출입처에서 1년에 1~2차례씩 기자들에게 외국시찰여행 기회를 제공해 주었다. 물론 경비일부까지 부담해 주었으니 출입기자신분으로 받는 특혜였다. 지금처럼 외국나들이가 이웃동네 마실 다니듯 대중화되지 못했던 시기였기에, 가족친지들이 공항 대합실까지 마중하던 그때의 외국여행 의미는 더욱 컸다.

당시 여행지를 선택할 때마다 나는 국민 복지제도가 뛰어난 곳들을 선택하다보니 대부분 서구 유럽 국가들이 많이 포함되곤 했다. 노르웨이, 스웨덴 핀란드 등 복지선진국을 둘러본 추억은, 지금 생각해도 그 당시 내 생각은 지혜였다. 중국 일본 등 가까운 동남아지역은 퇴직 후에 다녀도 큰 부담이 되지 않을 것을 고려했던 것이다.

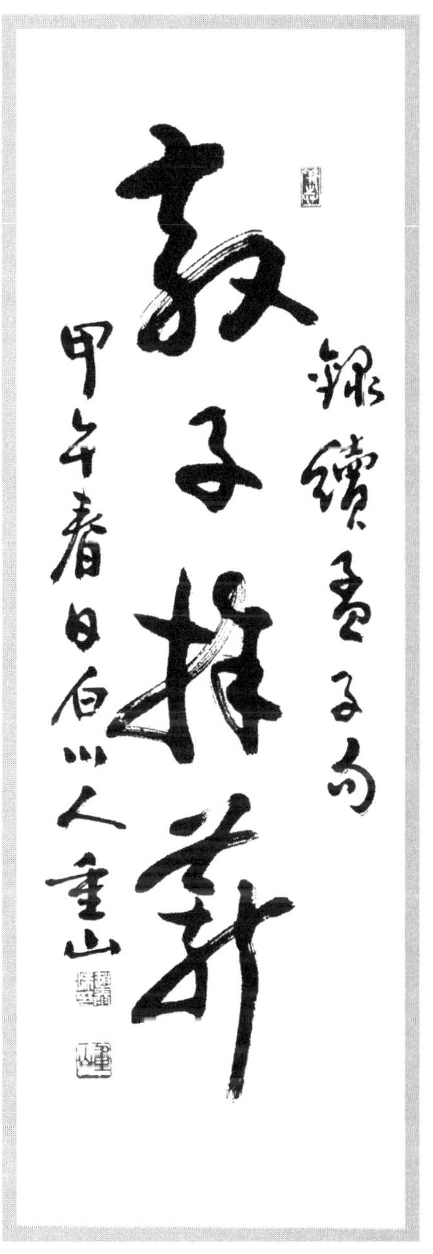

“당장의 결과보다, 미래를 생각하는 긴 안목으로 살아야 된다.”는 의미의 사자성어 教子採薪(교자채신)이 떠오른다. 아버지가 아들에게 땔나무를 해오라고 하면서 물었다. “가까운 앞산에서 나무를 해오겠느냐, 아니면 십리 떨어진 먼 산에 가서 나무를 해올 것이냐” 아들은 두말할 것 없이 “가까운 곳에서 나무를 해오겠다”고 대답했다.

그러자 사려 깊은 아버지는 “네가 가까운 곳에서 나무를 해오겠다는 말에 이해는 간다. 그러나 가까운 곳의 나무는 언제나 쉽게 해올 수 있지만, 먼 곳의 나무는 누가 먼저 해갈지 모른다.”고 일러주었다. 아버지의 말씀을 알아들은 아들은 아무 말 없이 먼 곳에서부터 나무를 해드렸다. 이게 바로 미래를 생각하게 하는 진정한 삶의 교육이다.

자식에게 땔나무 해오는 법을 가르친다는 뜻으로 시작된 教子採薪(교자채신)은 이때부터 장기적인 안목을 갖고 근본적인 처방에 힘쓰라는 의미로 쓰이게 된 사자성어다. 사회가 복잡하고 경쟁이 심해지면서 갈수록 자식교육이 어려워지고 있는 게 요즘세태다. 남이 하는 일이면 무엇이든 내 자식에게도 해주어야 한다고 생각하는 부모들….

그러나 그것이 자식교육의 전부가 아니다. 잡은 고기를 나누어주는 것보다, 고기 잡는 법을 가르치라는 교훈도 있다. 진정 자식을 위하는 길이라면 스스로 자립할 수 있는 길을 가르쳐주는 것이다. 고통을 체험케 하는 것도 교육이고, 지혜를 깨닫게 하는 것도 교육이다. 특히 감수성 예민한 사춘기 자식들 교육이 중요하다. "인내는 쓰다. 그러나 열매는 달다"는 교육도 소중하다. 옛 부터 "미운자식에게는 떡 하나 더 주고, 예쁜 자식에게는 매 한 대 더 때리라"는 속담이 있다.

귀여울수록 호되게 단련을 시켜 사람으로서의 됨됨이를 가르쳐야 한다는 의미다. 사람마다 사회적 처세방법이 다른 것은 어려서부터 인습된 가정교육 차이다. 모든 것을 부모에게 의존하던 자식들은 커서도 부모에게 의지하려고만 한다. 더구나 세속이 각박해질수록, 생존경쟁이 치열해질수록 스스로 적응할 수 있는 훈련이 필요하다.

맹목적 사랑만으로는 교육의 가치를 다하지는 못한다. 자식의 미래를 생각하는 사랑이 진정한 사랑이다. 금지옥엽처럼 온실 속에서 키운 자식에게 효도 받는 늙은 부모는 별로 없다. 고생하며 성장해온 "불구자식이 효도 한다"는 옛말도 있다. 자기일은 자기 스스로 해낼 수 있는 지혜를 길러주어야 한다. 스스로 해낼 수 있는 방법을 교육시키라는 것이다. 자식이 가진 소질과 잠재력을 찾아 스스로 해낼 수 있는 가능성을 열어주는 것이 바로 教子採薪(교자채신)의 의미다.

교학상장
教學相長

누구나 산다는 것은 배우는 것이다. 살기 위해 배우고, 배우기 위해 산다. 인간의 행동 중에서 배운다는 것처럼 아름다운 행동은 없다. 學而時習(학이시습)편에서 이미 소개한바 있다. '學而時習之 不亦說乎(학이시습지 불역열호). "때마다 배우고 복습을 하니 또한 기쁘지 아니한가"는 논어(論語) 중에 나오는 공자의 말씀이다.

공자(孔子)말씀은 과거 1천여 년 동안 우리교육 신장에 가장 크게 영향을 미쳤고, 자극을 주었다. 세계 수많은 국가들 중에서 우리 국민들처럼 교육의 가치를 높게 생각하는 국민도 별로 없다. 6 · 25남침전쟁으로 초토화 된 지 불과 반세기만에 후진국에서 선진국대열에 올라선 것도 우리 국민의 높은 교육열 때문이다. 배움의 시작은 있어도 끝은 없다.

모르면서 배우지 않는 것은 죄악이다. 또 알면서 가르쳐주지 않는 것도 죄악이다. 할 수 있는데도 하지 않는 것도 죄악이다. 독일의 시인 괴테는 "가장 유능한 사람은 가장 열심히 배우는 사람"이라고 말했다. 아는 사람은 모르는 사람을 가르쳐야 할 의무와 책임이 있다. 부모는 자식을 가르쳐야 하고, 스승은 제자를 가르쳐야 한다.

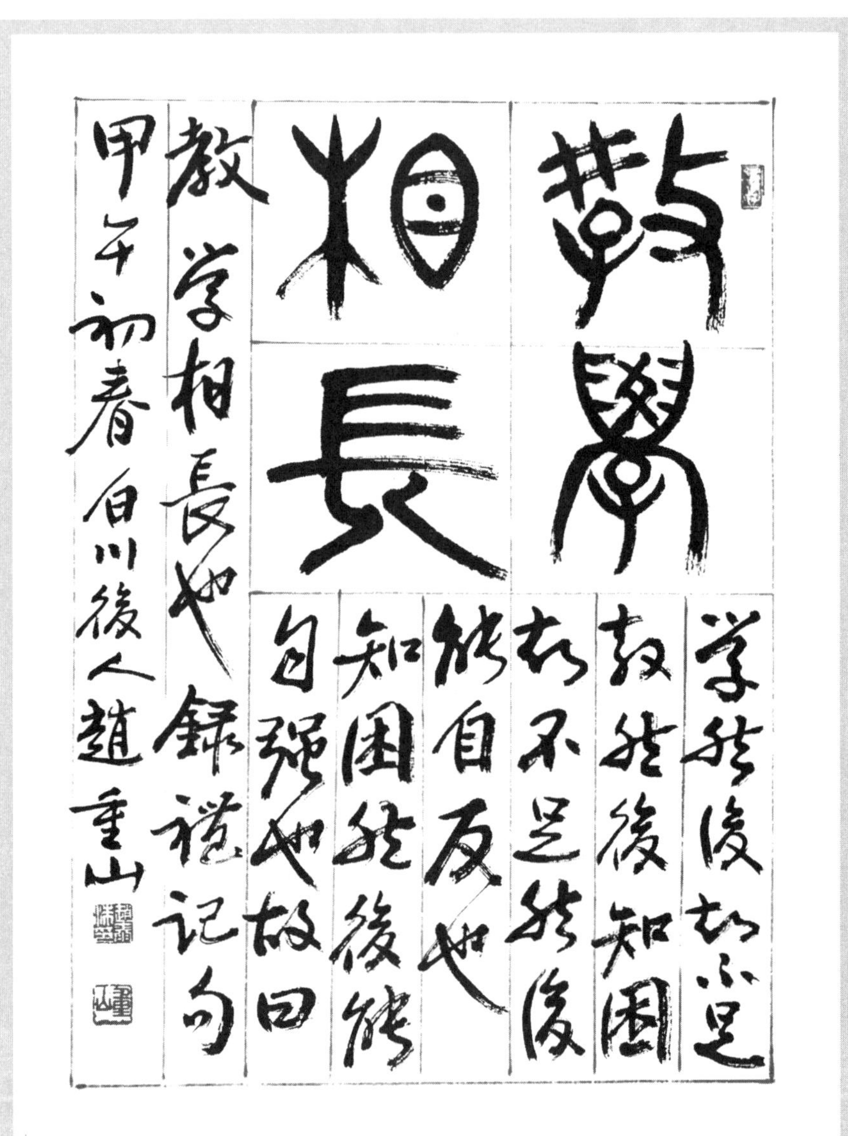
敎學
相長
學然後知不足
敎然後知困
知不足然後
能自反也
知困然後能
自强也故曰
敎學相長也 錄禮記句
甲午初春 白川後人 趙重山

가르친다는 것은 내가 가진 지식과 기술, 그리고 경험을 밑천으로 배우려는 사람들에게 나누어 주는 것이다. 때문에 가르치는 자도 동시에 배우는 자가 돼야 한다. 배우는 학생들보다 가르치는 사람이 항상 더 많은 지식과 기술, 경험을 갖고 있어야 하기 때문이다. 사람의 일생 중 가장 보람 있는 사업은 모르는 사람들을 가르치는 교육사업이다.

교육이 인간을 만든다. 인간이 만물의 영장이 되고, 문명의 개척자가 되고, 역사의 창조자가 되고, 나아가 지구의 주인이 된 것은 모두 교육 때문이다. 배우는 사람과 가르치는 사람이 서로의 장점을 배우고 가르치려는 노력의 결과다. 어떻게 가르쳐야만 배우는 학생들의 재능과 잠재력을 최고도로 발휘 할 수 있게 하고, 인간다운 인간으로 만들 수 있느냐하는 과제는 가르치는 선생님의 지혜와 능력이다.

후학을 가르치는 것만큼 소중한 농사도 없다. 때문에 가르치는 것은 사람농사를 지어내는 하나의 기술이다. 교육기술은 전(前)세대가 경험한 지식을 다음 세대에게 전달하고, 그 세대는 다시 새로운 것을 만들고 보태어 또 다음 세대에게 전달하는 것이다.

옛부터 "자식을 낳는 것은 어렵지 않으나 자식을 기르는 것이 어렵다. 또 자식을 기르는 것은 어렵지 않으나 자식을 가르치는 것이 어렵다"는 말이 있다. 어떻게 하면 인간다운 인간으로 만들 수 있느냐를 고민한 부모의 마음이다. 교육은 사물을 알되 정확하게 알고, 분명하게 알고, 깊이 있게 알도록 가르치는 것이다.

배우는 것도 어렵지만, 가르치는 것은 더욱 어렵다. 학생들을 가르치기 위해서는 학생들보다 선생이 더 많은 노력과 공부가 필요하다. 교학이반(教學而半)이란 말이 있다. 가르치면서 반은 배운다는 의미다. 가르치면서 배우게 되기 때문에 선생은 스스로 반성하게 되고, 또 부족한 점을 채우기 위해서 선생은 더욱 열심히 공부해야 된다.

가르침이 부족하면, 배우는 사람의 발전이 없다. 때문에 선생이나 학생 모두가 함께 공부해야 한다. 선생은 가르치기만 하고, 제자는 배우기만 하는 상하관계가 아니라, 스승도 공부하고, 제자도 공부함으로써 스승과 제자가 더욱 훌륭해진다는 의미다. 학문이 아무리 깊다 해도 가르쳐봐야 스승도 미처 알지 못했던 부분을 깨닫고 보충할 수 있다.

가르치고 배우면서 함께 성장하는 教學相長(교학상장)의 의미는 참교육의 덕목이다. 요즘 참교육이 변질되고 있어 안타깝다. 감수성 예민한 청소년들에게 좌경이념으로 오염된 편향적 교육이 '참교육'이란 미명으로 교단을 점령하고 있다. 선생님들 스스로가 노동자로 전락되어 길거리 시위꾼으로 나섰다. 존경받는 스승상은 없어지고 教學相長의 의미도 묻혔다.

구 생 무 치
苟生無恥

창세기 신화는 이미 인간의 부끄러움을 기록한다. 에덴동산의 선악과를 따먹은 '아담'과 '이브'는 무사태평의 실낙원을 등지고 죄악과 수치스러움이 횡행하는 갈등의 땅으로 나서게 된다. 여기서부터 인간에게 부끄러움이나 수치심은 시작된다. 신의 계율을 거역하고 금단의 열매를 따먹은 죄책감을 느끼게 되고, 자신들이 벌거벗고 있음을 깨닫게 되는 것이다.

깊은 곳을 가리는 수많은 성화(聖畵)들의 묘사도 인간들에게 수치심의 원천이 무엇인가를 가르쳐준다. 한마디로 에덴동산의 신화는 인간사회에 원죄(原罪)의식이 무엇인가를 가르쳐주는 신화이며, 원치(原恥)의식을 가르쳐주는 신화이기도 하다. 사람의 마음은 변하기 쉽다. 등 따습고 배불러지면 마음까지도 교만해지게 마련이다.

서예가 重山 趙泰洙 선생이 가르쳐준 苟生無恥(구생무치)란 법구경(法句經)이 스친다. 바로 오늘날 우리가 깨달아야 할 교훈이다. 양심으로 정직하게 살아야 한다는 뜻이다. 그러나 부끄러움을 모르고 뻔뻔스럽게 사는 사람들이 많은 게 현실이다. 뻔뻔스러움이 대세인 세상에서 수치를

苟生無恥

苟生無恥 如鳥長喙 強顏耐辱 名曰穢生

錄法句經 甲午之春日

石華山房 重山

알고 양심과 도리를 지켜 살기란 오히려 힘들게 된다.

나쁜 짓 하고도 부끄러움을 모르고 사는 세태가 됐다. 수단방법 가리지 않고 남보다 출세하고 잘 살면 성공한 인생인양 희열을 느낀다. 욕됨을 모르고, 수치스러움을 모르고, 오히려 큰소리치고 사는 뻔뻔스런 인생들이다. 권력도 재산도 마찬가지다. 정당하고 공정해야 권력도 빛나고, 성실한 양심으로 모아야 재산의 가치도 당당해진다.

아무리 높은 권력이라도 뇌물비리의 더러운 때가 묻고, 아무리 많은 재산이라도 부정비리의 부패한 냄새가 배어있으면 사회적으로 부끄럼과 수치의 대상이 되는 것이다. 전직 대통령들이 부정비리 때문에 패가망신하고, 또 스스로 목숨을 끊어야 하는, 수치스런 역사를 우리는 체험했다. 뇌물사건에 연루된 전직 여자국무총리는 수없이 법정문턱을 서성대고 있다.

사람이 만물의 영장임을 자처하는 것도 염치나 수치를 아는 동물이기 때문이다. 그러나 불행하게도 오늘의 세태는 염치의식도, 수치의식도 없어지고 있다. 미국의 어느 시인은 "나는 차라리 돌고 돌아 개와 같이 살았으면…/ 그들은 삶에 땀도 흘리지 않고 불평도 않는다./ 어두운 밤에 죄 때문에 우는 일도 없을지니…" 라고 읊었다.

개의 삶을 노래했던 이 시인의 양심은 차라리 "인간의 윤리적 가치와 염치를 확인하는 역설적 찬미" 인지도 모른다. 수치스러움이란 인간에게 자아확립의 계기이며 인격수양의 동력이 된다. 수치를 아는 것은 곧 염치고 양심이다. 누구나 인격을 논할 때는 반드시 양심과 염치가 기준이 된다.

염치(廉恥)의 반대는 수치(羞恥)다. 염치도 모르고 수치도 모르는 게 몰염치고 파렴치(破廉恥)다. 염치의 수치의 영역은 넓다. 수줍음, 쑥스러움, 창피, 치욕, 불명예 등에 이르기까지 다양하다. 공적인 부끄러움도 있고, 사적인 부끄러움도 있다. 누구나 수치를 깨달을 때는 얼굴부터 붉어지게 마련이다. 탐욕의 인간에게 흔히 나타나는 증상이 파렴치다.

염치야말로 인간 고유의 도덕과 윤리의식이다. "수치의식이 없음을 부끄러워 할 줄 안다면, 가히 부끄러움이 없다고 할 만하다"는 맹자(孟子)의 교훈처럼 염치는 부끄러움을 깨닫는 양심이다. 또 공자(孔子)도 "자신의 잘못에 대해 수치스러움을 알라"고 했다. 숱한 명언절구(名言絶句)가 아니더라도 동서양의 제자백가들은 염치와 수치를 가르치고 있다.

그러나 오늘의 세태는 수치가 무엇이고, 염치가 무엇인지 가르치는 곳이 없다. 정치도, 통치도, 또 사회도 나라도 양심과 정의의 가치관을 가르치려 하지 않는다. 교육이 오히려 전통적 가치관을 요절내고 있다. 참교육을 빙자한 위선교육자들이 큰소리치고 있다. 좌파통치 10년의 결과다. 이 시대의 苟生無恥(구생무치)를 누가 염치와 양심으로 바꿀 것인가.

근 검 공 서

勤儉恭恕

부지런하고 검소하며, 모든 이에게 공손하고 너그러움으로 칭송받던 역사적 인물을 꼽으라면 누구나 고불(古佛) 맹사성(孟思誠)의 기록을 연상할 것이다. 소학(小學) 선행편(善行篇)에 나오는 勤儉恭恕(근검공서)의 인격으로 孟思誠은 단연 상징적이다. 1360년 고려말기 온양에서 태어났다. 총명했던 맹사성은 학문이 뛰어나 일찍이 과거 급제하여 19세 때 파주 군수를 비롯하여 고려말기에 여러 벼슬을 거쳤다.

1392년 이성계(李成桂)가 돌연 고려를 치고 조선조를 세우자 孟思誠은관직을 모두 버리고 낙향했다. 더구나 孟思誠은 고려의 유명한 명장(名將)이자, 충신이며 이성계와는 정적(政敵)관계이던 최영(崔瑩)장군의 손녀사위였다. 또한 孟思誠은 처조부인 崔瑩장군의 인격을 본받아 자신의 인생지표로 지켜왔으니, 어떤 이유에서라도 국권을 침탈한 李成桂의 반역 조정에 동참할 수 없었다.

그러나 거사에 성공한 李成桂의 지혜 또한 대범했다. 孟思誠의 출중한 재능과 훌륭한 인격을 연좌시키지 않았다. 주변 측근 참모들에게 孟思誠을 설득시키도록 했다. 李成桂는 개국직후 孟思誠에게 예의좌랑 직을 주어 조정

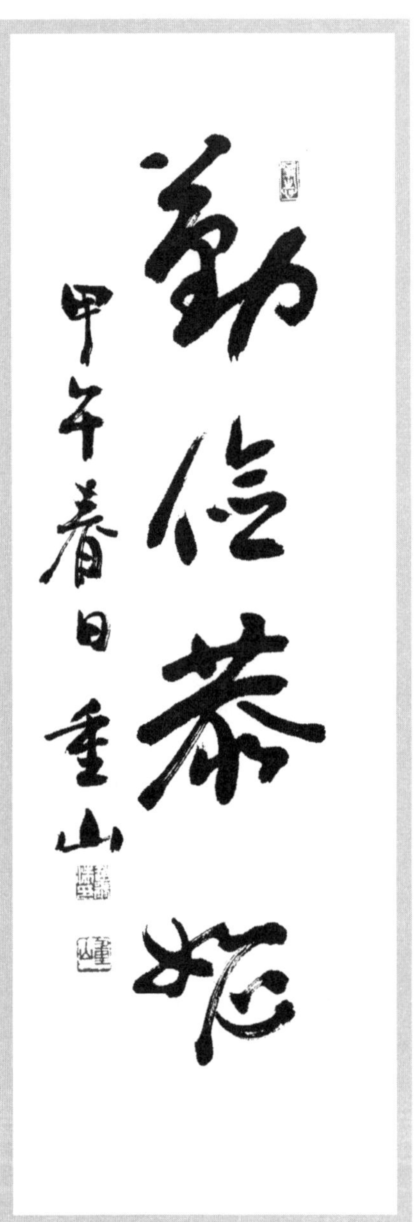

정사에 중용했다. 1408년 사헌부의 수장인 대사헌 직에 오른 孟思誠은 왕족의 역모사건을 조사하던 과정에서, 공정함을 지키려다 일시 모함도 받았지만, 평소 곧고 바른 인격이 인정되어 왕족능멸의 죄목에서 벗어나기도 했다.

1418년 세종이 즉위하면서 공조판서, 이조판서를 거쳐 세종13년에 좌의정이 되기까지 명재상으로 이름을 날렸고, 청백한 선비로도 유명한 일화를 남겼다. 시문에도 능통하고 음률에도 밝아 향악을 정리하는 등 황희(黃喜) 정승과 함께 조선조 초기 문화예술의 기틀을 잡는데 크게 기여했다. 또 태종실록, 팔도지리지를 편찬했으며, 직접 쓴 작품집으로 유명한 '강호사시가(江湖四時歌)'도 남겼다.

孟思誠은 1438년 죽을 때까지 검소한 관리, 정직한 관리로 주요직책의 공직자들엔 엄격한 기강을 세웠지만, 서민층이나, 하인, 노비들에겐 자상한 아버지처럼 부드럽고 관대했다. 또한 효자로서 모친을 여읜 뒤에 어린나이 3년간 시묘를 해서 〈동국신속삼강행실도〉에 수록될 만큼 칭송이 높았을 뿐만 아니라, 몸에 밴 공손함으로 평소 모든 대인관계가 너그러웠다. 孟思誠은 평소에 소를 타고 다니기를 즐겼으며, 스스로 악기를 만들어 즐기는 일화를 남기기도 했다. 재상출신이지만 근검절약과 선정을 실천했던 청백리의 상징이었다.

사심 없고 욕심 없이 인격이 소탈하여, 벼슬이 낮은 사람이나 천미한 사람들이 집을 방문해도 거절하거나 무시하지 않고, 반드시 공복을 갖추어 입고 대문 밖에까지 나가 맞이했으며, 신분 고하를 막론하고 손님에게는 반드시 상석(上席)을 내주었다. 효성이 지극하여 노부의 병간호를 위하여 몇 번이나 벼슬 직을 내놓았지만, 그의 인품을 높이 산 世宗임금은 한 번도 그의 사직을 윤허하지 않았다.

좌의정 벼슬직에 있으면서도 청빈한 孟思誠은 철저하게 록미(祿米)만으로 생활하는 청백리였다. 비가 오는 어느 날 조정의 동료대신이 방문했던 일화는 후세 관료들에게 지워질 수 없는 귀감이다. 안내되어 방안으로 들어간 동료 대신은 놀랐다. 여기저기 빗물 새는 소리가 요란하고, 맹 정승부부는 빗물 떨어지는 곳에 그릇 가져다 놓기 바빴다.

찾아갔던 동료대신이 기막혀 더듬더듬 말문을 열었다. "대감께서 어찌 이처럼 비가 새는 초라한 집에서…" 孟 정승이 얼른 말을 가로챘다. "어허 그런 말 마오, 이런 집조차 갖지 못한 백성들이 얼마나 많은지 아시오? 그런 사람들을 생각하면 나라의 벼슬아치로서 부끄럽소, 나야 그들에 비하면 호강이 아니오." 찾아갔던 동료대신이 아무 말도 못한 채 그대로 나왔다는 기록이 곳곳에서 나온다. 마로 勤儉恭恕(근검공서)다.

무한불성
無汗不成

"지성(至誠)이면 감천(感天)"이란 옛말이 있다. 또 "정신일도 하사불성(精神一到何事不成)"이란 말도 있다. 정신모아 노력하면 안 되는 일 없다는 의미다. 다만 사안에 따라 얼마만큼 노력하고, 얼마만큼 집중해서 정성을 쏟았느냐의 차이가 있을 뿐이다. 지성이나 정신일도는 생각만으로도 땀이 쏟아지는 이야기들이다. 올림픽경기에서 금메달을 목에 걸고 눈물 쏟는 운동선수들의 모습을 중계하는 TV를 보면서 나는 함께 감격하고, 함께 울며 손바닥이 아프도록 박수친 적이 있다. 세계를 누르고 최고 정상에 올라 금메달을 목에 걸기까지 노력은 얼마이고, 쏟아낸 땀방울은 얼마이었을까 생각하면 눈물이 절로 났다.

無汗不成(무한불성)이란 사자성어가 함축하고 있는 교훈은 "땀 흘리지 않는 성공은 없다"는 의미다. 땀은 흘린 자의 노력과 고통은 절대로 배신하지 않는다. 어디선가 읽은 "몸에 병 없기를 바라지 말고, 삶에 고통 없기를 바라지 말라"는 현인(賢人)의 글귀가 스친다. "인간이 살면서 고통이 없다면 사는 길도 없다"고 했다. 어떤 것도 땀 쏟는 노력 없이 공짜로 성공이 없다는 뜻이다. 바로 無汗不成(무한불성)의 진리다.

깨달음은 몸밖에 있는 게 아니고 바로 내 몸속, 내 마음속에 있는 것이다. 일생을 사는 인생의 승패도 바로 내안의 마음에 달렸다. 내 마음 속에는 항상 선악(善惡)과 진위(眞僞), 애증(愛憎)이 갈등하고 있다. 나와 나의 싸움이 계속되고 있다. 성공도, 패배도 나와의 싸움에 날렸다. 내가 나를 이겨야 성공한다. 싸움 중에 가장 어려운 싸움은 나와의 싸움이다. 보이지 않는 나와의 싸움은, 보이는 남들과의 싸움보다 더욱 많은 피땀을 쏟아야 한다. 피땀을 흘려야 내 몸속의 진리가 내편이 되고, 또 성공도 내 것이 될 수 있다.

내 운명도 내 몸속 어딘가에 잠재하고 있다. 때문에 내가 스스로 땀 흘려 개척하고 다듬어내야 한다. "진인사대천명(盡人事待天命)"이란 고사도 스스로를 채찍질하는 교훈이다. 내가 최후까지 최선을 다 한 후에 하

늘의 뜻을 기다려야 한다는 의미다. 당장의 대가를 바라지 말고 꾸준히 땀 흘려 노력하면, 노력한 만큼의 결과가 보이게 마련이다. 노력 없이 대가부터 타산하면 성공은 보이질 않는다. 꾸준히 노력하고 땀 흘리면 대가는 스스로가 홀연히 나타난다.

한그루의 나무를 생각하면 무언의 진리가 보인다. 늘 마당가에 서있는 존재로만 여기며 무관심했던 나무가 몇 년 뒤에 보면 훌쩍 자라 수관(樹冠)이 하늘높이 솟아있다. 땅 속 깊은 곳에 뿌리를 내려 쉴 날 없이 물과 양분을 빨아올리고, 춘하추동 4계절마다 바뀌는 무상한 기후환경과 싸움하며 오로지 수관(樹冠) 하나 하늘로 올리기 위해 진력을 다하고 있다.

산 정상에 오르려면 땀 흘리는 노고를 이겨내야 한다. 처음부터 정상만 쳐다보고 오르면 중간에 지치고 만다. 고개 숙이고 한발자국씩 차근차근 오르다보면 언젠가 시야가 확 트이는 정상을 만나게 된다. 성공의 진리다. 참고 이겨내는 발자국마다 자기와 싸우는 땀방울이 고여야 비로소 목표했던 정상이다. 도중에 좌절하고 실패하는 인생 대부분은 자기와의 싸움에서 자기를 이기지 못했기 때문이다.

정상을 목표로 하는 것은 당연하지만, 첫발부터 정상만 바라보는 욕심은 성급한 욕심이다. 그래서 땀 흘리는 노력은 그 과정만으로도 아름답다고 했다. 된장도, 간장도, 또 술도 자기를 썩히고 발효시켜내야 제 맛을 낸다. 글쓰기도 마찬가지다. 심연에 감성을 불러내어 문자로 형상화시켜내기란 피땀 말리는 노력이다. 생명 없는 글자 속에 생명을 넣어야 한다. 다시 생명들을 모아 정서를 넣고, 사색(思索)을 넣어 독자들의 감정을 흔들게 하는 한 줄의 문장을 만들기 위해선 무한한 번민과 고뇌가 함께한다. "땀은 절대로 배신하지 않는다."는 말은 진리다. 바로 無汗不成(무한불성)이다.

금 성 옥 진

金聲玉振

세상에 소리 아닌 게 없다. 바람소리 빗소리, 천둥소리…, 돌도 두드리면 소리 내고, 무쇠도 두드리면 소리 내며, 풀 섶에 이름 모를 미물들까지도 때 찾아 울어대며 소리를 낸다. 하물며 태어나면서부터 울음소리로 시작하고, 죽을 때까지도 울음으로 끝을 맺는 인간의 삶이야말로 金聲玉振(금성옥진)이 아니던가.

소리예술의 정수는 음악이다. 눈으로 읽어 영혼을 움직이는 게 문학예술이라면, 귀로 들어 심금을 흔드는 게 음악예술이다. 오감으로 느끼는 예술 중 귀로 들어 깨닫게 하는 음악이야말로 소리예술의 최고경지다. 향불로 초혼하는 신(神)에게도 음악은 감동의 소통이었다. 동서고금 어디에도 제전(祭典), 제향(祭享)에는 음악소리가 빠지는 의례(儀禮)는 없었다.

1천여 년의 불교역사도, 2천여 년의 기독교 역사도 부처를 찬양하고 예수를 찬양하는 기도는 모두 음악으로 봉축한다. 세상 소리를 조율해서 음악으로 만들어 영혼을 감동케 하는 인간의 지혜는 그래서 만물의 영장이다. 이처럼 인간은 한줄기 소리에도 민감했다. 삶의 어디에서도 소리는 감성을 자극하고 행동을 자극했다.

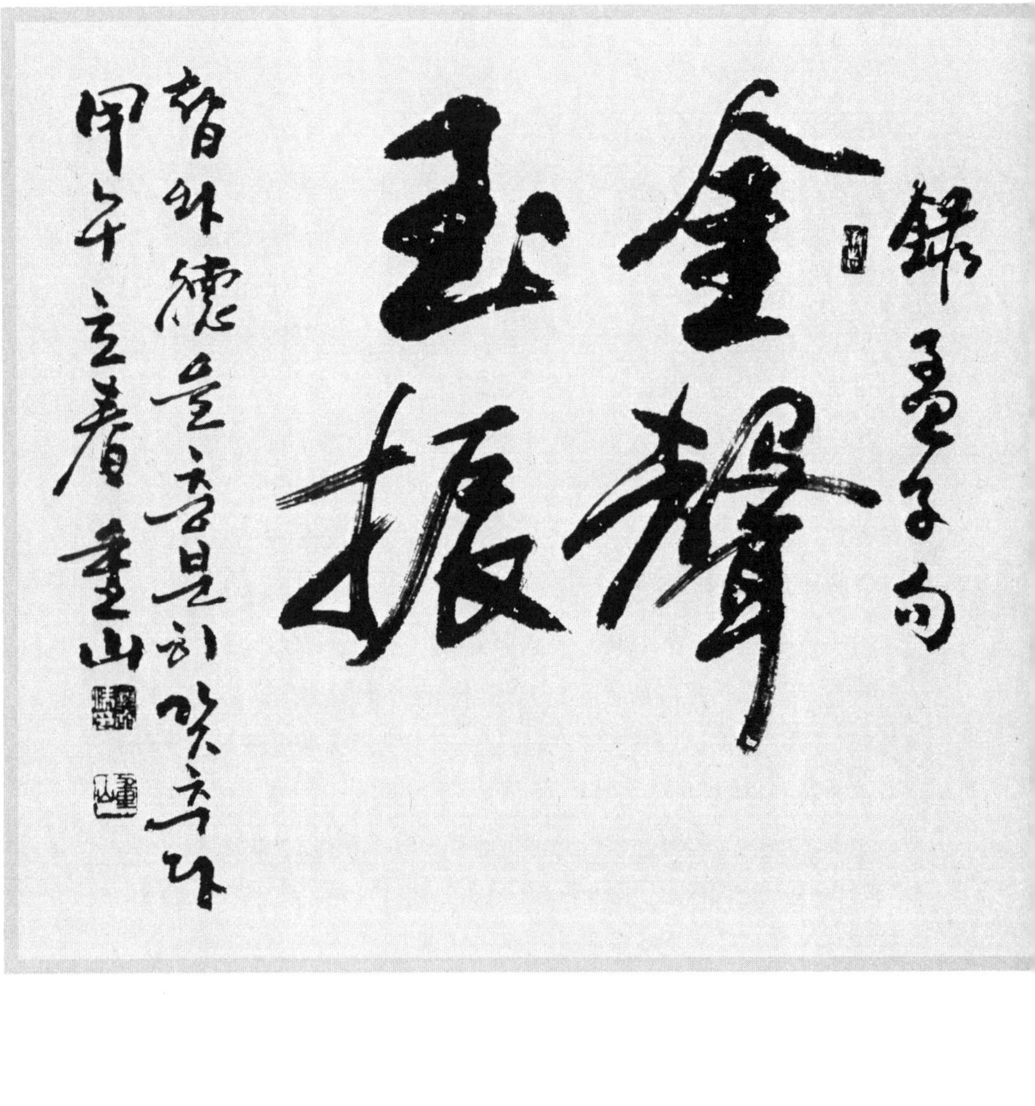

가을 달빛 창백한 9월 밤, 귀뚜라미 조잘대는 고즈넉한 산사 댓돌 위에 걸터앉아 처마 끝에 매달려 쟁그랑거리며 우는 풍경소리를 들어본 적이 있는가. 속삭이듯 나지막이 흐르는 청솔바람에 화음 되어 예리하게 들리는 금속성 풍경소리는 심금(心琴)을 흔드는 부처님의 소리고, 진리 지켜 살기를 서원(誓願)하는 인간의 서정이다.

온 세상 어둠에 덮여 초롱초롱 별빛들만 가득히 새벽하늘 여명을 예고할 때, 뎅그렁뎅그렁 들려오는 이웃 교회당의 종소리를 들어본 적 있는가. 만백성들의 죄값을 대신해 죽음을 자청한 젊은 예수가 십자가에 매달려 붉은 피 흘리며 죽어가는 숭고한 형장의 찬송소리를 연상해 본 적 있는가.

"한산 섬 달 밝은 밤 어디선가 들려오는 일성호가(一聲胡笳)는 나의 애를 끊나니…." 풍전등화 같이 위급한 국운의 사명을 짊어진 전장의 이순신 장군까지도 가냘프게 들려오는 피리소리 한줄기에 창자를 끊어내는 듯 통한의 감성을 읊어냈다. 소리로 만들어지는 예혼(藝魂)은 약하지만 강하고, 강하지만 약하게 만드는 마력이 있다.

소리예술의 장르는 다양하다. 성악도 있고 기악도 있다. 독창도 있고 합창도 있다. 또 독주도 있고 합주도 있다. 인간 삶의 다양한 정서가 다양한 소리로 연결되어 표출되고 있다. 철학도 음악이고, 과학도 음악이며, 심지어는 윤리도덕의 영역까지도 모두가 소리예술로 연결되는 음악과 무관하지 않았다.

맹사(孟子)가 지은 〈만장하〉에 나오는 金聲玉振(금성옥신)도 처음에는 합주(合奏) 음악연주에 비유해서 유래된 사자성어로 소개되었다. 8개소리의 기악(器樂)을 합주(合奏)할 때 금성(金聲)이라는 종을 울려 시작을 알렸고, 옥경(玉磬)이라는 종을 울려 끝맺음한다는 의미로 설명되었었다.

그러나 후학들의 연구 결과 독주든, 합주든 음악 속에는 대자연의 섭리로 연결되는 인간세상의 선악(善惡)과 진위(眞僞), 애증(愛憎)까지도 모든 삶의 감성이 어울려 하나로 함축되고 있음을 증거했다. 쇠소리, 옥소리를 인간의 선인(善仁)과 지덕(智德)을 하나로 묶는 게 金聲玉振(금성옥진)이라고 정의했다.

단순하게 기악합주 때 시종(始終)을 알리는 금종과 옥경의 차원을 초월해서, 선(善)과 덕(德)을 모두 지니고 있는 공자(孔子)의 성인(聖人)됨을 집대성하여 찬미하는 의미로 金聲玉振(금성옥진)을 부각시켰다. 시작을 알리는 금성(金聲)은 孔子의 선(善)이고 지(智)며, 끝남을 알리는 옥진(玉振)은 孔子의 덕(德)이고 성(聖)을 의미한다는 것이다.

心淸事達

심 청 사 달

어느 날 거울 앞에 서서 내 얼굴을 물끄러미 쳐다본다. 뽀얗고 포동하던 고운 살빛은 어디로 가고 여기저기 검버섯 뒤덮인 주름살에 볼품없는 연륜의 무늬만 가치 없이 누더기 졌다. 표정이 밝아야 마음도 밝다고 했는데…. 중얼거리며 삶이라는 현실에 얼룩진 지난 세월을 되돌아본다. 오늘에 이른 내 나이는 그냥 단순히 살아온 것을 얘기하는 것은 아니다. 그동안 어떻게 생존해 왔는가. 또 앞으로 어떻게 살아야 할 것인지를 다짐하게 된다. 신문기자란 명함 한 장으로 공명심에 들떠 밝고, 어둔 곳 가리지 않고 허겁지겁 헤매온 세월, 또 빗나간 마음에 정치한다고 들떠 패거리들끼리 쓸데없는 말씨름으로 소득 없이 낭비한 세월들이 휴지조각 되어 날아갔다.

실체의 외형은 뻔뻔스럽게 존재하고 있으면서도 마음 한구석은 늘 미로에서 향방 없이 헤매고 있다. 암실 속에 화살처럼 비추는 한줄기 햇빛이듯, 내 삶도 희망 한줄기가 있을 것이란 허황된 믿음으로 허덕대봤지만, 부질없는 마음 어지럽게 흩어놓고 세월만 갔다. 때로는 탈출해야 한다고 다짐하면서도 따라갈 수 없는 현실의 벽에 갇힌 채 갈등뿐이었다.

心淸事達
文曰心淸事達
甲午春白川人重山

자연을 통해서든지, 아니면 종교를 통해서든지 관념에서 벗어날 수 있을 만큼, 스스로가 마음을 정제(淨濟)하지 못하고 살아왔음도 거울 앞에서 깨닫는다.

어느 누가 心淸事達(심청사달)이라고 했던가. 마음부터 맑아야 매사가 순조롭게 이루어진다는 뜻일 게다. 늘 혼탁해 있으면서도, 환상의 유화 속에는 맑은 척 하고 살아온 나 또한 위선이 아닌가. 때로는 몰라도 아는 척해야 했고, 또 알아도 모른 척 해야 했다. 환상은 맑고 아름답지만 현실의 삶과는 커다란 괴리를 쌓을 수밖에 없었던 게 또한 현실이었나.

마음을 맑게 닦아내는 일은 성스러운 작업임을 어찌 모를까 만은 잠시뿐이다. 어느 신부님은 "사는 게 죄 같다"고 언론을 통해 양심을 고백하기도 했다. 세태가 어떻게 변하기에 하느님의 사제까지 "사는 게 죄 같다"고 했을까. 때로는 마음을 의지하고 정제시킬 수 있는 오아시스 같은 사람도 더러는 만난다. 어지러운 세속에 방황할지라도 마음을 지배할 수 있는 대상이 아주 없는 것은 아니었다. 쳐다보기만 해도 평온해지는 사람, 그러나 지나치게 절제된 사람들과 삶의 이야기를 나누다 보면 또 다른 회의감이 나를 흔들곤 했다.

또 한 번 心淸事達(심청사달)을 되뇌어 본다. 맑은 마음의 부활이야말로 바른 삶의 근원이 아닌가. 그러나 평범함으로 길들여진 이제 와서 마음의 진실을 찾아 일탈하려는 것, 또한 쉬운 일이 아니다. 아무리 황금빛 포장지를 두른다 해도 부실한 속마음은 더욱 위신일 수밖에 없다. 거울 앞에선 내 얼굴빛이 밝을 수가 없음을 반성해본다. 그래도 다행인 것은 아무리 위선의 세월을 살았어도 순회하는 계절의 순리를 역행하려 하지는 않았다.

의식주를 해결하면 마음이 밝아질 줄 알았는데, 막상 세상을 내다보면 그게 아니다. 보면 볼수록 무자비하다. 갖을수록 욕심의 칼날은 더욱 번득인다. 알 듯 하면서도 알 수 없는 게 사람들의 마음이다. 어찌 보면 모두가 부처님 같고, 예수 같으면서도 서로가 핏줄 거꾸로 세우는 살벌한 광기(狂氣)가 무섭다. 천상천하유아독존(天上天下唯我獨尊), 부처님은 하나건만 부처이름을 내건 종파는 수없이 갈라져 하나뿐인 진리를 분열시키고, 오직 사랑뿐인 예수님은 하난데 예수이름 내건 종파는 수없이 갈라져 서로가 비방하며 갈등전쟁하고 있다.

이처럼 인간의 마음은 모두가 불투명하다. 진리가 진리를 부정하고, 정의가 정의를 부정하면서 허구한 날 악다구니 싸움질이다. 마음마다 음흉한 계략들이 꿈틀대고 있다. 언제 어떻게 누구한테 휘말려들지 알 수 없다. 정신의 배낭을 메고 환상의 여행이라도 훌쩍 떠나보고 싶다. 앞과 뒤를 살펴봐도 선악이 부닥치고, 애증이 부닥쳐 통념화 된 파렴치가 오히려 춤판이다. 마음의 때를 씻어내는 일, 그래서 만사가 형통하는 일, 心淸事達(심청사달)….

근능보졸
勤能補拙

시간은 누구에게나 똑같이 공평하게 주어진다. 그러나 누구도 시간을 똑같이 쓰지는 못한다. 시간이 모자라 애태우는 사람도 있고, 시간이 남아돌아 허송세월 하는 사람도 있다. 하루의 시간을 열흘의 가치로 쓰는 사람도 있고, 열흘의 시간을 하루의 가치로 무의미하게 낭비하는 사람도 있다. 문명시대로 접어들면서 사람마다 시간의 가치 차이는 더욱 커지고 있다. 시간의 가치가 금(金)쪽 같은 사람도 있고, 돌(石) 같은 사람도 있다.

시간을 금쪽같이 여기고, 낭비하지 않은 사람은 반드시 성공이란 위대한 인생 금자탑을 세울 수 있다. 허송세월 하고 시간을 낭비하는 사람의 말로는 허무뿐이다. 프랑스 시인 '아르튀르 랭보'는 기록에서 "인생은 단 한번뿐"이라고 했다. 이생(二生)이 아닌 일생(一生)뿐이기에 사는 것 답게 보람차고 멋있게 살아야 한다는 의미다. 보람차고 멋있게 사는 비결은 시간 속에 있다. 시간은 한번뿐인 삶을 스스로 깨닫는 사람의 소유다.

천재란 뛰어난 재능을 타고난 사람이 아니다. 한번뿐인 삶을 깨닫고, 시간의 소중함을 깨닫고 자기개발에 각고의 노력을 실천한 사람이 천재다. 단순히 성실한 정도를 넘어서 미친 사람 모양으로 노력하면 반드시

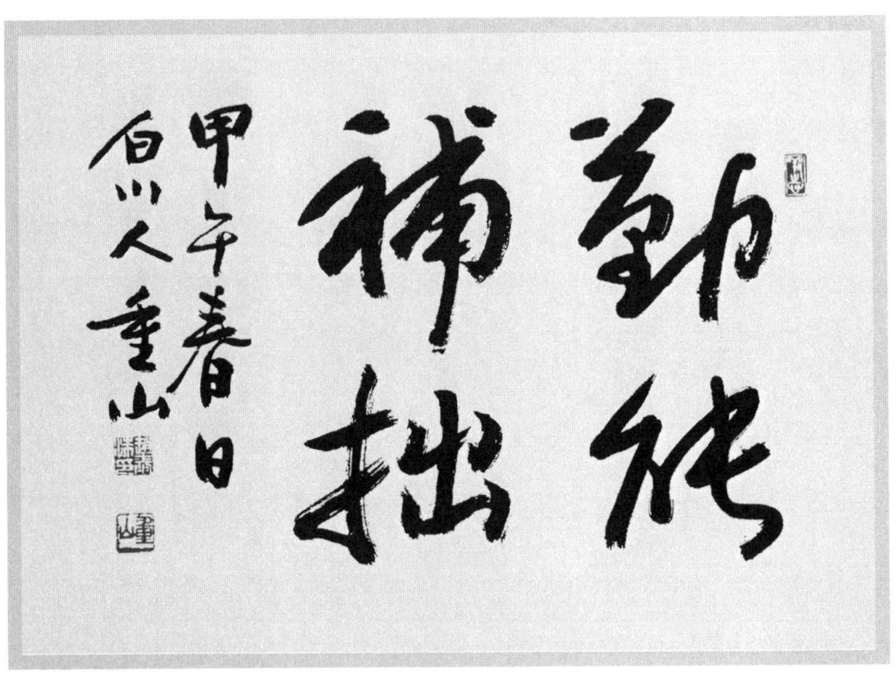

성공한다. 노력은 곧 자신의 부족함을 채우는 일이다. 세기의 시인이 된 '아르튀르 랭보'가 그랬다. 어린 시절부터 라틴어 고전과, 프랑스 현대문학작품을 읽고 또 읽어 뼈 속까지 외우기를 거듭했다.

노력하는 시간 속에는 가치 있게 살아야한다는 인생관이 배어있고, 성공의 집념이 배어있다. 성공도 실패도 시간의 가치를 어떻게 사용하느냐가 결정한다. 인생을 살아가면서 거듭되는 시험제도가 시간사용 결과를 평가하는 것이다. 고등학교에서 대학에 진학하는 수학능력고사도 시간을 아껴 노력한 사람을 구별하는 것이다. 누구에게나 근면은 성공을 약속한다. "인내는 쓰다. 그러나 열매는 달다"는 격언의 의미도 노력과 성공을 뜻한다.

노력이란 고통이 따른다. 그러나 결과는 성공을 불러온다. 부지런한 노력의 정도에 따라 천차만별의 인격서열도 형성되고, 또 군림과 추종의 서열도 형성되는 게 사회적 질서다. 사회학자들은 인간사회의 서열은 시간사용 밀도 차이라고 한다. 나는 근면한 사람과 태만한 사람의 차이라고 말하고 싶다. 시간을 아껴 쉴 틈 없이 노력 정진한 사람의 사회적 위상과 빈들빈들 게으름만 피운 사람의 사회적 위상은 천양지판이다. 학교성적도 마찬가지다.

나는 지금 내가 살고 있는 사회에서 어떤 위상을 가지고 있나. 일생의 시한이 종점에 가까워진 오늘에서야 지나온 날들을 되돌아본다. 어떤 말로도 변명할 여지가 없다. 인생광주리에 담아 내놓을 열매 하나 없다. "노력은 성공의 어머니"란 속담은 진리다. 누구도 노력 없는 성공은 없다. 굳이 명언절구를 중언부언 늘어놓을 필요도 없다. 지성이면 감천(感天)이듯, 부지런히 노력해서 안 되는 일 없다.

사자성어 중에는 勤能補拙(근능보졸)이란 말이 있다. 부지런하면 옹졸(부족)함을 뛰어넘어 충분히 보완할 수 있다는 의미다. 정신적으로도, 물질적으로도 부족함을 극복하는 길은 부지런한 노력뿐이다. 열심히 노력하는 사람에겐 누구도 당할 수 없다.

우리 동화에는 꾀 많고 달리기 잘하는 토끼와, 느림보 거북이가 산 오르기 경주하는 얘기가 나온다. 토끼와 거북이가 같은 선상에서 출발하는 달리기 경주를 하면 누구나 통념적인 예상은 뻔하다. 그러나 결과는 정반대로 뒤집힌다. 거북이의 부지런함이 토끼의 자만을 이긴다. 단숨에 산 중턱에 오른 토끼가 능력만 믿고 교만을 떨며 잠을 자고 있는 동안 느리지만, 부지런한 거북이는 쉬지 않고 달려 토끼보다 먼저 목표점에 도달한다. 성실한 거북이의 부지런한 노력이 꾀 많고 달리기 잘하는 토끼의 교활함을 이긴 것이다. 부지런하면 능히 부족한 점도 보완할 수 있다는 증거다. 勤能補拙(근능보졸)은 금언(金言)이다.

금 슬 상 화
琴瑟相和

비익조(比翼鳥)와 연리지(連理枝)란 옛말이 있다. 날개가 하나씩 달린 두 마리 새가 서로 몸통을 합쳐 두 날개를 갖추어 나르는 새를 비익조(比翼鳥)라 한다. 또 각각 자란 두 나무의 줄기가 서로 붙어 하나의 나무로 성장하는 현상을 연리지(連理枝)라 했다.

한국서도협회 대전충남지회장 重山 趙泰洙 선생은 당(唐)나라 시인 백거이(白居易)의 시(詩) 장한가(長恨歌)에 나오는 마지막 구절을 설명한다. 在天願作比翼鳥(재천원작비익조 : 하늘에서는 비익조가 되기를 원하며), 在地願爲連理枝(재지원위연리지 : 땅에서는 연리지가 되기를 원하노라). 황제 현종(玄宗)에게 바치는 사랑노래의 한 구절이다. 琴瑟相和(금슬상화)를 한자풀이로 하면 거문고와 비파가 음률이 잘 화합한다는 의미다. 사랑으로 맺어진 남녀의 결혼을 축하는 의미로 사용되는 사자성어다.

남녀가 사랑으로 이루어 서로를 이해하고 화합하여 감싸고 존중하는 인격의 진실한 결합을 의미한다. 또한 검은머리가 파뿌리처럼 흰머리가 될 때까지 변함없는 마음으로 비익조, 연리지와 같이 다복하고 화목한 부부를 琴瑟相和(금슬상화)라 칭한다.

琴瑟相龢

妻子好合 如鼓琴瑟

처자가 화합하는 것이 비파와
거문고를 타는 거와 같다

甲午春日石華山房

은혼식(銀婚式)과 금혼식(金婚式)을 넘기고 회혼식(回婚式)을 지난 노부부의 인생길에서 풍기는 행복한 모습은 반드시 서로를 위하는 사랑 때문이다. 서로가 믿음에 의지해서 사랑으로 고락을 함께하는 부부를 가리켜 흔히 금슬(琴瑟)이 좋다고 칭송한다.

문명의 탓인가, 풍요의 탓인가. 요즘세대들은 인생관이 달라졌다. 윤리도덕의 가치기준이 뒤바뀌어진 것은 말할 것도 없고, 가정이란 소중한 가치관까지 가벼워졌다. 옛날부터 결혼은 인륜지대사(人倫之大事)라고 해서 육례를 갖춘 인생 최대의 행사로 꼽았다.

남녀가 사무관대에 원삼족두리까지 차려 갖추고 초례상에 마주서서 행해진 백년가약의식은 보는 것만으로도 엄숙하고 정중했다. 그러나 서양바람에 밀려난 지금의 결혼예식은 달라졌다. 예식만 달라진 게 아니라 남녀 배우자간의 의식(意識)도 달라졌다.

주례가 읽어주고 대답만하는 혼인서약과, 주례가 낭독만하는 성혼선언문은 식순에 정해진 순서일 뿐, 본래의 의미나 가치가 없다. 결혼다음날도 헤어지고, 신혼여행 중에도 헤어지기 예사다. 쉽게 뜨거워지고, 쉽게 식어지는 게 요즘 젊은이들 사이에서 거래되는 사랑풍속이 됐다. 아내가 남편을 고소하고, 남편이 아내를 고소하고, 심지어는 시부모, 친정부모들의 법정다툼이 예사다. 혼수문제가 원인이 되고, 학벌문제가 트집되고, 양가의 수준차가 시비되기 일쑤다. 최근에 발표되는 정부 통계에 따르면 부부간 이혼율이 절반에 가깝다.

琴瑟相和(금슬상화)는 이제 옛말이다. 해로(偕老)하며 부창부수(夫唱婦隨)로 금슬지락(琴瑟之樂)하는 부부가 별로 없다. 특히 이혼, 파혼을 쉽게 하는 문란한 풍기의 연예인들이 아무렇지도 않은 듯 TV 등 대중매체에 뻔뻔스레 출연하면서 젊은이들의 결혼관이나, 인생관에 부정적 영향은 물론, 사회적 불륜행위를 부추기고 있다.

거문고와 비파의 조화로운 음률처럼 서로 화합하는 아름다운 부부상은 이제 보기 힘든 세태가 됐다. 윤리와 도덕이란 가치관이 없어진 탓이다. 부모가 자식을 죽이고, 자식들이 부모를 죽이는 사건들이 비일비재하다. 심지어는 자식들이 병든 어머니를 차에 실어다 외딴 곳에 내다버리지를 않나, 죽은 부모시체 영안실에 놔두고 부의금만 챙겨 달아나는 인륜배반의 자식들도 있다. 국가도, 사회도, 학교도 인륜도덕을 가르치는 곳이 없다.

이런 현상들이 모두 누구 탓인가. 누가 사회적 불륜현상이나, 퇴폐현상, 부패현상, 파렴치현상을 바로잡는데 앞장서야 하나. 이젠 정치를 원망하고, 통치를 원망하기에도 늦었다. 붉은 깃발 흔들어대며, 국가마저 뒤엎으려고 달려드는 집단들이 난동을 부리고 있으니 이를 어쩌랴. 琴瑟相和(금슬상화)도 이젠 먼 세대, 전설 같은 얘기다.

남전생옥
藍田生玉

명문가에서 훌륭한 인물이 나오게 마련이란 의미로 흔히 藍田生玉(남전생옥)이란 사자성어를 쓴다. 현실도 그렇다. 사회적으로 모범되는 지도자들이나, 석학들은 대부분 훌륭한 가문, 훌륭한 부모 밑에서 자란 자식들이다. 좋은 밭에서 충실한 곡식도 거둘 수 있다. 藍田玉眞不虛也(남전옥진불허야) "남전에서 옥이 나온다는 말이 거짓말이 아니구나."라는 말이다.

조선시대의 대표적 학자이며 경세(經世)가인 이이(李珥)의 어머니 신사임당의 얘기는, 그 얘기만으로도 藍田生玉(남전생옥)이다. 신사임당(1504~1551)은 중종(中宗)대(代) 여류 예술가로 시, 그림, 글씨에 능했으며, 오늘까지도 한국의 어머니로서 표상이 되고 있다. 신사임당은 19세 때 증좌찬성 이원수(李元秀)와 결혼하였다.

친정아버지인 신명화(申命和)는 신사임당 13살 때 진사급제를 했으나 벼슬에는 나가지 않아 기묘명현(己卯名賢)으로 꼽혔다. 신사임당은 어릴 때부터 어머니에게서 여자의 예의범절과 학문을 익히며 부덕(婦德)을 배우고 자랐다. 타고난 재능과 어머니의 훌륭한 교육으로 7세 때부터 안견

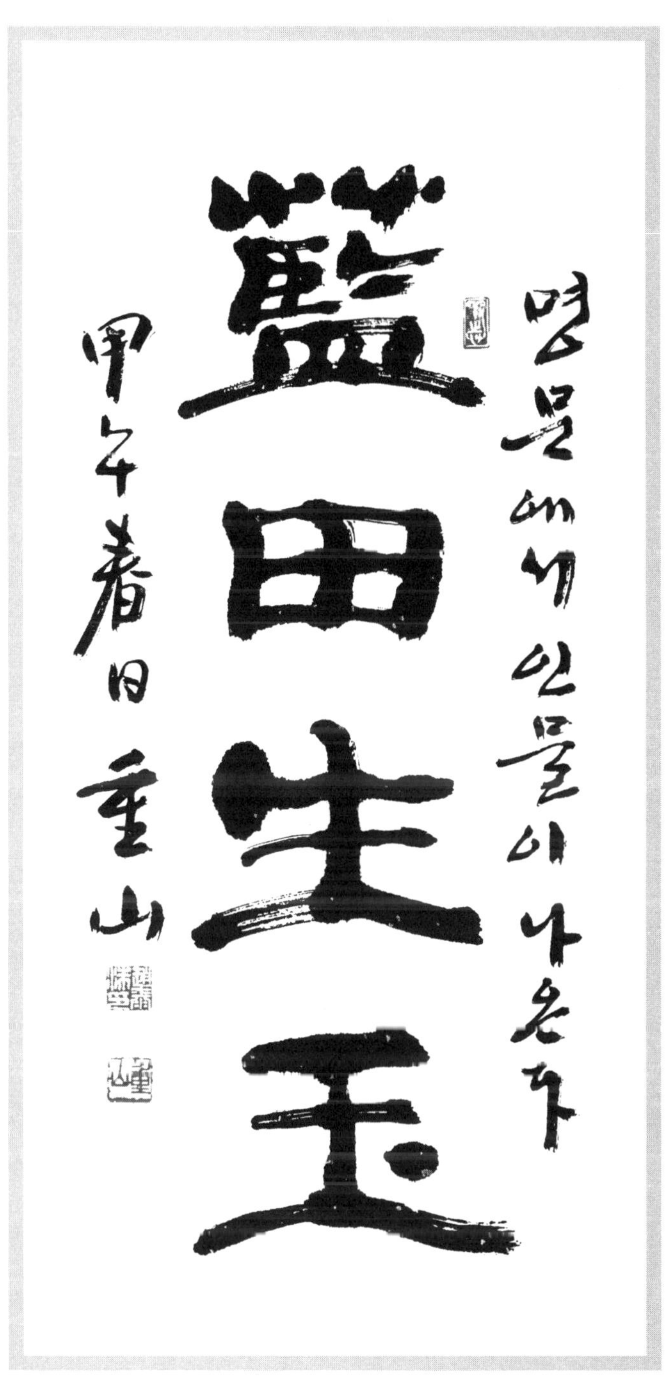
藍田生玉
명문에서 인물이 나온다
甲午春日 重山

(安堅)그림을 익히는 등 통찰력, 판단력으로 예능이 비범했다.

신사임당이 절묘한 경지의 예성(藝性)을 보인 동기는 역시 어릴 때부터 훌륭한 어머니에게서 받은 교육환경이었다. 또 결혼 후에는 남편 이원수의 후원이었다. 신사임당의 7남매 자녀들 중 훈도와 감화를 제일 많이 받은 것은 셋째아들 이이(李珥. 호 栗谷)다. 율곡은 어머니인 신사임당의 행장기에서 예술적 재능과 우아한 천품, 순효(純孝)한 성품을 적었다.

신사임당이 현모양처로써 후세에까지 표상이 되는 배경도 성장기부터 몸에 익힌 훌륭하신 부모님의 교육 때문이고, 또 아들 이이(李珥)가 조선조 대표 학자로서, 아들 이우(李瑀)와 큰 딸 매창(梅窓)이 후세에 빛나는 예술가로 기록되는 것도 훌륭했던 부모의 교육열의 때문이니, 어찌 藍田生玉(남전생옥)의 표상이 아니랴.

맹모삼천지교(孟母三遷之敎)역시 옛말대로 藍田玉眞不虛也(남전옥진불허야)가 아닐 수 없다. 인간이 태어나 성장 시기에 보고, 듣고, 깨닫게 되는 주변 환경의 중요성을 강조하기 위해 고사성어로 교훈처럼 전해지고 있다. 孟子의 어머니가 아들의 교육환경을 위해 세 번씩이나 이사를 했다는데 유래하고 있다.

맹자(孟子)는 춘추전국시대 중국을 통 털어 공자(孔子)에 버금가는 유학자(儒學者)의 중심인물이다. 맹자는 어렸을 때 아버지를 여의고 홀어머니 밑에서 자라며 공동묘지 근처에서 가난하게 살았다. 주변 환경이 모두 죽은 사람 매장하는 행사뿐이었으니, 어린 孟子도 날마다 상주들의 곡소리나 흉내내고, 상여꾼놀이만 하며 놀았다.

감수성이 예민한 어린이들의 교육환경이 아님을 깨닫고 孟子의 어머니는 시장근처로 이사를 했다. 그런데 이번에는 맹자의 놀이방법이 물건을 팔고 사는 장사꾼들의 얄팍한 속임수 흉내내기로 바뀌었다. 실망한 孟子 어머니는 생각을 다시 바꾸어 이번에는 다시 서당 근처를 물색해서 이사를 했다.

그러자 孟子의 놀이 방법이 바뀌었다. 어머니의 예상대로 이사 결심이 주효했다. 날마다 서당을 기웃대면서 학생들이 유학(儒學)을 공부하면서 배우는 제례(祭禮)방법을 흉내내기를 시작했다. 방안에 제구(祭具)들을 늘어놓고 제사지내기 놀이를 하는 것이다. 서당에서 유교의 근본인 충효 예절과, 윤리도덕, 제례범절을 가르치고 있는 광경을 보고 배운 것이다.

맹자의 어머니는 만시지탄(晩時之歎)을 깨닫는다. 이곳이야말로 자식 교육을 위해 살만한 곳이구나. 마음속으로 크게 기뻐하며 서당 동네에서 정착한 것이, 훗날 아들 孟子를 유가(儒家)의 종주(宗主)로 길러냈고, 맹모삼천지교(孟母三遷之教)란 교훈을 후세에 남겨, 藍田生玉(남전생옥)의 표상을 세운 것 아닌가.

단 기 지 교
斷機之敎

孔子에 버금가는 유가(儒家)의 종주(宗主)를 키워낸 孟子의 어머니 장(仉)씨는 숱한 훈육의 일화를 남겼다. 아들의 교육을 위해 세 번씩이나 이사를 하며 면학심성을 가르친 맹모삼천지교(孟母三遷之敎)에 이어, 斷機之敎(단기지교) 또한 빼놓을 수 없는 맹자(孟子)어머니의 단호한 교훈이다.

어린마음에 어머니가 보고 싶어 먼 곳에서 유학(遊學)도중에 집에 돌아온 외아들 맹자를 훈계하기 위해 베틀에서 짜고 있던 날줄을 싹둑 끊었다는 고사다. "학문을 중도에 그만두는 것은 짜고 있던 베틀의 날줄을 끊어버리는 것과 같다"는 의미로, 孟子를 큰사람으로 길러내기 위한 모정의 엄격했던 훈육일화다.

어린마음에 어머니가 얼마나 그리웠을까. 먼 곳 타향까지 공부하라고 보냈던 어린 맹자가 어느 날 불현듯 어머니를 찾아왔다. 이때 孟子의 어머니는 베틀에 앉은 채 엄숙한 표정으로 孟子에게 물었다.

"그래, 글은 얼마나 배웠느냐?" "어머니가 보고 싶어 별로 배우지 못했습니다." 孟子가 울먹이며 대답했다.

斷機之敎
甲午春 重山

어린 아들을 만난 모정(母情)인들 어떠했을까. 그러나 이때, 어머니는 아들이 지켜보는 앞에서 짜고 있던 베틀의 날실을 모두 끊어버리고 孟子에게 이렇게 타일렀다.

"네가 도중에 공부를 그만두고 집으로 돌아온 것은, 지금 내가 짜고 있던 베틀의 날실을 끊어버리는 것과 하나도 다를 게 없다"

단호하고 엄격하신 어머니의 말씀을 듣고 크게 깨달은 孟子는 다시 먼 곳, 스승에게로 돌아가 더욱 열심히 공부하여 孔子에 버금가는 유가(儒家)의 종주(宗主)가 되어 옛 중국의 춘추전국시대를 살다 갔다.

조선조 초기 중국의 왕희지(王羲之) 버금 갈만큼 명필로 이름 높던 한석봉(韓石峯)의 어머니 애기도 斷機之敎(단기지교)같은 감동 깊은 교훈으로 전하고 있다. 한석봉(韓石峯)의 어머니는 떡 장사로 어렵게 생계를 유지하면서도 아들하나 사람답게 키우기 위해 열성을 다하던 모정의 사표(師表)였다.

어느 날 갑자기 공부를 중단하고 집으로 돌아온 석봉에게 등잔불을 끄게 하고, 캄캄한 어둠 속에서 자기는 떡을 썰고, 아들 석봉에게는 글을 쓰게 했다. 얼마쯤 어머니는 떡을 썰고, 아들은 글씨를 쓴 후, 등잔불을 켜고 서로가 확인했다. 어둠 속에서 어머니가 썬 떡은 자로 잰 듯 크기가 정확하게 똑같았으나, 아들 석봉이 쓴 글씨는 세로가로 줄도 안 맞고 크기도 서로 달라 엉망이었다. 어머니는 아무소리 없이 석봉의 얼굴을 쳐다봤다. 이때 비로소 석봉은 커다란 깨달음을 얻었다. 아무 말 없이 석봉은 어머님께 용서를 빈 후 하직인사를 하고 스승 곁으로 돌아가 다시 공부를 시작했다.

감싸 안고 예뻐만 하는 것이, 자식을 제대로 키우는 것이 아님을 한석봉 어머니는 일찍이 깨닫고 실천했다. 그 결과 한석봉(韓石峯)은 드디어 당대최고의 명필대가로 성장했다. 1543년에 태어난 한석봉은 1567년 과거 급제하여 조정의 사자관(寫字官)이 되었다.

한석봉의 명성은 왕희지에 버금갈 만큼 중국에서도 널리 알려졌다. 임진왜란 때 구원병을 이끌고 조선에 들어온 명나라장수 이여송(李如松)은 값비싼 보석보다도 한석봉(韓石峯)의 글씨를 얻고자 할 정도로 명필이었다.

홀어머니 밑에서 성장한 훌륭한 인재는 많다. 유가(儒家)의 종주(宗主)로 떨친 孟子도, 세기의 명필대가로 떨친 韓石峯도, 그들의 성공배경은 모두 斷機之教(단기지교)의 엄격한 어머니의 훈육이었다. 어머니의 힘은 위대하다. 생명을 잉태하는 것도 여자이지만, 여자보다도 더 위대한 이름은 어머니다.

가 렴 주 구
苛斂誅求

해방된 역사가 70년도 채 안 됐다. 끊일 날 없는 조정의 당파싸움 때문에 왜적들에게 나라 빼앗기고 36년간의 식민지 생활에서 착취당한 민족의 서러움을 어찌 필설로 다하랴. 문물은 모조리 빼앗기고, 인권은 사정없이 짓밟히며 처절했던 당시를 고통으로 살았던 시대의 증인들이 바로 우리들의 부모였고, 할아버지 할머니들이었다.

조국독립을 위해 목숨을 초개처럼 내던지며 맞섰던 안중근 열사, 유관순 열사 같은 애국선열들의 투혼이 없었던들 어찌 오늘의 대한민국 역사가 있었겠는가. 오늘의 문명과 풍요가 거저 굴러온 게 아니다. 사치와 호사가 하늘에서 떨어진 것도 아니고, 땅 속에서 솟아오른 것도 아니다. 처절했던 역사 속에는 선대들의 피와 땀이 흥건하다.

군량미 조달을 위해 공출이란 이름으로 농사 곡식 모두 일제에 빼앗기고, 36년간 초근목피로 연명했다. 전쟁연료조달을 위해 생소나무 상처내 흐르는 송진까지 채취해서 일제에게 받혀야 했다. 심지어는 무기조달을 위해 숟가락 젓가락은 물론 생활도구 놋쇠그릇 일체까지 일본군정에 수탈당했다.

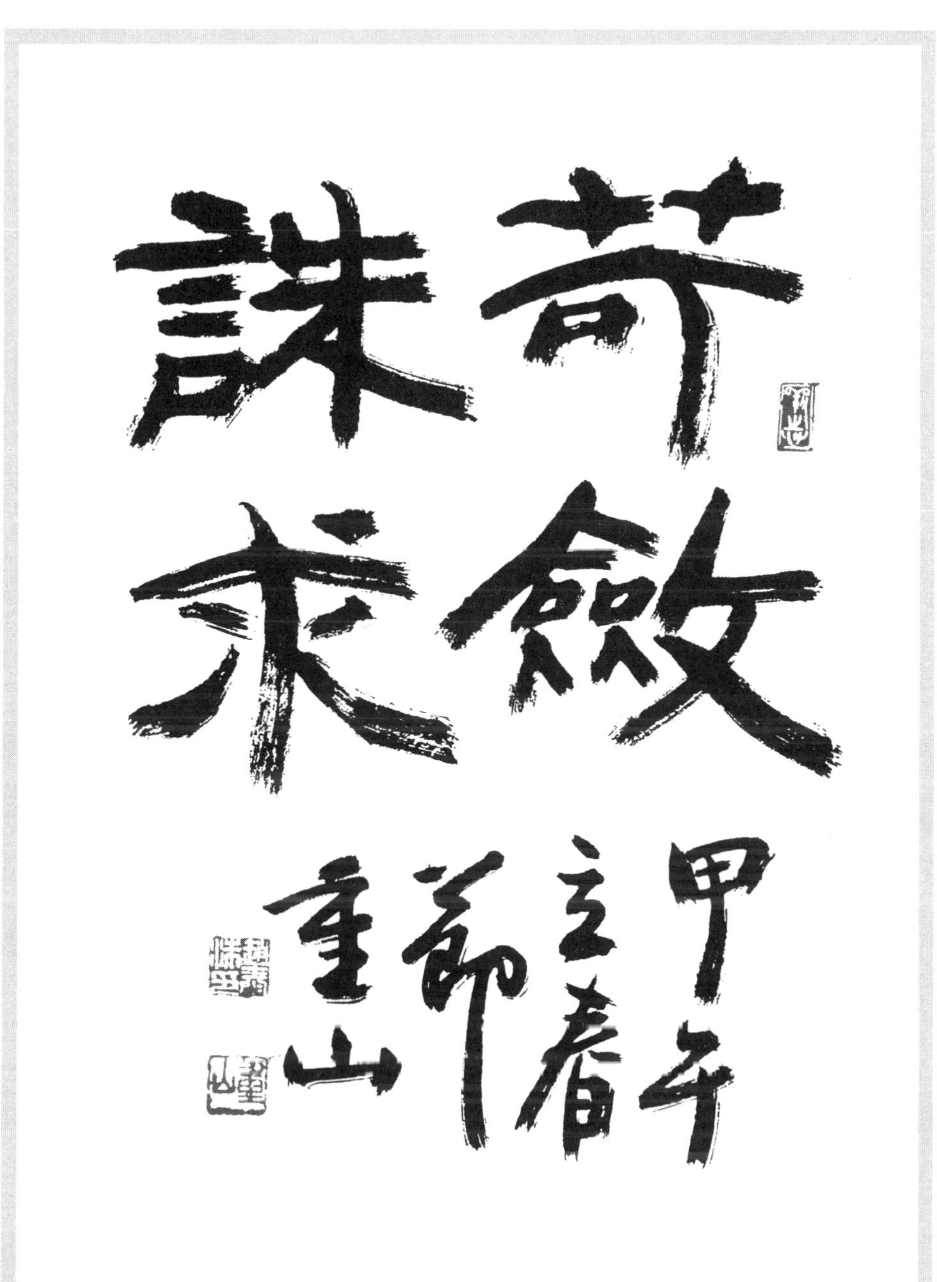
苛斂
誅求
甲午立春節
重山

한민족의 문화말살을 위해 우리의 언어와 글을 모두 일본어 일본글로 바꾸고, 산사의 부처, 그림, 심지어는 선조들의 무덤 앞에 세워진 돌비석까지, 문화재는 모두 빼앗아 갔다. 성(姓)도 빼앗고, 이름도 빼앗기는 창씨개명으로 전부 일본 식민지화 시켰으며, 심지어는 젊은 아녀자들까지 전장으로 끌고 가 일본군들에게 강제 위안부 노릇까지 시켰다.

단순한 단어의 설명만으로도 치가 떨리는 苛斂誅求(가렴주구)를 당했다. 일본은 아직도 한반도에 대한 식민지향수를 버리지 못하고 있다. 툭하면 독도는 자기들 땅이라고 떠들며 호시탐탐 대륙침략 근성의 마각을 드러내고 있다. 그러나 우리 정치는 아직도 고질적 당파싸움에서 벗어나지 못하고 있으니, 국가의 운명이 위태롭기는 이조말엽과 같다.

苛斂誅求(가렴주구). 남원고을 변 사또의 횡포가 대표적 사례다. 급제한 이몽룡이 암행어사(暗行御史)가 되어 거지행색으로 변장하고 남원고을 춘향이집을 찾아간다. "겨우 이 꼴이 돼서 돌아왔느냐."며 낙담한 춘향 모(母)의 넋두리를 들으며 하룻밤을 묵은 뒤, 이몽룡은 어사신분을 숨긴 채, 남원 현청(縣廳)을 찾아간다. 춘향은 변 사또의 하룻밤 수청을 거부한 죄로 죽을 매를 맞고 목에 형틀이 씌워진 채 감옥에 갇혀 사경에 이르렀을 때다.

마침 횡포 막심한 변 사또 생일잔치 날이었다. 진수성찬이 차려진 잔치상 상석에 앉아있는 변 사또의 호기는 충천했다. 곳곳에서 모여든 수령방백들의 뇌물과 술잔이 오가고, 예쁜 기녀들의 가무로 취흥이 한창 도도해진 시간에 걸인행색으로 잠입한 이몽룡은 즉석에서 필묵을 청하여 변 사또의 苛斂誅求(가렴주구)를 질책하는 시 한수를 읊었다.

금잔미주(金盞美酒)는 천인혈(千人血)이요, 옥반가효(玉盤佳肴)는 만성고(萬姓膏)라. 촉루낙시(燭漏落時) 민루낙(民淚落)이요, 가성고처(歌

聲高處) 원성고(怨聲高)라.(금잔의 아름다운 술은 일만 백성의 피요, 옥소반의 아름다운 안주는 일만 백성의 기름이라. 촛불에서 눈물이 떨어질 때 백성들의 눈물이 떨어지는 것이고, 노래 소리 높은 곳에 원망의 소리도 높다.) 민초들의 혈세 털어 부정비리 예사인 고위 공직자들에게 비수 같은 경구다.

요즘 국태민안이나 국리민복을 외면한 채 연일 싸움질로 소일하며 국민혈세 낭비하고 있는 정치권력들의 부정비리도 苛斂誅求(가렴주구)와 다를 바 없다. 등짝 휘도록 무는 국민혈세를 반국가단체에 퍼주는 것도 간접 가렴주구다. 또 골수좌파들을 끌어들여 국정단상에까지 등극시킨 야당정치도 가렴주구 논리에서 당당할 수 없다. 심지어는 국가전복을 음모하는 국회의원들이나, 그 집단들에게 혈세 퍼주는 것을 묵인, 동조하는 정치집단들은 모두 현대판 가렴주구다. 苛斂誅求(가렴주구)를 풍지박살 내는 이몽룡 같은 감사원은 없을까.

수필로 읽는 사자성어

眞理, 無窮無量

류인석 지음

발 행 일 | 2014년 4월 15일

지 은 이 | 류인석
발 행 인 | 李憲錫
발 행 처 | 오늘의문학사
출판등록 | 제55호(1993년 6월 23일)
주　　소 | 대전광역시 동구 대전로 867번길 52 401호(삼성동 한밭오피스텔)
전화번호 | (042)624-2980
팩시밀리 | (042)628-2983
홈페이지 | http://www.lito77.co.kr(홈페이지)
전자우편 | hs2980@hanmail.net

공 급 처 | 한국출판협동조합
주문전화 | (070)7119-1741~2
팩시밀리 | (031)944-8234~6

ISBN 978-89-5669-613-3
값 15,000원

* 잘못된 책은 바꾸어 드립니다.
* 이 책은 전자책(교보문고)으로도 제작되었습니다.